JN250792

連濁の研究

国立国語研究所プロジェクト論文選集

ティモシー・J・バンス

金子恵美子　渡邊靖史

［編］

開拓社

ま　え　が　き

　本論文集は，大学共同利用機関法人　人間文化研究機構　国立国語研究所の研究助成を受けた共同研究プロジェクト「日本語レキシコン——連濁辞典の編纂」の成果の一部を取りまとめたものである．本巻に収録された論文の執筆者は，すべて共同研究員等としてこのプロジェクトに参画した研究者であり，共同研究を進めるにあたり，2011 年から 2016 年まで 5 年間の研究助成を受けた．本巻の一部（1，3，5，6，9，10 章）は，すでに出版されている英語論文をもとに，言語学・音韻論を専門としない一般読者にもわかりやすいように書き直したものである．各方面において広く参照されることを祈りたい．

　5 年に渡る国立国語研究所の補助金の助成，並びに，共同研究期間終了後，「対照言語学の観点から見た日本語の音声と文法（リーダー：窪薗晴夫教授）」から受けた支援により，本巻を完成することができた．この紙上をもって深く感謝の意を表したい．

2017 年 7 月

編者一同

目　　次

第 1 章

序　　説[*]

ティモシー・J・バンス・金子恵美子・渡邊靖史
国立国語研究所　　　　　会津大学　　　国際教養大学

1. 「連濁」という音韻交替

　連濁は，数ある日本語の音韻交替現象の中で最もよく知られているものである．英語では sequential voicing と訳されることもあるが，近年では，(Japanese) rendaku で通じるほど世界中の言語学者に知れ渡っている．一般的に，連濁とは複合語の後部要素の頭子音が濁音化することである．つまり，自立語として清音で始まる要素が二成分複合語の後部になったときに，その清音に代わり，対応する濁音が現れる現象である．例えば，「山桜」やま＋ざくら の後部要素 ざくら の ざ は「桜」さくら の さ に取って代わられたものである．以下，複合語の前部要素を E1 (element 1)，後部要素を E2 (element 2) と呼ぶ．

　本巻では，「清音」は五十音図のカサタハ各行の音（モーラ）を，「濁音」は清音に対するガザダバ各行の音（モーラ）を指す．[1] したがって，(1) に表示されているように，仮名表記の面から見ると，連濁は複合語の後部要素の最初の字に濁点を付けることである．

---

　[*] 本章は，Vance (2017) に基づいたものであり，2010 年 10 月から 2016 年 3 月における国立国語研究所共同研究プロジェクト「日本語レキシコン－連濁辞典の編纂」の研究成果である．この場を借りて，研究所関係各位およびプロジェクトメンバー全員に御礼を申し上げる．
　[1] アナマヤラワ各行を含めて濁音以外のモーラをすべて清音と見なすこともできるが，本巻では，「清音」は狭義の清音，すなわちカサタハ各行のモーラを意味する．清濁の音声的な区別がモーラではなく子音にのみ当てはまるため，「桜」/sakura/ の /s/（[s]）のような無声阻害音を「清音」と，「山桜」/yama＋zakura/ の /z/（[dz]~[z]）のような有声阻害音を「濁音」と呼ぶ事例もある（前田 2007）．なお，通常「半濁音」と呼ばれているパ行のモーラに関しては，ここでは言及しない．

(1) a. 「亀」かめ　「海亀」うみ＋がめ
　　b. 「皿」さら　「灰皿」はい＋ざら
　　c. 「鳥」とり　「親鳥」おや＋どり
　　d. 「蜂」はち　「蜜蜂」みつ＋ばち

　音声的には，清音は無声阻害音で始まり，濁音は有声阻害音で始まるモーラである．しかし，平仮名と片仮名が平安初期（およそ 1,100 年前）に使われるようになって以来，様々な音韻変化が起こり，現代日本語，すなわち共通語になっている東京語は昔の平安京語とは大分異なる．清濁の音声的具現は，その大きな相違点の一つである．(2) に示されているように，各濁音とそれに対応する清音の違いは有声性の有無だけではない場合が多い（Vance 2014a: 139-141, 2015a: 397-398）．つまり，濁音化は単なる有声化とは言えない．

(2) a. 「口」くち　　「窓口」まど＋ぐち　　　[k] → [g]~[ŋ]
　　b. 「空」そら　　「星空」ほし＋ぞら　　　[s] → [dz]~[z]
　　c. 「品」しな　　「手品」て＋じな　　　　[ɕ] → [dʑ]
　　d. 「寺」てら　　「尼寺」あま＋でら　　　[t] → [d]
　　e. 「力」ちから　「底力」そこ＋ぢから　　[tɕ] → [dʑ]
　　f. 「綱」つな　　「命綱」いのち＋づな　　[ts] → [dz]~[z]
　　g. 「箆」へら　　「竹箆」たけ＋べら　　　[h] → [b]
　　h. 「鰭」ひれ　　「尾鰭」お＋びれ　　　　[ç] → [b]
　　i. 「笛」ふえ　　「口笛」くち＋ぶえ　　　[ɸ] → [b]

　連濁の特徴の中で世界中の言語学者が最も注目したのは，清音で始まる自立語が後部要素になっても，必ずしも連濁するとは限らないという点だ．連濁を妨げる要因はいくつか知られている．しかし，これらの要因が無関係な複合語に絞ってもなお，連濁しない事例が少なくない（Vance 2015a: 408）．以下に，これら連濁の阻害要因を挙げる．

2.　音韻的要因

2.1.　ライマンの法則

　ライマンの法則（鈴木 本巻）によると，複合語の後部要素の自立形が清音で

始まっていても，その後部要素に濁音が含まれると連濁は阻止される．例えば，「風」かぜ　の場合，濁音の　ぜ　があるため，後部要素となっても連濁しない．(3a) においては，(3b) と違い，連濁はライマンの法則によって阻止される．

(3) a. 「風」かぜ　「海風」うみ＋かぜ（×うみ＋がぜ）
　　 b. 「亀」かめ　「海亀」うみ＋がめ

現代日本語では，ライマンの法則の例外はきわめて少ない（鈴木 2005; Vance 2015a: 404–405）．

　日本語を知らない言語学者に誤解されることがよくあるが，ライマンの法則が当てはまらない後部要素が必ず連濁するわけではない．この法則は，論理的には条件命題 (4a) であり，その裏 (4b) は，本章で明らかになるように，事実とは程遠い．

(4) a. E1＋E2 の E2 の自立形に濁音がある → E1＋E2 は連濁しない
　　 b. E1＋E2 の E2 の自立形に濁音がない → E1＋E2 は連濁する

上代語，すなわち奈良時代の日本語においては，ライマンの法則と似てはいるが，異なった制約が働いていた．この制約は，複合語の前部要素と後部要素の境界にまたがって濁音が連続することを禁止するものである．この「拡張版ライマンの法則」(Ramsey & Unger 1972: 287–289) に従い，(5a) のような複合語と同様に (5b) のような複合語も連濁しなかった.[2]

(5) a. 「秋風」あき＋かぜ（×あき＋がぜ）
　　 b. 「鈴船」すず＋ふね（×すず＋ぶね）

現代日本語においては，境界直前の濁音は連濁を阻止しない．例証として (6) のような複合語がいくつでも挙げられる．

(6) a. 「筋金」すじ＋がね
　　 b. 「鍋底」なべ＋ぞこ
　　 c. 「レジ袋」レジ＋ぶくろ

---

[2] 「秋風」は『日本書紀』，「鈴船」は『万葉集』の出典があり，表音文字の万葉仮名で表記された場合もある．上代語の濁音子音は前鼻音化有声阻害音であった（Frellesvig 2010: 34–35; Takayama 2015: 627）．

4

2.2. 同一性の回避

同一性の回避とは，同一の音声が隣り合っては好ましくないという原理を意味する（川原・竹村 本巻）．これによると，連続する二つのモーラ（子音＋母音）が同一である場合，あるいは，連続する二つのモーラの子音が同一である場合に連濁に影響が出る．しかしながら，同一性回避は決定的な要因ではなく，反例も多く存在する．以下の（7a）は子音＋母音の同一性回避の反例であり，（7b）は子音の同一性回避の反例である．

(7) a. 「旅人」　たび＋びと　**/tabibito/**
    b. 「片手」　かた＋て　**/katate/**

モーラの同一性回避が決定的な要因であれば，（7a）は連濁しないで，**たび＋ひと** になるはずである．また，その反面，「年下」**とし＋した** は連濁して **とし＋じた** になる．子音の同一性回避が決定的であれば，（7b）は連濁して **かた＋で** /katade/ になる．一方，「水攻め」**みず＋ぜめ** /mizuzeme/ は **みず＋せめ** /mizuseme/ になる．

実在語を対象とした調査の報告（Irwin 2014）によると，モーラの同一性回避と解釈できる統計的傾向はないようである．それにもかかわらず，後部要素が無意味語の複合語を刺激語とした実験では，モーラの同一性回避だけでなく，子音の同一性回避をも裏付ける結果が出た（Kawahara & Sano 2014, 2016）．

2.3. ローゼンの法則

Rosen（2003）は和語名詞の単一形態素を，連濁の頻度により，（1）連濁しやすい要素，（2）連濁しにくい要素，（3）一切連濁しない（すなわち連濁に免疫がある）要素，の3種類に分けた．その上で，複合語の前部要素と後部要素が両方とも和語名詞の単一形態素であれば，どちらか（または両方）が3モーラ以上の場合は，後部要素の連濁のしやすさに拘わらず，必ず連濁すると主張した．ただし，連濁に免疫がある後部要素は，一切連濁しないので，この限りではない．Rosen（2003）の主張は，ローゼンの法則と呼ばれている（Rosen 2003; Vance 2015b; Irwin 2016b）．ローゼンの法則には反例がまったくないわけではない．しかし，この法則はきわめて強い傾向を示す．例えば，和語名詞単一形態素以外の要素を含む複合語に考察を広げ，要素の制限を緩和しても，ローゼンの法則はある程度当てはまるのである．

3.　語彙層

3.1.　語源と語彙層

　日本語の形態素を語源によっていくつかの層に分け，各層の音韻的特徴を個別に分析する研究は多い（McCawley 1968: 62-75; Itô & Mester 1995: 817; Irwin 2011: 4-14）．その際，（普通の）和語，オノマトペ，漢語，および外来語の4層に分類するのが典型的である．

　語源ではなく，音韻的振る舞いを基準として形態素を区分すればいいという意見もある（Itô & Mester 1999: 63）が，妥当に分類するのは容易ではない（Vance 2002; Labrune 2012: 13-24）．いわゆる「核・周辺モデル」（Itô & Mester 1999）を採用すると，層所属が曖昧でもおかしくないが，いずれにせよ解決しにくい問題点は残る．本章では，形態素の分類は基本的には語源に基づいたものである．

3.2.　和語

　これ以降，連濁が起き得る要素，すなわち自立語として清音で始まる要素を連濁候補要素と呼ぶ．候補要素が和語の単一形態素であれば，ライマンの法則（2.1）が関わらない限り，連濁の確率が高い．オノマトペの候補要素は，対照的に，一切連濁しない（3.3）．外来語の候補要素もほぼ連濁しないが，例外と解釈できる複合語は僅かながらある（3.4）．漢語の候補要素（3.5）になると，全体像は複雑であるが，連濁しにくいことは明らかである（Vance 1996）．和語要素しか連濁しないと断言する研究者も少なくないが，この主張の背後には，連濁する要素が語源的に和語でなくても，音韻的に和語と同様であるとみなすことができるという前提がある（3.1）．

　数は多くないが，一切連濁しない，すなわち連濁に免疫のある和語形態素もある（Kuroda 2002: 340; Irwin 2009: 192-193）．以下の（8）に表示されているのは，そのような特異な形態素のいくつかの例である．

　　(8)　a.　「枷」かせ　例えば：「足枷」あし＋かせ
　　　　　b.　「先」さき　例えば：「指先」ゆび＋さき
　　　　　c.　「露」つゆ　例えば：「朝露」あさ＋つゆ
　　　　　d.　「紐」ひも　例えば：「靴紐」くつ＋ひも

「風」かぜ や「鷺」さぎ が連濁しない理由は，ライマンの法則（2.1）によって説明できるが，「枷」かせ や「先」さき などが連濁しない理由を説明できる規則はない．

　一方，畳語，すなわち同一の要素を重ねた複合語は連濁しやすい（4.2）．「先々」さき＋ざき が示すように，要素の繰り返しは連濁に免疫のある要素を連濁させてしまうほど強い要因である．

3.3.　オノマトペ

　オノマトペ形態素は，和語形態素と同様に，日本語固有のものであるが，音韻研究においては，普段は別の層と見なされている（McCawley 1968: 64–65; Itô & Mester 1999: 63; Nasu 2015）．（9）のようなオノマトペの畳語は多いが，一切連濁しない（Martin 1952: 49; 奥村 1955: 962）．

(9) a.　きい＋きい（×きい＋ぎい）　　c.　とん＋とん（×とん＋どん）
　　 b.　しく＋しく（×しく＋じく）　　d.　ひり＋ひり（×ひり＋びり）

勿論，（9）のような単語が連濁したら，繰り返しや継続を表すオノマトペ畳語にみられる，発音が意味と関連しているという特徴（図像性）が薄れてしまう（Vance 1987: 122; Nasu 2015: 283）．

　ぺちゃ＋くちゃ のような，畳語でないオノマトペ複合語は数が少なく，その中で連濁が生起した実例はない（Hamano 1998: 47–50）．したがって，繰り返しの有無にかかわらず，オノマトペ要素は連濁しないと断言できるようである．しかし，以下（4.3）で説明するように，並列複合語は連濁に抵抗を示す．ぺちゃ＋くちゃ を並列複合語と見なしてもおかしくないので，E2 がオノマトペの形態素で，かつ非並列複合語である語の振る舞いを考察すれば，オノマトペ要素が全く連濁しないのかはっきりするが，残念ながら，E2 が連濁候補である実例はないようである．例えば，「腹ぺこ」はら＋ぺこ（Hamano 1998: 55）の場合は，E2 の頭音が ぺ なので，連濁が起き得ない．

　「縞だらけ」という意味を表す シマ＋シマ のような新語も連濁に抵抗することが興味深い（Vance 2014b）．「縦縞」たて＋じま から明らかなように，「縞」を意味する和語名詞形態素 しま～じま は，決して連濁に免疫がある要素ではない．それにもかかわらず，俗語めいた"準オノマトペ"の畳語の語基になると連濁しない．準オノマトペ畳語の意味，および文法的振る舞いがオノ

マトペ畳語に類似していることは最近の研究で指摘されている（Nishimura 2013: 84-85）．通時的には，日本語のオノマトペ語彙と非オノマトペ語彙の間の境界は昔から曖昧であり，ある形態素が一方の側からもう一方の側へ移ることは，特にめずらしいこととは言えない（Hamano 1998: 6-7）．

　因みに，和語の語頭濁音が好ましくないものを連想させることは，広く認識されている（鈴木 1962: 23-24; 遠藤 1977: 222-228; 小松 1981: 87-88）．この音と意味との結び付きは，オノマトペ層において特に明瞭であり，例証として（10）のような対がいくつでも挙げられる．

　（10）a.　けら＋けら　　c.　とろ＋とろ
　　　　b.　げら＋げら　　d.　どろ＋どろ

（10b）の [g] や（10d）の [d] など（つまり，オノマトペ要素の頭濁音の子音）が示唆する意味は，「粗さ」，「重さ」，「ぎごちなさ」，「下品さ」の類である（小松 1981: 75; Hamano 1998: 83-85）．

　上代語においては，語頭の濁音はオノマトペや（まだ数少ない）漢語には可能であった（奥村 1972: 111; Martin 1987: 29-30）が，和語においては禁止されていた（Frellesvig 2010: 43; Takayama 2015: 627-629）．現代語の和語でも，語頭の濁音は限られている（Martin 1987: 130）．和語の語頭濁音が発生した理由は様々である（鈴木 2009）が，その単語の中には，（11）に示されているように，オノマトペの型に倣って作られた例もある．

　（11）a.　ざま（例：「なんてざまだ」）
　　　　　　「様」さま を参照
　　　　b.　ばれる（例：「悪事はばれるものだ」）
　　　　　　「晴れる」はれる を参照

ざま（11a）や ばれる（11b）のような，頭濁のものは，頭清のものから派生されたと見なしてもいい（鈴木 1962: 26-27）が，現代語の母語話者が必ずしもその関係を認識しているわけではないので，共時的な派生でない場合もある．また，頭清の方が廃れ，完全に頭濁の方に取って代われた事例もある（小松 1981: 96-97; 鈴木 2009: 134）．例えば，現代語の ぼける に相当する ほける は，第二次世界大戦前の文献に記録されているが，現代ではもう使われていない．濁音で始まる ぼける のほうが勝ち残った理由は，この動詞がいとわしい

意味を持っているからであろう．つまり，**ほ** より **ぼ** のほうが意味にふさわ
しいことが要因であったのかもしれない．

3.4. 外来語

外来語形態素の大部分は連濁しない．（12）は典型例である．

(12) 「生ハム」**なま＋ハム**（[×]**なま＋バム**）
「鷲鼻」**わし＋ばな** を参照

和語要素の「鼻」は連濁する（**はな～ばな**）が，オランダ語から借用された「ハ
ム」は，音韻形式が酷似しているものの，連濁に免疫がある．

連濁する外来語要素が全くないわけではないが，（13）のような事例はごく
僅かである．[3]

(13) a. 「歌留多」**カルタ**（＜ポルトガル語 1596 年）
「歌歌留多」**うた＋ガルタ**
b. 「煙管」**キセル**（＜クメール語 1612 年）
「銜え煙管」**くわえ＋ギセル**

（13）のような振る舞いをする外来語要素は，借用された時期が古く（Takaya-
ma 2005: 178-181; Irwin 2011: 150-153），漢字も当てられたので，外来語
として認識されていないであろう．明治以降に借用された外来語要素でも散発
的に連濁すると報告されている（中川 1966: 308）が，[?]**インド＋ガレー** のよ
うな例は，ふざけているような印象を与え，定着する可能性はまずない．

複合語の前部要素（E1）の語源は，連濁の確率に影響しないと思われている
が，E2 が無意味語の刺激語になると，外来語の E1 が連濁率を下げる，とい
う実験結果も報告されている（Tamaoka et al. 2009: 28-34）．しかし，「ボー
ル球」**ボール＋だま** のような例が珍しくないので，外来語の E1 が連濁を阻止
するとは決して言えない．

---

[3] 括弧内の年は『日本国語大辞典』（日本国語大辞典編集委員会 2000-2002）に記録された
初出年である．

3.5. 漢語

　現代日本語の語彙に，先史時代に中国語から借用された形態素も少数ある（Kamei 1954）が，そのような要素は，普段は和語として扱われており，漢語と認識されていない．その中に「文」ふみ〜ぶみ（「恋文」こい＋ぶみ を参照）のように連濁する形態素も含まれている（Martin 1987: 417）．

　漢語要素の総体的連濁率は，和語要素より大分低いが，外来語要素に比べると段違いに高い．典型的な漢語，すなわち漢語二字熟語の大部分は連濁に免疫があるが，(14) に示されているように連濁する場合も少なくない（Vance 1996）．本巻で漢語二字熟語の形態素間の境界を「＋」の代わりに「・」で示す．

(14) a. 「水仙」すい・せん　「黄水仙」き＋ずい・せん
　　 b. 「読本」とく・ほん　「副読本」ふく＋どく・ほん
　　 c. 「会社」かい・しゃ　「貿易会社」ぼう・えき＋がい・しゃ
　　 d. 「包丁」ほう・ちょう　「肉切り包丁」にく＋きり＋ぼう・ちょう

　「法人」ほう・じん のような，清音で始まるが濁音を含む漢語二字熟語は数多くある．このような要素が一切連濁しない理由はライマンの法則 (2.1) であろう（Vance 2015a: 419–420; Vance & Asai 2016: 121）.[4] 例えば，「営利法人」えい・り＋ほう・じん の後部要素である ほう・じん に濁音の じ があるので，この要素は連濁しない．しかしながら，「法」ほう と「人」じん がそれぞれ独立した形態素であるとすれば，連濁の標的になる ほ が，連濁を阻止する じ と違う形態素に含まれているということになる．そうすると，ライマンの法則の適用範囲が単一形態素であるとは言えない．

　漢語の単一形態素，すなわち漢字の音読みの振る舞いは，通時的変化によってかなり複雑になっているので，ここでは詳しい説明を省くが，一つだけ問題点を指摘する.[5] 中古日本語においては，鼻音後接有声化（postnasal voicing）という音韻プロセスが規則的に働いていたと思われている（Frellesvig 2010: 307–308）．このプロセスは，他の変化の影響によって結果が不透明になってしまい，現代日本語においては働いていない（Vance & Asai 2016: 127–129; 浅

---

　[4] 連濁したりしなかったりする「三郎」さぶろう が漢語二字熟語と違う範疇に属すると仮定する（浅井・バンス 本巻）.
　[5] 詳しいことは Vance (1996, 2011) を参照.

井・バンス　本巻）が，漢語二字熟語内の濁音の中には，鼻音後接有声化に帰するのもある。[6]「勧進」かん・じん の じ はその一例として挙げられる．「進」という字は，「進展」しん・てん のような漢語二字熟語の前部要素を表記する場合は，例外なく しん と読むので，「勧進」かん・じん の じ が連濁の結果に見えることは確かである．それでも，漢語二字熟語を普通の複合語とは区別し，後部要素の濁音化を連濁ではなく，鼻音後接有声化の結果と解釈したほうが良さそうである（Itô & Mester 2003: 80; Vance & Asai 2016: 124）．

4.　形態・意味的要因

4.1.　右枝条件

Otsu（1980: 217–222）が右枝条件という制限を提案している．この制限によると，連濁する要素は，語構成を示す枝分かれ図の右枝でなければならない．下記の（15）はその1例として挙げられる．

(15)　「山縞馬」やま＋しま＋うま

「山」　「縞」　　　「馬」

（15）の図を見れば分かるように，「山縞馬」の構成は {やま＋{しま＋うま}} であり，しま＋うま が全体の後部要素になっている．しかし，連濁候補要素の しま＋うま には濁音が存在しないため，これが連濁しない理由はライマンの法則では説明できない．しかし，右枝条件に基づけば，しま が図の左枝にあることで連濁が妨げられていると解釈できる（×{やま＋{じま＋うま}}）．形態素の中には，連濁候補要素でありながら一切連濁しないものもある（3.2）が，濁音形 じま が現われる「縦縞」たて＋じま（3.3）のような複合語もあるので，「縞」はそのような要素ではない．

　右枝条件を他の理論的原理の帰結として説明することも提案されている（Itô & Mester 2003: 202–212; Kubozono 2005: 11–15）が，右枝条件には「居酒屋」{い＋{ざか＋や}} のような反例が多く，この条件自体が実は疑わしい（Vance 2007b: 224–226, 2015a: 424–425）．今まで行われた実験では，この

---

[6] 鼻音後接有声化は，和語要素に限って音素配列制約として現代日本語でも働いているとよく主張されている（Vance & Asai 2016: 124 を参照）．本章では，この主張は議論しない．

制約の心理的実在性を裏付ける結果は出ていない（Kozman 1998; Kumagai 2014）．

4.2. オノマトペ以外の畳語

　オノマトペ（3.3）に当てはまらない和語の畳語は，ライマンの法則（2.1）に違反しない限り，連濁するのが普通である（小倉1910: 21-22）．（16）に示されている例は典型的である（Vance 2015a: 417-419）．

　　（16）a. 「月々」つき＋づき　　c. 「重ね重ね」かさね＋がさね
　　　　　b. 「国々」くに＋ぐに　　d. 「近々」ちか＋ぢか

畳語の連濁傾向は非常に強く，連濁免疫に優先する（Nishimura 2007: 22-23）．例えば，「先」さき という形態素は，畳語以外の複合語の後部要素になると一切連濁しない（3.2）が，「先々」さき＋ざき の場合は連濁する．
　因みに，和語の畳語の中には，文法的にも意味的にもオノマトペの畳語に酷似している副詞が多い（Martin 1975: 410-411, 799-800）．"準オノマトペ"（「しましま」など）の畳語は連濁しないという主張（3.3）は，直感的には正しそうであるが，連濁の有無だけでなく，独立した判断基準によって"準オノマトペ"の畳語とそうでない畳語の区別がつくかどうかは疑問の余地がある（Vance 2014b: 34-36）．

4.3. 並列複合語

　並列複合語が連濁しにくいことは昔から指摘されている（Lyman 1894: 9; 奥村 1955: 962）．（17）に示されている複合語は連濁しないが，それぞれの後部要素は連濁に免疫のある形態素ではない．

　　（17）a. 「山坂」やま＋さか（「下り坂」くだり＋ざか を参照）
　　　　　b. 「枝葉」えだ＋は（「青葉」あお＋ば を参照）
　　　　　c. 「読み書き」よみ＋かき（「覚え書き」おぼえ＋がき を参照）

しかし，連濁する並列複合語も少しはある（Vance 2015a: 425-426; Irwin 2016a: 82）．例えば，「物事」もの＋ごと は，間違いなく「物と事」という並列的な意味を表している．連濁するが，自立語として使われていない複合要素もあり，「足手纏い」あし＋で＋まとい はその一例である（Vance 2015a:

12

426). 「足と手」を意味する **あし＋で** は独立性のある単語としては存在しない.

4.4. 動詞・形容詞の要素を含む複合語

日本語は動詞＋動詞の複合動詞が豊富であり (Tagashira & Hoff 1986; Shibatani 1990: 246-247; Kageyama 1999: 301-303), 一例として「切り離す」**きり＋はなす** が挙げられる. このような複合語では, 前部要素 (E1) も後部要素 (E2) も動詞に基づいた要素である. E1 は, 音素的には連用形と同じであるが, その動詞から派生した名詞である事例が多い.「切り離す」の場合は, E1 が由来する動詞「切る」が有核 (**き↓る**) であるので, 連用形 **き↓り** と名詞形 **きり↓** のアクセント型が違う (Martin 1975: 883-885). しかし, 複合動詞の E1 になると, このアクセントの区別が消えてしまう. したがって, **きり＋はなす** のような複合語の **きり** は, 動詞形 (すなわち連用形) と解釈すればいいか, それとも名詞形と解釈すればいいか, 発音上の手掛かりはない. もちろん,「切り離す」の **きり** の意味を考慮すれば, 名詞の「切り」**きり↓** と結び付いているとは考えられないが, 簡単に解明できない事例も少なくない. 本章では, この問題を解決する試みは行わない. 一方, 複合動詞の E2 は, 単純動詞と同様に活用するので, 動詞形であることは間違いない.

動詞＋動詞に由来する複合名詞も数多くある. 例えば,「聞き取り」**きき＋とり** の E1 も E2 も動詞に基づいているが, 複合語全体は名詞である. このような複合名詞は, 動詞＋動詞の複合動詞と違い, E1 だけでなく E2 も動詞形 (連用形) と解釈すればいいか, 名詞形と解釈すればいいか, 明瞭でない場合もある.

「聞き取る」**きき＋とる** と「聞き取り」**きき＋とり** のように, 同じ 2 つの動詞に基づいた複合動詞と複合名詞の対も少なくないが, 片方しか存在しない事例もある. 両方とも存在する場合は, 動詞も名詞も連濁しないのが典型的なパターンである (Vance 2005: 93-98) が,「割り引く」**わり＋びく** と「割り引き」**わり＋びき** のように, 両方とも連濁するのも少数ではあるが存在する. また,「通り掛かる」**とおり＋かかる** と「通り掛かり」**とおり＋がかり** のように, 名詞だけが連濁するのも少数存在する.

動詞＋動詞の複合名詞しか存在しない場合は, 連濁する率が高い (Vance 2005: 99). 例えば,「送り返す」**おくり＋かえす** という動詞に相当する名詞はない (*おくり＋かえし, *おくり＋がえし) のと対照的に,「覚え書き」お

ぼえ＋がき という名詞に相当する動詞はない（[×]**おぼえ＋かく**，[×]**おぼえ＋が く**）．⁷ ライマンの法則（2.1）に違反しなくても，「送り返す」のような，名詞 とペアを組んでいない動詞＋動詞の複合動詞の大多数は連濁しない．一方，ラ イマンの法則に違反しない限り，「覚え書き」のような，動詞とペアを組んで いない動詞＋動詞の複合名詞は連濁する傾向が強い（Vance 2015a: 428）．

　形容詞＋形容詞の複合形容詞は，比較的少ないが，動詞＋動詞の複合動詞と 異なり，「薄暗い」**うす＋ぐらい** のように連濁するものと，「狭苦しい」**せま ＋くるしい** のように連濁しないものがほぼ均等に分けられている（Vance 2005: 99）．「近付ける」**ちか＋づける** のような形容詞＋動詞の複合動詞，「細 書き」**ほそ＋がき** のような形容詞＋動詞の複合名詞，「疑い深い」**うたがい＋ ぶかい** のような動詞＋形容詞の複合形容詞の場合は，連濁するのが普通であ る（菊田 1971; 戸田 1994; Vance 2005: 98–99）．

　形容詞＋形容詞の複合名詞も動詞＋形容詞の複合名詞も極めて稀であるの で，統計的に意味のある連濁率は計算できない（Vance 2015a: 428）．「心強 い」**こころ＋づよい** のような名詞＋形容詞の複合形容詞，「間近」**ま＋ちか** の ような名詞＋形容詞の複合名詞は，比較的多いが，研究し尽くされてはいない （Vance 2015a: 429）．「名付ける」**な＋づける** のような名詞＋動詞の複合動詞 も少なくないが，体系的な調査はまだである．一方，以下（4.5）で取り上げ られる名詞＋動詞の複合名詞の研究は，以前から多く行われている．

　「長靴」**なが＋ぐつ** のような形容詞＋名詞の複合名詞も，「流れ星」**ながれ ＋ぼし** のような動詞＋名詞の複合名詞も数多くあるが，典型的な名詞＋名詞 の複合名詞と分けて調査されていない．動詞か形容詞から派生した E1 は，非 派生名詞と同じ振る舞いをするかもしれないが，確実なことは言えない．

4.5. 名詞＋動詞の複合名詞

　名詞＋動詞の複合名詞の E1 は非派生名詞であり，E2 は動詞から派生した ものである．このとき，連濁に影響する重要な要因は，E1 と E2 の意味関係 であるとされている．具体的に言うと，E2 の元になっている動詞の直接目的 語が E1 であると解釈できる場合に，連濁が起こりにくいと主張されている．

---

　⁷ 言うまでもなく，連用形，すなわち動詞の活用形の **おくり＋かえし** は存在する．存在し ないのは派生した名詞である．

この要因が強いとすれば，下に示す通り，(18a) のようなパターンは連濁しないはずである．

(18) a. 「紙切り」**かみ＋きり**（「紙を切る」を参照）
　　 b. 「輪切り」**わ＋ぎり**（「輪に切る」を参照）

(18a) の「紙」は「切る」の直接目的語であるが，(18b) の「輪」は同じ対格関係ではない．以下では，「紙切り」のような例を対格＋動詞の複合名詞，「輪切り」のような例を非対格＋動詞の複合名詞と呼ぶ．

　初期研究（奥村 1955: 962; 桜井 1966: 41）においては，(18b) のような非対格＋動詞の複合名詞の E1 が E2 の「副詞修飾格」であると説明されていた．したがって，E1 が E2 の主語の複合語は対象外であった．「虫食い」**むし＋くい** のような主格＋他動詞の複合名詞は，ほんの僅かしかないが，「肩凝り」**かた＋こり** のような主格＋自動詞の複合名詞は数多くある．しかし，主格＋動詞の複合名詞が連濁しにくいかどうかについては，合意はない（金田一 1976: 12; Sugioka 1986: 108）．いずれにしても，今まで報告されている研究では，対格と副詞修飾格の違いに焦点が当てられ，主格の E1 はほぼ無視されている．

　「籤引き」**くじ＋びき** のような，連濁する対格＋動詞の複合名詞が多いことは明らかである．一方，ライマンの法則 (2.1) が働いている事例を除いて，「肩掛け」**かた＋かけ** のような，連濁しない非対格＋動詞の複合名詞は実に珍しい（Vance 2014a: 144-145）．実在語を調べると，連濁率の違いが統計的に有意であることは確かである（Yamaguchi 2011: 124; Yamaguchi & Tanaka 2013: 160-161）．名詞＋動詞の複合名詞の新語を作り出す場合に，ライマンの法則に違反しない限り，E1 が非対格であれば必ず連濁するが，対格であればほぼ連濁しないと主張されている（Sugioka 2005: 217-218）が，実験結果は曖昧である（Kozman 1998; Vance 2014a: 143-149）．

4.6. 拘束の前部要素

　拘束形態素の E1 の中に連濁を阻止する形態素もある．一番よく知られているのは，尊敬接頭辞の「お」と「ご」である．「お」は和語であり，和語の語基に付く傾向が強いが，「お稽古」**お＋けい・こ** や「おビール」のような例外もある．一方，「ご」は漢語であり，ほぼ例外なく漢語の語基に付く．(19) に示されている語基は，どれも連濁に免疫のあるものではない．

(19) a.　「お箸」お＋はし（「火箸」ひ＋ばし　を参照）

　　　b.　「お砂糖」お＋さ・とう（「黒砂糖」くろ＋ざ・とう　を参照）

　　　c.　「お強い」お＋つよい（「根強い」ね＋づよい　を参照）

　　　d.　「お聞き」お＋きき（「盗み聞き」ぬすみ＋ぎき　を参照）

　　　e.　「ご苦労」ご＋く・ろう（「気苦労」き＋ぐ・ろう　を参照）

和語数詞の「一」ひと　も連濁を阻止する（中川 1966: 314; Irwin 2012: 31-32）．例えば，「声」こえ〜ごえ　は，「人声」ひと＋ごえ　において連濁するので，免疫があるわけではないが，「一声」ひと＋こえ　においては連濁しない．

4.7.　後部要素の多義性

　内容形態素の大部分は多義である．複合語の後部要素が多義であった場合，各語義によって連濁率が著しく違う事例がかなりある（Irwin 2016a: 104-105; Vance 2016a: 433）．例えば，「手」て〜で　は，比喩的な意味が豊富であり，それぞれの語義を網羅的に分類するのは難しいが，E2 としての連濁率は，全体的には 5 割を下回る．それにもかかわらず，大多数の語義の場合に，連濁する実在語が全くないわけではない．（20）に示されている例は，ほんの一例である．

(20) a.　「素手」す＋で　　　　d.　「元手」もと＋で

　　　b.　「熊手」くま＋で　　　e.　「深手」ふか＋で

　　　c.　「男手」おとこ＋で

（20e）においては，「手」は「傷」という意味を持っている．この語義の場合は，「手」は必ず連濁すると言ってもいいであろうが，例数は非常に少ない．他にあるのは，「浅手」と「痛手」だけである．

　対照的には，動詞に基づいた E1 に付く，「その動作をする人」という意味の「手」は一切連濁しない．この語形成パターンは生産的であるので，「売り手」うり＋て　のような複合語を自由に作り出すことができる．したがって，この意味の「手」は連濁に免疫があると言わざるを得ない．因みに，「手」の諸意味を区別しないで，一括りに扱うと，「稼ぎ手」かせぎ＋て　のような例はローゼンの法則（2.3）に違反してしまう（Kubozono 2005: 16）．なぜなら，ローゼンの法則によると，E1 が 3 モーラ以上の場合は連濁するはずだが，

「手」は連濁したりしなかったりするからである．その反面，「その動作をする人」を意味する「手」を他の意味の「手」と別に扱えば，ローゼンの法則と関係なく，この語義においては連濁免疫により連濁しないと解決できる．

5. 不規則性

5.1. 変異する実在語

連濁形と非連濁形が共存する複合語もある．例えば，「空咳」の発音は，**から＋せき** も **から＋ぜき** も NHK（NHK 放送文化研究所 2016）で認められている．このような変異の場合は，個々の母語話者が一方の発音が正しく，もう一方の発音が正しくない（または方言である）と思い込む傾向が強い．しかしながら，NHK の放送用語委員会が行なった調査（塩田 1999, 2001, 2011a, 2011b; 太田 2010, 2011）によって，発音に関するこのような意見は，年齢や性別などに関連することが明らかになっている．

同音異義語や同義異音語を回避する傾向は普遍的であり，一形一義原理と呼ばれている（Matthews 1997: 255）．したがって，発音の揺れが生じると，意味的分岐につながる可能性も生じる（Bolinger 1968: 110; Hudson 2000: 262-263）．例えば，NHK の発音辞典（NHK 放送文化研究所 2016）によると，「奥深い」は，非連濁の **おく＋ふかい** でも連濁形の **おく＋ぶかい** でもいいが，この二形を使い分ける母語話者もいるらしい．[8] すなわち，**おく＋ふかい** を文字通りの意味（奥が深い．奥まっている．）で使い，**おく＋ぶかい** を比喩的な意味（意味が深い．深遠でわかりにくい．）で使う．

しかしながら，意味的分岐の可能性があるものの，連濁の有無で意味が明確に違う実例は稀である（Vance 2015a: 434-435）．その数少ない一例として，「大手」**おお＋て** と「大手」**おお＋で** が挙げられる．

5.2. 個別後部要素の不安定な振る舞い

促進要因や抑制要因に関係なく，連濁したりしなかったりする形態素が数多くある．(21) に示されているのは典型的な例である．多義性の問題を回避するために，それぞれの複合語のペアにおいて，E2 は同じ意味で使われている．

---

[8] Mark Irwin（私信）．

(21) a. 「島」しま〜じま

　　　　「浮き島」うき＋しま

　　　　「離れ島」はなれ＋じま

　　b. 「鳥」とり〜どり

　　　　「小鳥」こ＋とり

　　　　「親鳥」おや＋どり

　　c. 「日」ひ〜び

　　　　「夕日」ゆう＋ひ

　　　　「西日」にし＋び

このように揺れる E2 の連濁率は，ばらつきが非常に大きい（Irwin 2016a: 101-105）．

5.3. 連濁の生産性

　以上（第2節〜第4節）に列挙された，連濁に影響する要因の大多数は，決定的ではない．つまり，連濁を例外なくもたらす，または例外なく防ぐのではなく，連濁の確率にある程度の影響を与えるだけである．言い換えれば，実在語を調べてみると，様々な傾向が見つかるが，強いものもあれば，かなり弱いものもある．連濁は，全体的に不規則であることは否定できないが，生起している複合語を全て暗記すれば良いというわけではない．なぜなら，実在要素からなる新語にも連濁を適用する可能性が十分あるからである．心理言語学実験では，存在しない要素を含む刺激語にも連濁が適用される．普通の母語話者は，連濁行動において単に語彙検索をしているだけでなく，その都度，語形成も行っているに違いない（Kubozono 2005: 5-7; Kawahara 2015; Kawahara & Zamma 2016: 32）．

　新複合語が連濁するかしないかは，主に実在複合語から類推して決められるということは確かである（Ohno 2000）．したがって，個人差もあるし，特定の個人の判断でも場面によって違う可能性もある．同一言語の母語話者でさえ語彙が違うこともあるが，5.1 で指摘したように，連濁の揺れを示す実在複合語もある．しかも，特定の場面になると，どの実在複合語が思い浮かぶかは不安定で，偶然の要因が影響する．実験の参加者が刺激語に反応して連濁の有無を決めるときは，その場の類推の根拠が具体的にどこにあるのか断言できない

が，意味的に，または形式的に類似している実在複合語を模範にする傾向があるだろう（Ohno 2000: 160-161）.

　類推に基づいたこのような説明は曖昧ではあるが，この曖昧性は長所と見なせばいい．実験に参加した母語話者がどんなに同質であっても，同じ刺激語に対して全員一致する回答は滅多にない．このような不一致があるからこそ，連濁が借用語へ拡張したこと（3.4-3.5）に説明がつく．たとえ日本語母語話者であっても，連濁するかしないかを失念し，その場で複合語を作り出すこともありえる．そして，その結果，連濁の有無が揺れる可能性がある．また，連濁するかしないかの判断が他人と異なる場合，連濁の有無を考え直すこともあるかもしれない．こういったことが繰り返される結果，複合語の連濁の有無は，通時的には逆になり得る（Vance 2007a: 163）.

参照文献

Bolinger, Dwight (1968) *Aspects of Language*, Harcourt, Brace & World, New York.

遠藤邦基 (1977)「濁音減価意識——語頭の清濁を異にする二重語を対象に」『国語国文』46(4), 222-234.

Frellesvig, Bjarke (2010) *A History of the Japanese Language*, Cambridge University Press, Cambridge.

Hamano, Shoko (1998) *The Sound-symbolic System of Japanese*, CSLI / Kurosio, Stanford / Tokyo.

Hudson, Grover (2000) *Essential Introductory Linguistics*, Blackwell, Oxford.

Irwin, Mark (2009) "Prosodic Size and Rendaku Immunity," *Journal of East Asian Linguistics* 18, 179-196.

Irwin, Mark (2011) *Loanwords in Japanese*, John Benjamins, Amsterdam.

Irwin, Mark (2012) "Rendaku Dampening and Prefixes," *NINJAL Research Papers* 4, 27-36.

Irwin, Mark (2014) "Rendaku Across Duplicate Moras," *NINJAL Research Papers* 7, 93-109.

Irwin, Mark (2016a) "The Rendaku Database," *Sequential Voicing in Japanese Compounds: Papers from the NINJAL Rendaku Project*, ed. by Timothy J. Vance and Mark Irwin, 79-106, John Benjamins, Amsterdam.

Irwin, Mark (2016b) "Rosen's Rule," *Sequential Voicing in Japanese Compounds: Papers from the NINJAL Rendaku Project*, ed. by Timothy J. Vance and Mark Irwin, 107-117, John Benjamins, Amsterdam.

Itô, Junko, and Armin Mester (1995) "Japanese Phonology," *The Handbook of Phonological Theory*, ed. by John A. Goldsmith, 817–838, Blackwell, Oxford.

Itô, Junko, and Armin Mester (1999) "The Phonological Lexicon," *The Handbook of Japanese Linguistics*, ed. by Natsuko Tsujimura, 62–100, Blackwell, Oxford.

Itô, Junko, and Armin Mester (2003) *Japanese Morphophonemics: Markedness and Word Structure*, MIT Press, Cambridge, MA.

Kageyama, Taro (1999) "Word Formation," *The Handbook of Japanese Linguistics*, ed. by Natsuko Tsujimura, 297–325, Blackwell, Oxford.

Kamei, Takashi (1954) *Chinese Borrowings in Prehistoric Japanese*, Yoshikawa Kōbunkan, Tokyo.

Kawahara, Shigeto (2015) "Can We Use Rendaku for Phonological Argumentation?," *Linguistics Vanguard* 1(1), 3–14.

Kawahara, Shigeto, and Shin-ichiro Sano (2014) "Identity Avoidance and Lyman's Law," *Lingua* 150, 71–77.

Kawahara, Shigeto, and Shin-ichiro Sano (2016) "Rendaku and Identity Avoidance," *Sequential Voicing in Japanese Compounds: Papers from the NINJAL Rendaku Project*, ed. by Timothy J. Vance and Mark Irwin, 47–55, John Benjamins, Amsterdam.

Kawahara, Shigeto, and Hideki Zamma (2016) "Generative Treatments of Rendaku and Related Issues," *Sequential Voicing in Japanese Compounds: Papers from the NINJAL Rendaku Project*, ed. by Timothy J. Vance and Mark Irwin, 13–34, John Benjamins, Amsterdam.

菊田紀朗 (1971)「用言の連濁の一要因」『解釈』17, 24–29.

金田一春彦 (1976)「連濁の解」*Sophia Linguistica* 2, 1–22.

小松英雄 (1981)『日本語の世界 7 ── 日本語の音韻』中央公論社，東京.

Kozman, Tam (1998) "The Psychological Status of Syntactic Constraints on Rendaku," *Japanese/Korean Linguistics 8*, ed. by David Silva, 107–120, CSLI, Stanford.

Kubozono, Haruo (2005) "Rendaku: Its Domain and Linguistic Conditions," *Voicing in Japanese*, ed. by Jeroen van de Weijer, Kensuke Nanjo, and Tetsuo Nishihara, 5–24, John Benjamins, Amsterdam.

Kumagai, Gakuji (2014) "The Psychological Status of the Right-Branch Condition on Rendaku: An Experiment with Specific Contexts," *Studies in Language Sciences* 13, 124–145.

Kuroda, S.-Y. (2002) "Rendaku." *Japanese/Korean Linguistics 10*, ed. by Noriko M. Akatsuka and Susan Strauss, 337–350, CSLI, Stanford.

Labrune, Laurence (2012) *The Phonology of Japanese*, Oxford University Press, Oxford.

Lyman, Benjamin Smith (1894) *The Change from Surd to Sonant in Japanese Com-*

pounds, Oriental Club of Philadelphia, Philadelphia.

前田富祺（2007）「清濁」『日本語学研究事典』，飛田良文他(編)，105，明治書院，東京.

Martin, Samuel E. (1952) *Morphophonemics of Standard Colloquial Japanese* (*Language* Dissertation No. 47), Linguistic Society of America, Baltimore.

Martin, Samuel E. (1975) *A Reference Grammar of Japanese*, Yale University Press, New Haven.

Martin, Samuel E. (1987) *The Japanese Language through Time*, Yale University Press, New Haven.

Matthews, P. H. (1997). *The Concise Oxford Dictionary of Linguistics*, Oxford University Press, Oxford.

McCawley, James D. (1968) *The Phonological Component of a Grammar of Japanese*, Mouton, The Hague.

中川芳雄（1966）「連濁・連清（仮称）の系譜」『国語国文』35(6), 302-314.

Nasu, Akio (2015) "The Phonological Lexicon and Mimetic Phonology," *The Handbook of Japanese Phonetics and Phonology*, ed. by Haruo Kubozono, 253-288, De Gruyter Mouton, Berlin.

NHK 放送文化研究所（編）（2016）『NHK 日本語発音アクセント新辞典』NHK 出版，東京.

日本国語大辞典編集委員会・小学館国語辞典編集部(編)（2000-02）『日本国語大辞典』第 2 版，小学館，東京.

Nishimura, Kohei (2007) "Rendaku and Morphological Correspondence," *Phonological Studies* 10, 21-30.

Nishimura, Kohei (2013) *Morphophonology in Japanese Compounding*, Doctoral dissertation, University of Tokyo.

小倉進平（1910）「ライマン氏の連濁論（上・下）」『国学院雑誌』16(7), 9-23; 16(8), 31-45.

Ohno, Kazutoshi (2000) "The Lexical Nature of Rendaku in Japanese," *Japanese/Korean Linguistics 9*, ed. by Mineharu Nakayama and Charles J. Quinn, Jr., 151-164, CSLI, Stanford.

奥村三雄（1955）「連濁」『国語学辞典』，国語学会(編)，961-962，東京堂出版，東京.

奥村三雄（1972）「古代の音韻」『講座日本語史 2──音韻史・文字史』，中田祝夫(編)，63-171，大修館書店，東京.

太田眞希恵（2010）「若者に多い「ワカシラガ」，高年層に残る「ワカジラガ」」『放送研究と調査』11 月号，50-70.

太田眞希恵（2011）「女は男よりも『罪（つみ）作（つく）り』」『放送研究と調査』11 月号，26-37.

Otsu, Yukio (1980) "Some Aspects of *Rendaku* in Japanese and Related Problems," *MIT Working Papers in Linguistics 2: Theoretical Issues in Japanese Linguistics*, ed. by Yukio Otsu and Anne Farmer, 207-227, MIT Department of Linguistics and Philosophy, Cambridge.

Ramsey, S. Robert, and J. Marshall Unger (1972) "Evidence for a Consonant Shift in 7th Century Japanese," *Papers in Japanese Linguistics* 1, 278-295.

Rosen, Eric (2003) "Systematic Irregularity in Japanese Rendaku: How the Grammar Mediates Patterned Lexical Exceptions," *Canadian Journal of Linguistics* 48, 1-37.

桜井茂治（1966）「共通語の発音で注意すべきことがら」『日本語発音アクセント辞典（付録）』，日本放送協会（編），31-43，日本放送出版協会，東京.

Shibatani, Masayoshi (1990) *The Languages of Japan*, Cambridge University Press, Cambridge.

塩田雄大（1999）「用語の決定」『放送研究と調査』11 月号，94-97.

塩田雄大（2001）「用語の決定」『放送研究と調査』4 月号，96-105.

塩田雄大（2011a）「用語の決定」『放送研究と調査』10 月号，98-105.

塩田雄大（2011b）「用語の決定」『放送研究と調査』11 月号，86-97.

Sugioka, Yoko (1986) *Interaction of Derivational Morphology and Syntax*, Garland, New York.

Sugioka, Yoko (2005) "Multiple Mechanisms Underlying Morphological Productivity," *Polymorphous Linguistics: Jim McCawley's Legacy*, ed. by Salikoko S. Mufwene, Elaine J. Francis and Rebecca S. Wheeler, 204-223, MIT Press, Cambridge, MA.

鈴木孝夫（1962）「音韻交替と意義分化の関係について――所謂清濁音の対立を中心として」『言語研究』42, 23-30.

鈴木豊（2005）「ライマンの法則の例外について――連濁形「-バシゴ（梯子）」を後部成素とする複合語を中心に」『文京学院大学外国語学部文京学院短期大学紀要』4, 249-265.

鈴木豊（2009）「語頭濁音語「バ（場）」の成立過程について」『文京学院大学外国語学部文京学院短期大学紀要』9, 133-149.

Tagashira, Yoshiko, and Jean Hoff (1986) *Handbook of Japanese Compound Verbs*, Hokuseido Press, Tokyo.

Takayama, Tomoaki (2005) "A Survey of Rendaku in Loanwords," *Voicing in Japanese*, ed. by Jeroen van de Weijer, Kensuke Nanjo and Tetsuo Nishihara, 177-190, De Gruyter Mouton, Berlin.

Takayama, Tomoaki (2015) "Historical Phonology," *The Handbook of Japanese Phonetics and Phonology*, ed. by Haruo Kubozono, 621-650, De Gruyter Mouton, Berlin.

Tamaoka, Katsuo, Mutsuko Ihara, Tadao Murata and Hyunjung Lim (2009) "Effects of First-Element Phonological-Length and Etymological-Type Features on Sequential Voicing (Rendaku) of Second Elements," *Journal of Japanese Linguistics* 25, 17–38.

戸田綾子（1994）「現代語における和語の連濁（1）」『同志社国文学』40, 159–172.

Vance, Timothy J. (1987) *An Introduction to Japanese Phonology*, SUNY Press, Albany.

Vance, Timothy J. (1996) "Sequential Voicing and Sino-Japanese," *Journal of the Association of Teachers of Japanese* 30, 22–43.

Vance, Timothy J. (2002) "Another Look at Vocabulary Stratification in Japanese," *The Linguist's Linguist: A Collection of Papers in Honour of Alexis Manaster Ramer*, ed. by Fabrice Cavoto, 433–436, Lincom Europa, Munich.

Vance, Timothy J. (2005) "Rendaku in Inflected Words," *Voicing in Japanese*, ed. by Jeroen van de Weijer, Kensuke Nanjo and Tetsuo Nishihara, 89–103, John Benjamins, Amsterdam.

Vance, Timothy J. (2007a) "Have We Learned Anything about *Rendaku* that Lyman Didn't Already Know?" *Current Issues in the History and Structure of Japanese*, ed. by Bjarke Frellesvig, Masayoshi Shibatani and John Charles Smith, 153–170, Kurosio, Tokyo.

Vance, Timothy J. (2007b)「右枝条件か首位条件か――その違いについて――」『日本語学の諸相』, 久野暲・牧野成一・スーザン・G. ストラウス(編), 231–240, くろしお出版, 東京.

Vance, Timothy J. (2011) "Rendaku in Sino-Japanese: Reduplication and Coordination," *Japanese/Korean Linguistics 19*, ed. by Ho-Min Sohn et al., 465–482, CSLI, Stanford.

Vance, Timothy J. (2014a) "If Rendaku Isn't a Rule, What in the World Is It?" *Usage-Based Approaches to Japanese Grammar*, ed. by Kaori Kabata and Tsuyoshi Ono, 137–152, John Benjamins, Amsterdam.

Vance, Timothy J. (2014b)「連濁とオノマトペの畳語」『国語研のプロジェクトレビュー』5(1), 32–38.

Vance, Timothy J. (2015a) "Rendaku," *The Handbook of Japanese Phonetics and Phonology*, ed. by Haruo Kubozono, 397–441, De Gruyter Mouton, Berlin.

Vance, Timothy J. (2015b)「連濁の不規則性とローゼンの法則」『国立国語研究所論集』9, 207–214.

Vance, Timothy J. (2017) "*Rendaku* (Sequential Voicing) in Japanese Phonology," *Oxford Research Encyclopedias: Linguistics*, ed. by Mark Aronoff, Oxford University Press (http://linguistics. oxfordre.com).

Vance, Timothy J., and Atsushi Asai (2016) "Rendaku and Individual Segments," *Sequential Voicing in Japanese Compounds: Papers from the NINJAL Rendaku Project*, ed. by Timothy J. Vance and Mark Irwin, 119–137, John Benjamins, Amsterdam.

Yamaguchi, Kyoko (2011) "Accentedness and Rendaku in Japanese Deverbal Compounds," *Gengo Kenkyū* 140, 117–133.

Yamaguchi, Kyoko, and Shin-ichi Tanaka (2013) "Rendaku Variation in Deverbal Compounds," *Current Issues in Japanese Phonology: Segmental Variation in Japanese*, ed. by Jeroen van de Weijer and Tetsuo Nishihara, 149–166, Kaitakusha, Tokyo.

第2章

連濁研究史
—ライマンの法則を中心に—

鈴木　豊

文京学院大学

1.　はじめに

　連濁はピッチアクセントや母音交替などとともに，日本語の複合語の指標となるさまざまな現象の一つである．連濁・非連濁を決定する種々の規則や傾向が発見されている一方，連濁するかしないかを完全に説明することができない語も多くある．この連濁の規則的でありながら，予測することが不可能であるという性質が，多くの研究者を引きつけている理由であると考えられる．その中にあってライマンの法則は，共時的にも通時的にもほとんど例外のない非連濁規則として知られている．本章は連濁研究史の整理と，新たな濁音史に関する仮説の提示とからなる．前者と後者をつなぐキーワードは「ライマンの法則」である．なお，本章の記述は鈴木（2004, 2005, 2006, 2007, 2010, 2011, 2015）の中から研究史に関する部分を抜き出して再構成し，若干の補足を施したものである．なお，最近の研究成果については，各章の記述を参照していただきたい．

2.　術語

2.1.　「連濁」

　連濁に関する記述は平安時代から見られるが，連濁が他の音韻現象と区別され，「連濁」という呼称が定着するまでにはさまざまな異称が用いられていた．呼称として最初に使用されたものは「新濁」であったが，初期には連濁についての言及があっても，「にごり」などが使用され，特別な呼称が使われない場

合も多かった．次に「音便」や「連声」が続き，「連濁」が術語として確立する
のは，それよりずっと後のことである．(1) は連濁現象についての記述のある
文献から採取した用例を，a. 呼称なし，b. 新濁，c. 音便，d. 連声，e. 言便，
f. 化濁音，g. 連声濁，h. 連濁音，i. 連濁に分類し，原則として歴史的にその
使用が早い順に配列したものである．c. 音便，d. 連声，e. 言便は，その用例
を見れば明らかなように，「音便」「連声」などがそのまま連濁現象を示すわけ
ではなく，音便あるいは連声によって生じた濁音として説明されている，とい
う意味である．また，「音便」「連声」は現代の日本語史研究上の意味とは違い，
より広義の音韻変化を示す語である．「連声」や「音便」という用語によって説
明されていた連濁現象は，「連声濁」という専用の語によって表されるように
なった．「連濁」が成立するまでの系譜の関係と認められるのは，「連声の濁」
＞「連声濁」＞「連濁」と「連声の濁音」＞「連声濁音」＞「連濁音」の二系列
であるが，前者が残り，後者は「連濁」に吸収されたと考えられる．「連濁音」
は「連濁」と併用されることが多いが，ほぼ同義に用いられているようであり，
連濁現象と連濁によって生じた濁音という意味を区別しているわけではない．
「連濁」の用例には「いわゆる」などの表現を用いて正式な術語ではないことを
ことわっているものがあるが，佐久間 (1959) を最後にその種の記述は見られ
なくなる．20 世紀も後半にいたって，ようやく名実ともに術語としての地位が
確立したといえよう．「連濁」は氏家 (1834 以前)，大槻 (1897) 以前に使用例
が見いだせないが，「連声濁」の初出が『和字大観抄』であることから，「連濁」
の成立は 18 世紀後半以降ということになろう．またこの頃，和語の連濁も「連
声濁」「連濁」で説明されるようになったと考えられる．

(1)　連濁の異称とその使用年代

呼称 年代	1100	1300	1600	1700	1800	1900	2000
a. 言及のみ	○-----	------	------	------	------	------	○
b. 新濁	○----	------	------	------	○		
c. 音便			○--	------	---○		
d. 連声	○			○---	------	------	○
e. 言便等				○---○			
f. 化濁音						○--○	
g. 連声濁				○---	------	------	○
h. 連濁音						○------○	
i. 連濁						○-----	-----

2.2.　「非連濁」

　連濁しうる条件下（後部要素頭が清音）でも連濁が起こらないことがある．これまでの連濁研究諸文献において，「連濁」に対して連濁しないことを「非連濁」「非濁」「不連濁」「不濁」「連清」の呼称が用いられてきた．また，「連濁形」に対しては「非連濁形」「不連濁形」「連清形」「不濁形」「非濁形」が用いられた．（2）は連濁研究文献のうち「連濁しないこと」に対して特別な名称を用いているものについて，その用語を「非連濁」「不連濁」「その他」に整理して発表年順に配列したものである．

（2）　連濁が起こらないことを表す名称

論文　　　　　　名称	非連濁	不連濁	その他
大西雅雄（1938）	○	－	
森山　隆（1962）	－	○	
奥村三雄（1964）	○	－	
中川芳雄（1966）	－	－	「連清」
森山　隆（1967）	－	○	
今泉忠義（1968）	○	－	
森山　隆（1968）	－	－	「不濁」
桜井茂治（1972）	○	－	
秋永一枝（1977）	○	－	
中川芳雄（1977）	－	－	「連清」
木部暢子（1979）	○	－	
中川芳雄（1979）	－	－	「連清」
奥村三雄（1980）	○	－	「非濁形」も
遠藤邦基（1981）	○	－	
奥村三雄（1984）	○	－	「非濁形」も
戸田綾子（1988）	○	－	
山口佳紀（1988）	○	－	
屋名池誠（1991）	－	○	
高山倫明（1992a）	○	－	
高山倫明（1992b）	○	－	

　これらの語の使用は「連濁」の使用時期に比べるととても新しく，（2）以前の研究では連濁しないことに対して特別な名称は用いられていない．（2）から

「非連濁」が使用者の多さで他を圧倒していることが知られる．「その他」にある「非濁」「不濁」は，「非連濁」「不連濁」の省略形に加えて「非濁音」「不濁音」の省略形とも考えられ，術語として厳密性を欠く．「連清」の呼称は，複合に際して濁音が清音化するという意味に誤解される可能性もある．よって「連濁しないこと」を表す術語として現代では「非連濁」がその地位を獲得したといえるだろう．

2.3. 「ライマンの法則」

　「複合語後部要素の第二音節以下にすでに濁音が含まれている場合は連濁しない」ことは，現代では一般的に「ライマンの法則」と呼ばれている．Lyman (1894) に示された非連濁規則は 4 則（1, 2, 3.1 〜 4.4（a）〜（e））であり，さらに「連濁・不連濁の意味的条件」と「有声音の脱落による連濁」の考察もあるにもかかわらず，その中の第 1 則だけが特に「ライマンの法則」と呼ばれるようになった．ライマンの研究は屋名池（1991）が出るまでは，もっぱら小倉（1910）によって日本人研究者に知られてきた．しかし，ライマンの研究の挙例には誤りが多く含まれていることなどから，第 1 則は評価するが，他の非連濁条件についてはそれほど評価しないという小倉の書きぶりによって，第 1 則だけがいわゆる「ライマンの法則」として，その後の連濁研究の中に受け入れられることになったと考えられる．「ライマンの法則」の異称として「ライマンの連濁法則」「ライマンの非連濁法則」などの呼称が行われてきたが，いずれも第 1 則だけを指す．「連濁法則」は「連濁する条件を示した法則」ではなく，「連濁に関する法則」と考えれば，特に不適当な呼称ではない．「ライマンの法則」は連濁研究が盛んになった 1970 年代にいたって術語としての地位を獲得した．将来的には「ライマンの法則」の呼称が定着するであろう．

3.　ライマンの連濁研究

3.1.　Benjamin Smith Lyman について

　ベンジャミン・スミス・ライマン（Benjamin Smith Lyman）は，北海道開拓使として日本政府に雇われた地質学者で，北海道を中心に多大な成果をあげ，150 篇ほどの研究報告書・地図を作成した．ライマンの日本語研究はいわば余技であったが，その研究水準は高かった．米国に帰国後の 1894 年に発表

した日本語の連濁に関する論文が，小倉進平の翻訳・紹介によって日本の研究
者に広く知られ，そこで指摘された非連濁規則（複合語の後部要素に濁音が含
まれる場合は連濁が起こらない）が，後に「ライマンの法則」と呼ばれるよう
になった．その呼称は，現在では日本語研究者のみならず，言語研究一般に通
用する術語としての資格を備えるに至っている．ライマンの日本語研究が「余
技」でありながら研究水準が高かったことは，彼の生まれ育った環境と，彼の
個性によるところが大きい．また，地質調査に必要とされる綿密な地表調査に
よる埋蔵量の推定という方法も，日本語の連濁研究には有効に働いた．『和英
語林集成』の第 2 版が出版されたことも，ライマンの研究の質を高めるのに大
いに役だっただろう．日本語の連濁現象は，日本語のローマ字表記化にとって
避けがたい難問である．複合語の連濁・非連濁に関する問題は，漢字と仮名を
使用する日本人にはあまり意識されることはないが，清濁を異なる文字で表さ
なくてはならない（つまり，漢字や濁点を使用しない）ローマ字表記において
は，大きな問題として浮かびあがってくるのである．連濁研究が外国人の手に
よって開拓されたことには，必然性があったのである．

3.2.　ライマンの連濁研究について

　Lyman（1885）はライマンが 1883 年にアメリカ東洋学会で発表した内容を，
学会の事務局担当者が記録したものである．ライマンの全貌は Lyman（1894）
によって伺い知ることができる．Lyman（1885）の内容は Lyman（1894）に
包含される関係ではあるが小異もあり，連濁研究史上の価値が認められる．
Lyman（1885）と Lyman（1894）の相違として，まずタイトルの変更がある．
日本語の濁音を表す語を nigori から sonant（有声音）へと変更している．連
濁現象を分析的に示し，かつ英文として理解できるように変更したものであ
る．タイトル以外の最も大きな相違点は，Lyman（1885）には語例がまったく
あげられていないことである．ただし，Lyman（1885）の中に，それらの語例
が「完全な一覧表」としてアメリカ東洋学会での発表の際に示されたことが記
されている．語例以外の説明は，両者のほとんどが共通である．両者の間で相
違する部分は屋名池（1991）の訳注にすべて記されている．Lyman（1885）
は，一定の分量に収めるために記録者が内容を省略したと考えられる．Ly-
man（1885）の検討から，1883 年の発表には Lyman（1894）と同じく，四つ
の非連濁規則，連濁に意味が関与していること，そして連濁の起源が含まれて

いたことは明らかであるが, 割愛された部分すべてが Lyman (1894) で増補されたというわけではない.

　法則の第 1 則に半濁音を入れることは Lyman (1885) と (1894) に共通する. Lyman (1894) では後部要素に [p] を含む連濁の例として雨合羽 (**あまがっぱ**) をあげている. 「半濁音」という日本語の呼称によって [p] を濁音の一種と考えたのかもしれない. Lyman (1894) は小倉 (1910) の抄訳と解説によって, 日本の研究者によく知られるようになった. 小倉は第 1 則に [p] を含めることが不適当であることを指摘し, 挙例に誤りがあることを指摘しているが, おおむねライマンの説を支持している. 小倉 (1916) は小倉 (1910) に小改稿を施したものである (たとえばライマンがアメリカ人であることを明記している). ライマンの原論文は日本に存在しないと考えられていたため, Lyman (1894) を見る者はなく, ライマンの連濁研究はもっぱら小倉による翻訳を通じて受け入れられてきた. その後, 屋名池 (1991) が発表され, 鈴木 (2007) では国会図書館に Oriental Studies が所蔵されていることを指摘した. 原本を閲覧したところ, 見返しに書き込みがあることを発見した. (3) に書き込みとその翻刻を記す.

(3)　*Oriental Studies* (国立国会図書館蔵本) 見返しの書き込み

DB McCartee, Ph.D.
From
Benj.Smith Lyman Esq
Recd.okyo, Japan
24th April 1897—

　ライマンはおそらく在日中に親しく接した同郷の先輩に対して敬意を抱いており, 1897 年に日本滞在中のマッカーティー (McCartee, Divie Bethune, 1820–1900; アメリカ人教育者, 宣教師) に *Oriental Studies* を自らの手で送ったのだろう. このことから, ライマンは自分の連濁研究に自信と愛着を持っていたことが知られるのである. マッカーティーは病のため 1899 年アメリカに帰国, 翌年に死亡した. 国立国会図書館蔵本には帝国図書館の受入印が押されており, その日付は「明治・四四・一一・一七」となっている.

4.　ライマンの法則研究史

4.1.　非連濁規則研究史

　和語に関する非連濁規則のうち，濁音の位置に関するものは以下のとおりである．

　　【非連濁規則 1】「後部要素中の濁音は連濁を妨げる」（Lyman 1894）
　　【非連濁規則 2】「後部要素の第 2 音節の濁音は連濁を妨げる」
　　【非連濁規則 3】「上代語では前部要素末の濁音は連濁を妨げる」（石塚
　　　　1801）
　　【非連濁規則 4】「上代語では前部要素中の濁音は連濁を妨げる」

　また和語に関する濁音配列規則として以下のものがある．

　　【濁音配列規則 1】「単純語中に濁音は連続しない」（森田 1977）
　　【濁音配列規則 2】「単純語中に濁音は共存しない」（山口 1988）

　【非連濁規則 1】は古く賀茂真淵『語彙考』（1769 成立，1789 刊），本居宣長
『古事記伝』（1798 完成，1790 ～ 1822 刊）に指摘があり，現在では「ライマン
の法則」（あるいは「ライマン法則」）としてよく知られている．上代から現
代に至るまで，ほとんど例外のない強い非連濁規則である．賀茂真淵以前に
【非連濁規則 1】（ライマンの法則）を指摘した研究はあるのだろうか．J. ロド
リゲス（1604 ～ 1608）（以下，土井忠生訳（1955）『日本大文典』: 632-634）
は連濁現象についても詳細に記述している．ロドリゲスは「スミ（清）」と「ニ
ゴリ（濁）」に関して，日本人は「若干の法則を立ててゐる」とした上で，第 1
則から第 3 則をあげ，それについて説明している．第 1 則は畳語の連濁，第 2
則は字音語・字音形態素，第 3 則は促音化に関するものである．このうちの
畳語に関する第 1 則を，日本人は「上清めば下濁る，下清めば上濁る」と言う
と記している．「上清めば下濁る」の具体例として，「人々・種々・様々・散々・
気々まちまち・寺々・国々・日々に・候はば・下々・口々・方々（**ほうぼう**）・
方々（**かたがた**）」の 13 語が示されているが，「下清めば上濁る」の例は示さ
れていない．ロドリゲスが示した語例は，畳語のうちからオノマトペを除いた
ものである．よってオノマトペ以外の畳語（和語と漢語）において，「上清め
ば下濁る」は「前部要素が清音ならば連濁する」，「下清めば上濁る」は「後部

要素が非連濁形ならば前部要素が濁音である」と解釈することができよう．さらにロドリゲスがあげた語例の大部分が2拍語であることから，「下」の清濁を決定するのは，前部要素末の清濁であることとなり，「下清めば上濁る」に該当するのは「程々（ほどほど）・辻々（つじつじ）・角々（かどかど）・くどくど・たじたじ」などの和語に限定されることになる．さて，以上見てきたように，ロドリゲスの説明によれば連濁しないのは前部要素末の濁音の影響によることになるのだが，本当にそうであろうか．「程々（ほどほど）」など前部要素末が濁音の畳語は，必然的に後部要素中にも濁音を含むことになり，実質的には「後部要素中に濁音がある場合は連濁しない」という，ライマンの法則が働いて連濁しないのである．ロドリゲスは「上清めば下濁る，下清めば上濁る」の説明に際して，連濁形をとる場合だけに注目して，非連濁の条件については考察を加えなかったために，後部要素中に濁音がある場合は連濁しない，という非連濁規則（ライマンの法則）を指摘することができなかったのである．【非連濁規則2】は【非連濁規則1】に包含される規則であるが，ライマンの法則の定義を「後部要素の第2音節に濁音がある場合は連濁が起こらない」のように誤った記述がしばしば見られる．これは単純に「第2音節以下」とすべきところを「第2音節」と誤った場合と，ライマンの法則とは別個に，この規則を主張している場合があると考えられる．後者は【非連濁規則3】や【濁音配列規則1】によって，「濁音連続」が起こらないことに配慮してのことと推定されるが，ライマンの法則の定義としてはあくまでもライマンの原論文に忠実であるべきである．

　【非連濁規則3】は石塚龍麿（1801）『古言清濁考』で「上代語では濁音が連続しない」ことを強く主張したことにはじまる．石塚龍麿は音仮名表記例のない上代語の清濁を決定する際に，自ら打ち立てた規則をしばしば応用している（安田2003参照）．【非連濁規則3】は『時代別国語大辞典上代語編』の「上代語概説第二章文字および音韻」に「前項末尾が濁音節であれば連濁しにくい傾向があったようである」とされているなど，その後の研究においておおむね受け入れられているようである．現代語については，Lyman（1894）が主として，ヘボン『和英語林集成第2版』に基づく調査結果（前部要素末に濁音がある場合は連濁・非連濁ともに約150例）によって「前部要素末の濁音が連濁に影響しない」と結論づけた．

　【非連濁規則4】について，この規則は【非連濁規則3】を包含する制約であ

るが，資料的制約もありその検証を十分に行うことが難しいため，これまでこ
の規則の存在が強く主張されることはなかった．石塚（1801）でも触れられて
いない．小論で詳しく検討する．

　【濁音配列規則 1】は森田（1977）が主として『日葡辞書』所載語についての
検討を経てその規則性が主張されたものである．【非連濁規則 3】は「単純語に
濁音節が並列しないことが無縁ではなさそうである」，またライマンの法則
（【非連濁規則 1】）については「これは，濁音性の並列を避けるものであるか
ら，単純語中に濁音説の並列を避ける傾向が基底にあって，それが複合語の後
項における連濁の発生をも抑制しているものと解することができる」として，
ライマンの法則が存在する理由を説明できるとした．

　【濁音配列規則 2】は森田（1977）の説を受け，山口（1988）が「単純語中に
濁音が並列しないというのは確かであるが，これをもう一つ大きな視点から捉
え直すと，単純語中に濁音は共存しないと言い換えることが出来る」としたも
の．小論の目的は，これまでの研究で確実に証明されたとは言いがたかった
【非連濁規則 3】，さらに，これまで資料に基づいて検討することが行われてこ
なかった【非連濁規則 4】について，具体的な言語資料に基づいて検討し，そ
の存在を主張することにある．【非連濁規則 3・4】の存在が証明されることに
よって，ライマンの法則の存在理由も明らかになると考える．上記，非連濁規
則・濁音配列規則について触れている先行研究は数多く存在するが，個々の研
究については鈴木（2004, 2006）を参照していただきたい．

4.2.　ライマンの法則の例外

　ライマンの法則の例外を，A まったくの例外，B 撥音の後，C ライマンの
法則に直接は反しないものの，複合に際して元来の濁音を清音に転じたもの，
の三種に分類して以下に示す．なお，挙例は現代共通語に限り，古語や方言形
などは省略した．

(4)　ライマンの法則の例外

A	B	C
なわばしご（縄梯子） れいでがみ（礼手紙） わかじらが（若白髪） ともじらが（共白髪） くちずさび・ くちずさぶ（口遊） など	ふんじばる（踏縛） ふんじがる（踏－） ふんぞべる れんざぶろう（練三郎） など	したづつみ（舌鼓） はらづつみ（腹鼓） あとじさり・ あとずさり（後退） など

　ライマンが連濁研究に用いた資料はヘボン著『和英語林集成』第2版である．ライマンはライマンの法則の例外は「amagappa」1語だけだと書いている．現代ほとんど唯一の例外である「縄梯子（**なわばしご**）」は，『和英語林集成』の総ての版（9種類ほどが知られている）で「nawahashigo」となっており，明治初期には非連濁形を取っていたことがわかる．ところがその後，古形の「梯の子（**はしのこ**）」が新形の　はしご　に完全に取って代わられると，19世紀末から20世紀前半にかけて　**なわばしこ**　形が出現し，その後，現在見られるような連濁形　**なわばしご**　が一般化した．**はしご**　を後部要素とする複合語は現在多く連濁形をとる．これはおそらく類推作用による連濁形であり，結果としてライマンの法則唯一の例外（特別な条件がないのに連濁する）となっている．

5.　日本語の濁音史に関する仮説

　奈良時代までの日本語で【非連濁規則3・4】が存在していたこと，それが平安時代になると機能しなくなり，同時に語頭濁音語やハ行転呼現象が生じたりしたのはどのような理由に依るのだろうか．上代語において【非連濁規則3】「前部要素末の濁音は連濁を妨げる」と【非連濁規則4】「前部要素中の濁音は連濁を妨げる」が存在していたことを，『古事記』に見える「姫」「彦」を後部要素とする複合語の連濁（5.1），上代語の－ク／グ型動詞と－ム／ブ型動詞の語幹と活用語尾における濁音の分布（5.2）の検討を通じて明らかにした．

5.1.　『古事記』における「姫」「彦」の連濁・非連濁

　『古事記』の「–ヒメ（姫）」と「–ヒコ（彦）」は濁音仮名により濁音表示を厳密に行っている（非連濁形が「比売」「比古」，連濁形が「毘売」「毘古」の音仮名で表記されている）ことと，前部要素に多様な語が位置することの二条件を兼ね備えている点において，上代語の連濁・非連濁の決定にいかなる制約があるのかを探るのに足る情報量を持つ，ほとんど唯一無二の複合語群である．本章では『古事記』（西宮一民校注新潮日本古典集成本）を使用して，後部要素中に「姫」「彦」をもつ複合語のすべてについて，前部要素の音声的条件（前部要素末が濁音，前部要素中に濁音を含む，前部要素末が鼻音）が，連濁・非連濁の決定にどのように関わっているかを検証した．(5) は「姫」と「彦」を後部要素に持つ語の表記を姫系列と彦系列に分け，それぞれに使用回数（延べ語数）を記したものである．

　(5)　『古事記』における「姫」「彦」の後部要素の表記

	–比–	件数	–毘–	件数	–日–	件数	その他	件数	合計
姫系列	–比売	224	–毘売	53	–日売	21	–妻 1	1	299
彦系列	–比古	12	–毘古	53	–日子	112	–彦 2	2	201
			–毘古那	4	–日高	10			
					–日子根	8			
計		236		110		151		3	500

　なお，大野（1962）は濁音を表す可能性がある「比」の仮名について，「現伝本によつて比の例と一往認められるものは，木花佐久夜比売（神代記）・沙本比古（垂仁記）・木國之酒部阿比古（景行記）の 3 例である」(622) とし，いずれも『古事記』の他の箇所の例が「毘」で表記されていることから，原形が「毘」である可能性を指摘しつつも，はじめの 2 例は変字的用字，第 3 例は通俗的表記が用いられたものとして，清音仮名「比」の濁音への流用を仮に認めている．また，「岐多斯比売・岐多斯毘売は各一例見えるので，いづれが正しい表記か判定し難いが，意富藝多志比売（用明記）の例より，岐多斯比売の方が正しい事が知られる」(623) とする．その根拠は「岐多斯毘売」ではライマンの法則に抵触することになるためである．

　全データ（延べ 500 語）の，前部要素の音節数と連濁の有無の関係を (6) にまとめる．

(6)　前部要素音節数と連濁の有無

音節数	連濁	非連濁
1	1	5
2	39	142
3	40	158
4	30	64
5	0	16
6	0	3

　次に，全500語の【非連濁規則3】（前部要素末の濁音は連濁を妨げる），【非連濁規則4】（前部要素中の濁音は連濁を妨げる），さらに前部要素末濁音の非連濁効果について検討すると以下の（a）〜（c）のようになる．なお「日売」「日子」などの「日」は便宜上すべて清音（非連濁）として扱った．

(7)　前部要素の音声的環境と連濁

前部要素の音節数	前部要素の音声的特徴			備考
	語末が濁音（連濁数／該当数）	語末以外に濁音（連濁数／該当数）	前部末が鼻音（連濁数／該当数）	
1	0/0	0/0	0/0	
2	0/11	0/0	0/0	
3	0/14	2/27	4/13	ナギサビコ2例
4	0/13	2/26	11/14	アジサハビメ・ナガスネビコ
5	0/0	0/3	0/3	
6	0/0	0/3	0/0	

(a)　前部要素末に濁音がある語は3拍語14例，4拍語13例であり，合計27例のすべてが非連濁形をとる．

(b)　前部要素中（末以外）に濁音がある語は3拍語27例のうち2例，4拍語26例のうち2例であり，合計53例のうち連濁形をとるのはわずかに4例である．

(c)　前部要素末に鼻音がある語は3拍語13例のうち4例，4拍語14例のうち11例，5拍語3例のすべてであり，合計30例のうち15例が連濁形をとる．

　以下に【非連濁規則 3・4】に関わるすべての語を拍数別・五十音順に配列して表 5 に示す.

（8）　非連濁規則 3・4 の例

① 前部要素末が濁音の語	2 拍語	イガヒメ・ウヅヒコ・スガヒコ（2 例）・ナガヒコ（2 例）・ナガヒメ・ミヅヒメ・ヲドヒメ（3 例）・カゲヒメ
	3 拍語	サハヂヒメ（2 例）・ヌカデヒメ（2 例）・ヒナガヒメ（2 例）・フタヂヒメ・ミヤズヒメ（6 例）
	4 拍語	イハナガヒメ（5 例）・オキナガヒコ・オホノデヒメ・カミナガヒメ（4 例）・クシナダヒメ（2 例）
② 前部要素中に濁音がある語一覧（違反例をゴシック太字体で示した）	3 拍語（前部第 2 拍が濁音の語）	カグヤヒメ・カグヨヒメ・カグロヒメ（4 例）・キビツヒコ（7 例）・タギシヒコ（2 例）・ナガメヒメ（2 例）・**ナギサビコ**（2 例）・ヒバスヒメ（6 例）・マグロヒメ（2 例）
	4 拍語（前部第 2 拍が濁音の語）	アザミツヒメ（2 例）・**アヂサハビメ**・カゴヨリヒメ・サデヨリヒメ・**ナガスネビコ**・マグハシヒメ・ミヅヨリヒメ・ヤガハエヒメ（6 例）
	4 拍語（前部第 3 拍が濁音の語）	ウムガヒヒメ（2 例）・オホゲツヒメ（3 例）・キアガヒヒメ（2 例）・シタデルヒメ（3 例）
	5 拍語	オホギタシヒメ・セヤダタラヒメ
	6 拍語	オトタチバナヒメ（2 例）

　『古事記』における「ヒメ（姫）」「ヒコ（彦）」を後部要素とする複合語を検討した結果，前部要素末に濁音がある場合は連濁しない，前部要素中に濁音がある語は連濁しにくい傾向がある，前部要素末の鼻音は連濁に関与しないようであるとの結論を得た.

5.2.　-ク／グ型動詞と -ム／ブ型動詞の語幹と活用語尾における濁音の分布

　上代以前の連濁の実態，特に濁音の位置と連濁との関係を知ることができる言語資料として，「ク」と「グ」，「フ」「ム」と「ブ」などの接尾語をもつ動詞がある. 動詞が派生した時代には【非連濁規則 3】が機能しており，動詞を派生させる接辞との連濁は，前部要素中に濁音がないときに限り生じている. 前

部要素中に濁音がある場合はウゴク・ハジク，アガム・スゴム・トガム・ハジ
ムなど連濁が生じない．後世では，マジロク＞マジログ，タジロク＞タジロ
グ，ヒザマツク＞ヒザマヅクなどの変化が生じたものだろう．

　付表1に『時代別国語大辞典上代編』所収の動詞のうち，ク型・グ型・フ
型・ム型・ブ型を抜き出して示す．なお，ク型・フ型・ム型に関しては【非連
濁規則3・4】に該当する，前部要素中に濁音がある語だけを示した．全体を
通じて唯一の例外となっている－ブ型動詞の「カガナブ」は「カガ（日日）＋
ナブ（並）」の連語と考えられる．

　上記のような動詞語幹と活用語尾との関係から，動詞語幹に接尾辞「ク」
「ム」が接続するのが原初的な形であり，前部要素中に濁音が存在しないとい
う配列規則上の条件を満たしている場合に限り，－グ型・－ブ型動詞となるこ
とができたのだろう．動詞成立時から濁音形「－グ」をとっていたならば連濁
形といいうるが，成立時以降に濁音化したものも多いだろう．－ブ型動詞につ
いては連濁形とはいいがたく，m-b 交替による「ム」から「ブ」への濁音化で
ある．フ型動詞の活用語尾は－ム／ブ型動詞のそれとは種類が異なる形態素で
あったため，フとム，フとブの交替は起こらなかったことになる．【非連濁規
則1～4】と【濁音配列規則1・2】がどのような場合に働くのかを，語例を添
えて以下に示す．

(9)　非連濁規則・濁音配列規則の適用範囲

規則 ＼ 語例	オオ＋カゼ	オオ＋トカゲ	ミズ＋トリ	ミドリ＋コ	カグヤ＋ヒメ	ソビ＋ク	ソビヤ＋ク
非連濁規則1	○	○	×	×	×	×	×
非連濁規則2	○	×	×	×	×	×	×
非連濁規則3	○	×	○	×	×	○	×
非連濁規則4	×	×	○	○	○	○	○
濁音配列規則1	○	×	×	×	×	×	×
濁音配列規則2	○	○	×	×	×	×	×

　平安時代に生じた様々な音韻変化の理由として，これまでの多くの研究者は
漢字音の影響をあげている．浜田（1960）は，その洗練された発音はあこがれ
をもって日本人に受け入れられただろうと述べている．また亀井（1970）は，
平安京（京都）は山城を拠点とする帰化人秦氏の居住する地であり，奈良から

平安にかけての音韻変化は帰化人の言語の影響を受けているとする，帰化人語基層説を提唱した．帰化人は日本語を習得していたが，漢字音の清濁の対立をはじめとして母国語も保持しており，一種のバイリンガル社会を形成していたと推定している．帰化人は「フミヒト＞フビト（史）」として初期律令制の時代は文字による記録の役割を独占していたとされる．また奈良時代に著された『古事記』，『日本書紀』，『万葉集』なども帰化人（系）の人々によって書き表されたと考えられている．『日本書紀』はその編纂事情が細部に至るまで明らかにされた（森 1991, 1999）．関（1966）は『帰化人』の冒頭に「古代の帰化人は，われわれの祖先であること，日本の古代社会を形成したのは主に彼ら帰化人の力だったということ，この二つの事実が，とくに本書ではっきりさせたかったことである」（はしがき）とあるように，古代日本の諸方面において帰化人が果たした役割は大きく，おそらく言語の面でも日本語に大きな影響をもたらしたに違いない．平安初期に成立した『新撰姓氏録』において，なお畿内有力氏族の三分の一に近い氏族が渡来系氏族を名乗っていたのである．

　日本語の濁音の歴史はまず複合に際して鼻音が介在し，のちの連濁現象が生じたことに始まる．次に帰化人は原始日本語の連濁を有声対無声の対立に置き換えて日本語を習得した．帰化人が畿内においてその勢力を広めることにより，またその子孫を増やすことによって，彼らの獲得したピジン／クレオール日本語が漢語・漢字使用の広がりとともに一般の土着の日本人にも有声対無声の音韻論的対立を生じさせることとなり，さらに畿内周辺地域にも広がっていったと推測される．その結果清濁の対立は非鼻音対鼻音から無声対有声の対立にまったく置き換わった．現在なお東北地方を中心として余剰特徴としての鼻音を残す地域が存在する．

　奈良時代には，「前部要素末の鼻音は連濁を妨げる」という非連濁規則が存在したことを認めてもよさそうであるが（いまだ慎重であるべきである），上記帰化人語基層説を認めるならば，原始日本語ではさらに「前部要素中の濁音は連濁を妨げる」という非連濁規則が存在したと考える余地がある．二つの非連濁規則，「後部要素中の濁音は連濁を妨げる」（ライマンの法則）と，「前部要素中の濁音は連濁を妨げる」の存在から，原始日本語では語（複合語も）中に濁音は共存しなかった（濁音は 1 つまで）ことになる．以上から原始日本語の濁音は Firth の言うところのプロソディ（Robins 1961）であったとの結論に至る．

5.3. 濁音の弁別特徴の変遷

(10) は日本語の濁音の弁別特徴の変遷をまとめたものである (鈴木 2005).
日本の中央語の濁音は，おおよそ (10) のⅠからⅤのような経過をたどって
現在に至っていると考えられる．その間に，濁音はプロソディから分節音へ，
弁別的特徴は鼻音の有無から有声対無声の対立へと変化してきたと考える.

(10) 音の弁別特徴の変遷 (鈴木 2005 より転載)

濁音の性質　　時　代	プロソディー		弁別特徴		前鼻音の有無	備　考
	超	分節	鼻音	有声		
Ⅰ　原始〜	○	×	+	−	○	二つの非連濁規則が存在
Ⅱ　上代	○	×	+	−	○	濁音仮名不使用
（非知識人層）						
Ⅲ　上代	×	○	±	+	○	濁音仮名の使用　前鼻音は余剰
（知識人層）						
Ⅳ　中古〜中世	×	○	±	+	○	前鼻音は余剰
Ⅴ　近世〜現代	×	○	−	+	×	前鼻音が消失

濁音がプロソディーであったⅠ・Ⅱの時代は，【非連濁規則1】と【非連濁規
則4】の二つの非連濁規則の存在により，前部要素・後部要素のいずれかに濁
音を持つ複合語は非連濁形をとったが，濁音が分節音に変化したⅢ以降の時
代では【非連濁規則4】が消滅したため，前部要素に濁音を持つ複合語も連濁
できるようになった．たとえば「旅人」は非連濁形タビヒト＞タビット に加え
て新たに連濁形タビビトが生じることになった.

原始日本語に，有声対無声の音韻的対立がなかったことを支持する事実に，
日本語を含む環太平洋上に分布する諸言語における，有声対無声の音韻的対立
がある．(11) は WALS (The World Atlas of Language Structures) による有
声対無声の対立を示す世界言語地図である.

以下の記号を与えて作図した.

- ▲　No voicing contrast [181]
- ○　In plosives alone [189]
- ▽　In fricatives alone [38]
- □　In both plosives and fricatives [158]

　有声対無声の対立のない言語が 181，破裂音にのみ対立がある言語が 189，摩擦音にのみ対立がある言語が 38，破裂音・摩擦音の両方に区別のある言語が 158 である．これらのうち有声対無声の対立のない言語の大部分が環太平洋上に分布しており，文献時代以前の日本語が対立を持っていなかった可能性があることを示している．なお地図上の東京の□は現代共通語を，北海道の▲はアイヌ語を示している．

(11)

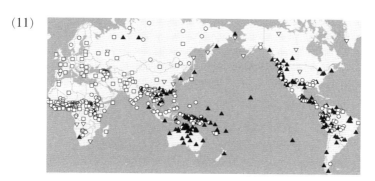

図 1　WALS による有声対無声の対立言語地図

6.　おわりに

　この章で記したことはおおよそ以下のとおりである．

(1)　術語としての成立過程，定義に関する問題点
(2)　Lyman（1894）とその受容
(3)　非連濁規則研究史
(4)　非連濁規則「（上代語では）前部要素中の濁音は連濁を妨げる」の検証
(5)　日本語濁音史に関する仮説

　「ライマンの法則」について，研究史の概略を記すとともに他の非連濁規則との関連について考察し，非連濁規則の変遷を踏まえて日本語濁音史に関する仮説を提示した．

参照文献

浜田敦（1960）「連濁と連声」『国語国文』29(19).

石塚龍麿（1801）『古言清濁考』

時代別国語大辞典編集委員会（1967）「上代語概説　第二章　文字および音韻　五音節の結合」『時代別国語大辞典 上代編』30-32，三省堂，東京.

亀井孝（1970）「かなはなぜ濁音専用の字体をもたなかったか──をめぐってかたる」『人文科学研究』12, 1-92.［亀井孝著作集『言語文化くさぐさ──日本語の歴史の諸断簡──』吉川弘文館に再録］

小倉進平（1910）「ライマン氏の連濁論（上・下）」『国学院雑誌』16(7), 9-23.

小倉進平（1910）「ライマン氏の連濁論（上・下）」『国学院雑誌』16(8), 31-34.

小倉新平（1916）「連濁音に就いて」『朝鮮教育研究会雑誌』1, 10-22.

Lyman, Benjamin S. (1885) "On the Japanese Nigori of Composition," *Journal of the American Oriental Society* 11, 142-143.［1883 年の発表の記録（記録者は不明）］

Lyman, Benjamin S. (1894) "The Change from Surd to Sonant in Japanese Compounds," *Oriental Studies; A Selection of the Papers Read Before 1888-1894*, 160-176, Boston Ginn & Company, Boston.

森博達（1991）『古代の音韻と日本書紀の成立』大修館書店，東京.

森博達（1999）『日本書紀の謎を解く　述作者は誰か』中公新書，東京.

森田武（1977）「日葡辞書に見える語音連結上の一傾向」『国語学』108, 20-32.

西宮一民 校注（1979）『新潮日本古典集成　古事記』新潮社，東京.

大野透（1962）『万葉仮名の研究』明治書院，東京.

大槻文彦（1897）『広日本文典』大槻文彦，東京.

Robins, Robert H. (1961) "John Rupert Firth," *Language* 37(2), 191-200.

ロドリゲス　ジョアン（1955）『日本語文典』土井忠生訳，三省堂出版，東京.

佐久間鼎（1959）『標準日本語の発音・アクセント』恒星社厚生閣，東京.

関晃（1966）『帰化人──古代の政治経済文化を語る』至文堂，東京.

鈴木豊（2004）「『連濁』の呼称が確立するまで──連濁研究前史──」『国文学研究』142, 124-134.

鈴木豊（2005）「ライマンの法則の例外について──連濁形「-バシゴ（梯子）」を後部要素とする複合語を中心に──」『文京学院大学外国語学部文京学院短期大学紀要』4, 249-265.

鈴木豊（2006）「近代以降連濁研究文献目録（1883-2005）」『文京学院大学外国語学部文京学院短期大学紀要』5, 249-265.

鈴木豊（2007）「ライマンの日本語研究」『文京学院大学外国語学部文京学院短期大学紀要』6, 225-239.

鈴木豊（2010）「語頭濁音語『バ（場）』の成立過程について──連濁形『-バシゴ（梯子）』

を後部成素とする複合語を中心に──」『文京学院大学外国語学部文京学院短期大学紀要』9, 133-149.

鈴木豊（2011）「連濁研究史──ライマンの法則はいかに受容されたのか──」International Conference on Phonetics and Phonology（ICPP 2011）招待講演，京都.

鈴木豊（2014）「姫考続貂──『古事記』における「−ヒメ（姫）」と「−ヒコ（彦）」の連濁──」『論集X　秋永一枝先生米寿記念』，11-30.

氏家剛太夫（1834 以前）「荘内方言攷」『近世方言辞書第 2 輯』佐藤武義他（編）.

Vance, Timothy J. (2007) "Have we learned anything about rendaku that Lyman didn't already know?" *Current Issues in the History and Structure of Japanese*, ed. by Bjarke Frellesvig, Masayoshi Shibatani, and John Charles Smith, 153-170, Kurosio Publishers, Tokyo.

World Atlas of Language Structures（WALS）http://wals.info/.

山口佳紀（1988）「古代語の複合語に関する一考察──連濁をめぐって──」『日本語学』7 (5), 4-12, 明治書院，東京.

屋名池誠（1991）「〈ライマン氏の連濁論〉原論文とその著者について」『百舌鳥国文』11, 1-63.

安田尚道（2003）「石塚龍麿の連濁論──『古言清濁考』を読む──」訓点語学会第 88 回研究発表会.

付表 1　上代日本語　ク型・グ型・フ型・ム型・ブ型動詞

	−ク型動詞	−グ型動詞	−フ型動詞	−ム型動詞	−ブ型動詞
3 拍語	アガク	カカグ	タガフ	アガム	タカブ
	ミガク	ササグ	マガフ	ナガム	ウカブ
	ヒダク	キサグ	ツガフ	ユガム	スサブ
	ウダク	ヒサグ	ネガフ	トガム	ノタブ
	クダク	フサグ	ウバフ	ヲガム	マナブ
	スダク	ウナグ	ネバフ	キザム	イナブ
	フタグ	ツナグ	ソバフ	ネザム	ミヤブ
	ムダク	サヤグ	ヨバフ	サダム	ヰヤブ
	ハジク	ウラグ	マジフ	ナダム	アラブ
	クジク	キツグ	モジフ	コバム	ナラブ
	ナビク	ミツグ	クダフ	ハジム	クラブ
	ヒビク	トツグ	シグフ	シジム	オラブ
	モビク	アフグ	ノゴフ	メグム	ニキブ
	ヲヅク	イソグ	カゾフ	ナヅム	クシブ

	カヅク	ミソグ	サドフ	シヅム	ムスブ
	サヅク	シノグ	ツドフ	ウヅム	ムツブ
	ナヅク			ハゲム	カムブ
	キヅク			ノゾム	ツルブ
	シヅク			イドム	サケブ
	ハブク			トドム	タケブ
	ナゲク			ヨドム	マネブ
	ウゴク			シボム	アレブ
	ノゾク			クボム	ハコブ
	ノゾク				アソブ
	ホドク				ウトブ
					シノブ
					キヨブ
					ニヨブ
					オヨブ
					マロブ
					ホロブ
4拍語	イタダク	サマタグ	シタガフ	ニゲカム	ヤマサブ
	ソダタク	ヤハラグ	ウタガフ	ヲロガム	ウラサブ
	タムダク	タヒラグ	アラガフ	タバサム	シミサブ
	タナビク	ウスラグ	ミズカフ	ナグサム	カミサブ
	ミチビク	イヒツグ	カムガフ	コギタム	カムサブ
	スソビク	アレツグ	ナズサフ	アヒダム	※カガナブ
	トノビク		コズタフ	ウベナム	オシナブ
	サヲビク		ヌガナフ	チリバム	アカラブ
	ミヲビク		ノガナフ	アヂマム	ヒナラブ
	チカヅク		イザナフ	シガラム	ケナラブ
	カタヅク		ウヅナフ	イキギム	メナラブ
	イタヅク		ウベナフ	ツバクム	カナシブ
	ツマヅク		ハラバフ	サグクム	アヤシブ
	オイヅク		フラバフ	タタズム	ウレシブ
	アキヅク		ニギハフ	アヤブム	トモシブ
	イキヅク		アヂハフ	イブセム	ミヤコブ
	カヅラク		サネバフ		ヨロコブ
	ウグツク		シジマフ		タフトブ

ユフヅク		ナガラフ		ホコロブ
イヘヅク		ネギラフ		
イロヅク		ワズラフ		
シジヌク		サブラフ		
カタブク		トブラフ		
シハブク		ウラゴフ		
ウソブク		イノゴフ		
オモブク		ツマドフ		
アザムク		アギトフ		
サバメク		アドモフ		
シリゾク		カガヨフ		
トドロク		ノドヨフ		
オドロク				
モドロク				

第 3 章

個別音素と連濁[*]

浅井　淳・ティモシー・J・バンス
大同大学　　　国立国語研究所

1.　はじめに

　連濁を促進，もしくは抑制する音韻的要因として，（1）後部要素内の有声阻害音による阻止（ライマンの法則）（鈴木 本巻），（2）ピッチ・アクセントとの関係（Yamaguchi 2011; Ohta 2013）などがよく知られている．さらに近年，再び関心が向けられている要因として（3）同一性回避があげられる（浅井 2014; Irwin 2014; Kawahara & Sano 2014; 川原・竹村 本巻）．同一性回避の考えによると，前部要素末と後部要素頭のモーラの子音と母音が同一，あるいは子音のみが同一の場合，連濁が抑制され，子音が異なる場合，連濁が促進される．

　以上が一般的な音韻的要因であるが，本稿では個別音素に絞って述べる．音素種類による連濁への影響は，連濁しやすさの程度に関する傾向に留まるというのが，これまでに判明していることと考えられる．

　まず，本節で連濁箇所音素の種類による連濁のしやすさを概観する．連濁箇所音素とは，合成語を構成する後部要素の頭子音を指し，本稿では無声阻害音を対象とする．例えば，形態素「壁」かべ（/kabe/），「枷」かせ（/kase/），「亀」かめ（/kame/）は，すべて連濁箇所音素が /k/ である．連濁箇所音素は連濁す

　*　本稿は国立国語研究所共同研究プロジェクト「日本語レキシコン－連濁辞典の編纂」（リーダー：ティモシー・J・バンス）の研究成果である．同プロジェクトメンバー諸氏から多くのご助言・ご協力をいただいたことに感謝申し上げる．国立国語研究所の関係各位からはプロジェクト研究発表会，合同研究発表会などにおいて多くのご助力・ご配慮をいただいた．ここに厚く御礼申し上げる．

る場合もあるし，しない場合もある．「壁」と「枷」は連濁しない形態素である．つまり，「板壁」いた＋かべ や「足枷」あし＋かせ のような合成語において，「壁」も「枷」も連濁箇所音素は /k/ のままで /g/ にならず，「板壁」×いた＋がべ や「足枷」×あし＋がせ のようには連濁しない．なお，本稿では形態素の境界を＋印で示し，×印は語の音形として通例用いられないことを表す．

　そのように連濁しない理由はいくつかある．「壁」は有声阻害音 /b/ を含むため，いわゆるライマンの法則により，連濁しない（小倉 1910; 窪薗 1999: 122-131; Vance 2015a: 404-405）．一方，「枷」はその形態素特有の性質として連濁しないと考えられる（Irwin 2009: 184）．現時点では，このような連濁しない性質を予測する要因は特定されていない．「亀」については，この形態素を後部要素とする合成語は「海亀」うみ＋がめ のように連濁するが，「鶴亀」つる＋かめ は前部要素と後部要素が並立関係の，いわゆる並立語であるために連濁しない（奥村 1955, 1980; 桜井 1966: 41; 窪薗 1999: 131-135; 秋永 2003: 付 (26)）．しかし，これらの連濁しない音韻的・語彙的・形態的条件を除けば，かめ から がめ のように規則的に連濁するわけではなく（Irwin 2016a），連濁しない場合もある．そこで，連濁のしやすさが連濁箇所音素の種類により異なるかどうかについてデータに基づき，第 2 節で検討する．

　次に，第 3 節では連濁箇所音素の音韻環境による連濁しやすさに関する先行研究を紹介する．[1] まず3.1 では連濁箇所音素が撥音に後接する音素配列条件において連濁しやすい（例：「善玉」ぜん＋だま）という従来からの説を再考する．3.2 では連濁箇所音素に前接する音節の頭子音が /r/ のときに連濁しにくい（例：「白玉」しら＋たま）という説について考察する．その頭子音が /r/ 以外の場合については3.3 で概説する（例：「飴玉」あめ＋だま，「繭玉」まゆ＋だま，「水玉」みず＋たま）．3.4 では後部要素中の /m/ と連濁しにくさとの関係について考察する．なお，本稿では「杉玉」すぎ＋たま〜すぎ＋だま のように音韻交替を〜印で表す．

　第 4 節では連濁が生起しない 2 つの現象を考察する．4.1 では連濁箇所音素の直前に促音が挿入される場合（例：「肝っ玉」きもっ＋たま，「太っ腹」ふとっ＋ぱら）を取り上げる．4.2 ではハ行音 /h/ が，連濁して有声阻害音 /b/ になる代わりに，接近音 /w/ になる場合（例：「鰆（狭腹）」さ＋わら）を取り上

---

[1] 本稿では音韻環境として個別の子音を対象として，母音については扱わない．

げる.
　そして最後に，連濁箇所音素の種類ならびにその前後の音素配列による連濁
のしやすさについてまとめる.

2.　連濁箇所音素の連濁しやすさ

　合成語における連濁箇所音素の種類と連濁との関わりは，それほど明確では
ない．森山（1962: 6）は 8 世紀の上代日本語（以下，OJ [Old Japanese] で示
す）においてサ行音 [OJ]/s/ の連濁生起が他の行の音 [OJ]/p, t, k/ の連濁生起より少
ないことを指摘している．連濁しにくい [OJ]/s/ の当時の音価についてはよくわ
かっていないものの（馬淵 1971: 35-36），閉鎖音ではないという点が [OJ]/p, t,
k/ と異なる.
　戸田（1988）は 1603-04 年の『日葡辞書』（土井ら 1980）および『和英語林
集成』（Hepburn 1867）に収録された語を調べ，見出し語ベースで，連濁箇所
音素が /s/（[s] または [ɕ]）および /ty/（[tɕ]）の場合にやや連濁しにくい傾向
があるという結果を得ている.
　Ihara, Tamaoka & Lim（2011）は現代の日本語話者による有声・無声の判
定実験を実施した．提示した語は，前部要素が実在語で，後部要素が仮想語で
ある．その結果，連濁箇所音素が /h/ の場合に連濁生起率が最も高く，/s/ の
場合が最も低かった．/k/, /t/ の連濁生起率はその中間程度であった．そして，
この連濁しやすさと音素の有標性との関連は，川原・三間（本巻）でも指摘さ
れている．なお，このような音形認知に関しては調査・実験における値の分散
が大きいことが多い（Vance 1980; 伊原・村田 2006）.
　浅井（2014）は 1990 年代に刊行された雑誌文データを用いて，後部要素が
CVCV 構造の和語名詞における連濁の生起状況を調べている．対象には言語
生活上の接触の観点から姓や畳語や接尾辞的な語が含まれ，条件異音別に連濁
生起率を集計すると，連濁箇所音素が [ɸ] の場合に最も連濁しやすく，/k/,
[h], [ç], /s/（[s] または [ɕ]），/t/（[t], [ts] または [tɕ]）の順に連濁しにくく
なるという結果を得ている.
　三間・浅井（本巻）は 2 モーラからなる和語の形態素 161 種類を後部要素と
する約 1 万種類の姓における連濁生起を調べている．そのデータによると，
連濁しやすい音素は，高い順から [ɸ] /k/ ＞ /t/ /s/ [ç] ＞ [h] である．また，

口蓋化の条件下で連濁生起率がやや小さくなる．なお，出現頻度の高い姓765種類においては連濁しやすい順に [ɸ] > /k/ /s/ > /t/ [h] > [ç] である．

Irwin（2014）は収録語数が多い辞書の見出し語で作成した大規模データベースから，動詞に由来する語を除いた約25,000語の対象語を選び，後部要素先頭モーラごとの連濁しやすさを調べている．連濁生起率の平均は0.768であり，「へ」モーラの場合が0.938と最も高く，「て」が0.571と最も低い結果を得ている．出現頻度の高い「か」，「つ」などはほぼ平均値±0.05程度に入っており，分析の結果，モーラによる連濁のしやすさに差があるとは言えないことを示している．

さらに，Irwin（2016a）はその大規模データベースを用いて，連濁箇所音素別に見ると，調音位置が異なる [h], [ç], [ɸ] をまとめて /h/ のときに連濁生起率が高く，/s/, /t/ のときに連濁生起率が低い可能性を指摘している．

3.　近傍音素の影響

3.1.　前接の撥音

奥村（1955, 1980）は，撥音で終わる音節に後部要素が後接する場合に，最も連濁しやすいと指摘している．そして，「本山」ほん・ざん，「銀山」ぎん・ざん のような漢語二字熟語の後部要素の頭子音における有声化を，日本語の歴史的変化の中で発生した連濁として扱っている．しかし，この有声化は「高山」こう・ざん，「入山」にゅう・ざん のように明らかに連濁と理解される場合とは異なり，鼻音後接有声化（Post-nasal Voicing）として知られる現象で (Itô & Mester 1986; Rice 1993)，現代東京語における共時分析では問題が生じる．[2] 鼻音後接有声化は中古日本語（800-1200年頃）で盛んに発生した．[3]「神社」じん・じゃ，「信心」しん・じん のように阻害音が撥音に後接する構造の

---

[2] 日本語の言語学では，中国語からの借用語に語中の有声化が起こった場合，奥村（1955, 1980），菊田（2007）のように新濁と呼ばれる．これに対して元から有声音の場合は本濁と呼ばれる．

[3] Frellesvig（2010: 307-308）によると，鼻音後接有声化は中世日本語（1200-1600年頃）において自律的音韻規則としての適用が止んだ．音韻論研究者の多くは，この有声化が現代東京語でも起きるが，主に和語に限られるとしている (Itô & Mester 2003: 130-131; 田端 2010: 98; Labrune 2012: 128-130)．一方で，Ota（2004）および Rice（2005）は異なる主張である．

多くは漢語であるため，鼻音後接有声化は日本語の語彙層のうち主に漢語層に起きた.[4] 連濁に関しては，現代東京語において漢語二字熟語を考慮に入れると，鼻音後接有声化の影響と区別することが不可能で，問題を複雑にしてしまう（Vance 1996, 2011）ため，本稿では漢語二字熟語は通常の合成語とは異なるものとして，「近所」きん・じょ，「忍者」にん・じゃ のように語内で撥音に後接する子音の有声化は，議論の対象としない．なお，本稿では形態素中の区切りを・印で示す.

　漢語二字熟語を連濁生起検討の対象外とすると，前部要素末の撥音が連濁を起しやすいかどうか検証することが難しくなる．例えば，桜井（1966: 41）があげた例「本箱」ほん＋ばこ については，「箱」はこ が後部要素になると前部要素最終音節の音素種類に関わらず連濁する．その反対に第 1 節で触れたように，前部要素に関わらず連濁しない形態素もある．このように，形態素の中には撥音に後接する連濁生起の検討に適さないものがある．ローゼンの規則によると，前部要素が長いと連濁に関して予測できる（Vance 2015b; Irwin 2016b）．例えば，「鳥」とり は連濁することもあり，しないこともある形態素だが，「一番鶏（鳥）」いち・ばん＋どり は前部要素が 4 モーラと長いために連濁すると予測される.[5]「瓢箪島」ひょう・たん＋じま や「シャボン玉」しゃぼん＋だま も同様の例である．このような 3 モーラ以上の前部要素を持つ語を議論から除いて，前部要素が 2 モーラの場合を取り上げると，連濁する例として「天草」てん＋ぐさ，「桟橋」さん＋ばし，「新畑」しん＋ばた，「版木」はん＋ぎ などがあり，連濁しない例として「心底」しん＋そこ，「半年」はん＋とし，「先口」せん＋くち，「軍手」ぐん＋て などがある.[6] こうして見ると，

---

[4] 脱落により撥音に阻害音が後接する環境が和語においても発生する．これは音便として知られ（Frellesvig 1995; 佐藤 2007），代表的な例は「読みて」[OJ]/yomi-te/ が変化した「読んで」/yoN-de/ である．ここで /N/ は撥音を表す．鼻音後接有声化が和語および漢語の双方に広がったのに対して，連濁は中古日本語では漢語に対して起きにくかった．つまり，当時の話者の語彙には連濁する漢語がほとんどなかった.

[5]「鳥」の場合，種の和名・俗称は連濁する．「鶏（庭鳥）」にわ＋とり，「鳳（大鳥）」おお＋とり は連濁しないが，特定の種を指さない．普通名詞では「小鳥」こ＋とり，姓・地名では「白鳥」しら＋とり のように半数強が連濁しない．なお，本稿では他の形態素を含めて，「磯鴨」{イソ＋{ヒヨ＋ドリ}} のような，いわゆる右枝構造を扱わず，統語・意味面に踏み込まない.

[6]「鳥」，「草」，「橋」，「木」，「底」，「年」，「手」はいずれもおおまかに中程度の連濁しやすさを示す形態素である．「口」，「玉」は連濁しやすく，「畑」は連濁しにくい．なお，「軍手」は「軍用手袋」の意味である.

前部要素末が撥音の場合に連濁を促進すると判断するには，未だ検討が必要なようである．[7]

　このような状況の中で連濁しやすいのは，サ行変格動詞「する」が付く漢語の場合である（Martin 1952: 49–52）．連濁する例に「禁ずる」**きん＋ずる** があり，連濁しない例に「害する」**がい＋する** がある．しかし，撥音に後接しても連濁しない「反する」**はん＋する**，撥音に後接しなくても連濁する「詠ずる」**えい＋ずる** のように反例がある（小倉 1910: 277–281）．この種の連濁する合成語のほとんどは，「ずる形」よりも「じる形」で終わる口語的なものである（Martin 1975: 289）．例として，話し言葉で用いられる「感じる」**かん＋じる** とその書き言葉の「感ずる」**かん＋ずる** がある．「ずる形」には古典的，または文語的な語感があり，会話ではあまり使われない．しかしながら，「する」の連濁形は「ずる」であるから，本稿では「じる形」ではなく「ずる形」を用いて連濁について議論する．歴史的には「する」が不規則活用をするために，規則動詞に再分析されて，「じる形」が起きた．例えば，「する」の「て形」は **して** であるため，書き言葉の「感ずる」**かん＋ずる** の「て形」が「感じて」**かん＋じて** になる．一方，「じる形」は他の規則動詞でも存在した．規則動詞「閉じる」**とじる** の「て形」も「閉じて」**とじて** になる．「感ずる」の否定形は「感ぜず」**かん＋ぜず** であり，仮定形は「感ずれば」**かん＋ずれば** である．一方，「感じる」の否定形は「感じず」**かん＋じず** であり，仮定形は「感じれば」**かん＋じれば** である．一般話者は活用変化に関する体系化にそれほど注意を払うわけではないため，相当の違いが生じている（Martin 1975: 877–878）．このような活用形の相違は，「じる形」と「する形」が共時的な関連が弱いことを示している．さらに，「反する」**はん＋する** の「て形」は「反して」**はん＋して** であるのに対して，話し言葉で「反しる」**×はん＋しる** は使われず，連濁しない場合，合成語の再分析は起こらない．

　収録語数がそれほど多くなく，語彙目録的に利用しやすい国語辞典（北原 1990）や和英辞典（近藤・高野 1986）には「する〜ずる」が付く単一の漢語形態素からなる合成語が見出し語として掲載されており，「する〜ずる」が付く頻用合成語のサンプルとして使用できる．ここで検討する漢語形態素の多くは「じる形」のみが記載されている．「ずる形」があると一般話者が認識していて

---

[7] Irwin（2016a: 96–97）は，鼻音後接条件で連濁しやすいとは断言できないとしている．

も（Martin 1975: 877-878），見出し語は「じる形」に一本化されているのである．そうすると，上記の辞書には 135 例の合成語があり，連濁生起数は（1）のような分布になる．前部要素が漢語で，しかもその最終音が撥音（ん）でないときは母音であり，その多くは「評する」**ひょう＋する** のように長母音または二重母音である．

（1）　前部要素　　　連濁　　　　連濁
　　　最終音　　する　しない　生起率
　　　撥音　　　23　　13　　　64%
　　　母音　　　17　　82　　　17%

連濁生起率は鼻音後接条件で 64%，母音後接条件では 17% と，撥音に続く場合に連濁しやすい．

　前述のように「評する」ではなく「評しる」[×]**ひょう＋しる** のような見出し語があれば規則動詞として再分析されていることを示すが，そのような例はなかった．しかし，他の展開が見られた．現代の話者は，「訳する」**やく＋する** およびその仮定形「訳すれば」**やく＋すれば** の代わりに，「隠す」**かくす** およびその仮定形「隠せば」**かくせば** のように「訳す」**やくす** および「訳せば」**やくせば** の形を用いる．「ずる形」および「じる形」の例を考えたように，規則動詞の活用形に一致するような再分析がなされたようだ．「訳する」**やく＋する** と「訳す」**やくす** のどちらも「て形」は「訳して」**やくして** である．そして，「隠す」の「て形」は「隠して」**かくして** である．前掲の和英辞典（近藤・高野 1986）では「訳する」ではなく「訳す」が見出し語になっているが，そのような例も（1）に含まれる．他にも多くの「する」が付く合成語が，活用が混同されたり，一貫性に欠く形で用いられたりすることがわかっているが（Martin 1975: 872-878），本稿ではこの点は追究しない．

　漢語一語の形態素に「**ずる**」が付く場合の歴史的な説明は，本節の冒頭で述べた鼻音後接有声化である．中国語が日本語に借用されはじめたとき，音節は [m]，[n]，または [ŋ] で終わっていた．これらの鼻音のうち両唇鼻音 [m] および歯茎鼻音 [n] は現代東京語では撥音「ん」となっている．一方，軟口蓋鼻音 [ŋ] は「正」**しょう** のように多くの場合，長母音または二重母音の後半部になっている（亀井 1943, 1956; 奥村 1952）．つまり，鼻音後接有声化が活発であった頃，中国語のうち鼻音で終わる音節の語については，日本語では音節末

が鼻音または鼻母音となるように借用されたのである．そのような漢語形態素
に付いた動詞「する」は，有声化して「**ずる**」になった（奥村 1955, 1980;
Martin 1975: 876; 金田一 1976）．例えば，「動ずる」**どう＋ずる** の前部要素
「動」**どう** は現代中国語では *dòng* であり，日本語が借用した頃の [ŋ] 音を
保っている．[8]（1）において母音後接の場合の連濁 17 例のうち 13 例は，その
ように中国語では [ŋ] で終わる場合である．これは元々鼻音に後接していたた
め，鼻音後接有声化に含めれば，連濁生起率は 90 %（36/40 =（23 + 13）/（23
+ 17））となる．一方で，撥音に後接する場合で連濁しない 13 例に加えて，
中国語で [ŋ]（現在では母音に変化しているが）に後接して連濁しない場合が
やはり 13 例ある．例は「抗する」**こう＋する**（現代中国語：「抗」*kàng*）であ
る．従って，（1）において連濁しない 95 例（13 + 82）のうち，借用時に鼻音
で終わっていたのは 26 例（13 + 13）である．つまり，借用当時の中国語にお
いて鼻音で終わる形態素は（2）に示すように計 62 例あり，36 例（6 + 17 +
13）が連濁して，26 例（2 + 11 + 13）が連濁しない．[9]

（2）　前部要素　　連濁　　　　連濁

最終音	する	しない	生起率
[m]	6	2	75 %
[n]	17	11	61 %
[ŋ]	13	13	50 %

このように，歴史的に見た鼻音後接有声化の生起率は（2）全体で 58 %（36/（36
+ 26））と高くはない．ただし，（2）の計 62 例の中には，中国語から借用した
頃の [ŋ] 音が長母音または二重母音になった後に発生した語がいくつかある．
例えば，『日本国語大辞典』（日本国語大辞典編集委員会・小学館国語辞典編集
部 2000-02）によると，「抗する」の初出年は 1870-71 年である．その頃まで
鼻音後接有声化が活発であったならば，「抗ずる」**こう＋ずる** と有声化したで
あろう．
　撥音の影響はないわけではないが，漢語二字熟語における語中有声化の場合

---

[8] ここで，中国語についてはピンイン（拼音）表記を用いる．
[9] ここで，中国語の音節末子音は，借用当時の音をよく反映しているとみなされる現代広東
語からの推測である．

を除けば，撥音に後接する場合に特に連濁しやすいと結論づけるには，根拠が乏しい．(1) に示したような鼻音後接条件で連濁しやすい傾向には歴史的な要因があり，共時的な傾向とは言えないであろう．

　なお，後部要素の頭子音がハ行音のときに音便による撥音化が起こると，「何人」**なん＋びと～なん＋ぴと** のように /h/ が有声化した /b/ と無声音の /p/ の並存が観られる．このような有声化に関わる音の揺れに関しては，ハ行転呼音に関連して 4.2 で触れる．

3.2.　直前のラ行音

　前部要素最終音節の頭子音の音素について考える．連濁箇所の直前の音節に位置するため，これを直前の音と簡略に称することにする．まず，その音素が /r/ の場合，少なくとも一部の語においては非連濁の傾向が示されている（杉藤 1965; 平田 2011; 浅井 2014）．例として「田」**た～だ** を後部要素とする姓については，「平田」**ひら＋た**，「倉田」**くら＋た**，「村田」**むら＋た** などがある．普通名詞では「鶏皮」**とり＋かわ**，「尻皮」**しり＋かわ**，「枯れ草」**かれ＋くさ**，「蔓草」**つる＋くさ** などがある．それに対して，戸田 (1988) は，/r/ が前部要素最終音節の頭子音のときに低い連濁生起率が得られたものの，非連濁の傾向があるとは言えないと判断している．[10] 連濁する例として「田」を後部要素とする姓では「寺田」**てら＋だ**，「原田」**はら＋だ** などがある．普通名詞では「藁草」**わら＋ぐさ**，「刺草」**いら＋ぐさ**[11] などがある．本項 3.2 および次項 3.3 では，言語使用上の接触機会の多さと造語性の高さから，語の例は後部要素が「田」の姓（三間・浅井 本巻），ならびに「皮」，「草」[12] の普通名詞を中心に取り上げる．また，読みには複数の読み方，いわゆる揺れがある場合がある．

　ここで，/r/ の音韻的性質について触れておく．現代東京語の /r/ の音声は，個人差・環境差があるものの，歯茎あるいは後部歯茎はじき音 [ɾ] である（窪薗 1999: 47）．[13] 音韻論的には /r/ は共鳴音と阻害音の両方の性質を持つ．合

---

[10] 前部要素末音節の頭子音 /r/ の連濁への影響については, Irwin (2016a: 96) も参照されたい.

[11] 「刺草」は連濁・非連濁の両形がある.

[12] 「草」は前部要素が 2 モーラの場合に連濁しにくく，それ以外の場合は連濁しやすい．2 モーラの場合,「餅草」**もち＋ぐさ**,「捨て草」**すて＋ぐさ** などが連濁例となる.

[13] たたき音（叩き音 tap）とはじき音（弾き音 flap）とは区別しにくい．IPA には歯, 歯茎, または後部歯茎のたたき音またははじき音に対して一つの記号 [ɾ] しかない．Vance (2008: 89), Labrune (2014: 3) は, tap, 城生 (1977: 107–145), 金田一 (1998: 103) は, はじき

成語中では，後部要素の第2音節にあるときには無声阻害音または共鳴音のように，そして，前部要素最終音節の頭子音にあるときには有声阻害音のように振る舞う（Kubozono 2005）．つまり，「口髭」くち＋ひげ，「鮫肌」さめ＋はだ のように後部要素に有声阻害音を含む合成語においてはライマンの法則により連濁しないが，「胸鰭」むな＋びれ，[14]「海原」うな＋ばら[15] のように /r/ であれば直後の音であっても連濁を阻止しない．これに対して，「榛原」はり＋はら のように直前の /r/ が連濁を抑制するならば，それはいわゆる拡張版ライマンの法則と同じ作用である．古くは前部要素でも後部要素でも語中に有声阻害音があれば原則として連濁しなかった（三宅 1932; Ramsey & Unger 1972: 287–289; 遠藤 1981）．古語の音節構造は軽音節であり，語の多くは1音節か2音節であった．和語の語頭に有声阻害音は置かれなかったため，前部要素が（C_1）VC_2V 構造で C_2 が有声阻害音の場合，前部要素中の有声阻害音により，「柴垣」^{OJ}/siba + kaki/，「水端」^{OJ}/midu + pana/，「菅原」^{OJ}/suge + para/ のように連濁が阻止されるというのが拡張版ライマンの法則であり，例外はほとんどなかった（Vance 2005b）．そして，その C_2 が ^{OJ}/r/ のとき，連濁が阻止されたわけではないものの，連濁しにくかった．[16] 連濁関連以外にも，/r/ は擬音語・擬態語などを除き原則として和語の語頭に置かれないという有声阻害音と共通の性質がある（橋本 1938）．これは古語でも現代東京語でも観察されることであるが，このような /r/ の作用方向の非対称性，および /r/ と有声阻害音との類似性については充分に解明されていない．[17]

3.3. 直前のラ行音以外の子音

杉藤（1965）によると，直前の音，すなわち前部要素最終音節の頭子音が鼻

音としている．Okada（1999: 117）は後部歯茎はじき音として [ɾ] で表している．この音声記号は IPA ではそり舌音を示し，小泉（2003: 56-58）は，そり舌はじき音，国立国語研究所（1990: 492-493）は /ri/ のとき，そり舌はじき音としている．

[14] 魚の部位では「臀鰭」しり＋びれ などと連濁するが，魚種で特定された食材の「鱶鰭」ふか＋ひれ や人工付加物・概念を示す「足鰭」あし＋ひれ などは連濁しない．

[15] 歴史をさかのぼれば，「海原」^{OJ}/una + para/ である．

[16] 古語の合成語に関するデータベースの経過報告によると（Vance & Irwin 2013），他の連濁抑制要因を除くと，前部要素最終音節の頭子音が ^{OJ}/r/ の場合，連濁生起率は26％である．前部要素最終音節が CV 構造のときの全体の連濁生起率は41％であり，^{OJ}/r/ の場合の連濁生起率が低い．

[17] この点に関しては，Labrune（2014）の考えも参照されたい．

音の場合，後部要素が「田」の姓に関しては「浜田」はま＋だ，「花田」はな＋
だ のように連濁しやすい．普通名詞では「鮫皮」さめ＋がわ，「鰐皮」わに＋
がわ，[18]「藻草」も＋ぐさ，「野草」の＋ぐさ，「止草」とめ＋ぐさ などがある．
ただし，「沼田」ぬま＋た，「甘皮」あま＋かわ，「鬼皮」おに＋かわ，「山草」
やま＋くさ[19] のように連濁しない例がある．

　前述 3.1 に関連するが，「田」姓においては，前部要素最終音が撥音，なら
びにその最終音節の母音が借用当時の [ŋ] 音に由来する漢語の長母音または二
重母音の場合，連濁しやすい．姓の例として「正田」しょう＋だ（現代中国語
zhèng），「幸田」こう＋だ（同 xìng），「香田」こう＋だ（同 xiāng）などがある．

　「田」で終わる姓では，直前の音が鼻音の場合に加えて /w/ の場合もやや連
濁しやすいと言われることがある（平田 2011）．例として「沢田」さわ＋だ，
「和田」わ＋だ などがある．ただし，「岩田」いわ＋た のように連濁しない例
もある．また，/y/ の場合は「早田」はや＋た，「宮田」みや＋た のように連濁
しにくいと言われることがある（杉藤 1965）．普通名詞の場合を見てみると，
「庭草」にわ＋くさ，「露草」つゆ＋くさ などの例からは明確な傾向は知られ
ていないようである．連濁・非連濁の傾向が存在するとしても，接近音という
素性分類の中で，そのように異なる影響がある理由は分っていない．また，
「川田」かわ＋た～かわ＋だ のように連濁することも，しないこともよくある
場合の扱いも検討の余地がある．

　前部要素最終音節の頭子音が有声阻害音の場合は，「柴田」しば＋た，「渋皮」
しぶ＋かわ，「水草」みず＋くさ のように連濁しにくいようである．[20] これは
拡張版ライマンの法則の適用性の問題であるが，本稿では追究しない．

---

[18] この「皮」かわ～がわ のような多義語の使用は連濁への影響がある（Vance 2015a:
433）．Irwin (2016a: 104) によると，「革」の意味では連濁して，「皮」の意味では連濁しにく
い．話者の多くは，その使い分けにそれほど敏感ではないと思われる．牛の場合，皮を鞣して
着色された革が利用されることが多く，おおむね「牛革（ぎゅう＋がわ）のベルト」のように
表現される．鰐の場合は素材の加工度が低く，「鰐皮～鰐革（わに＋がわ）のハンドバッグ」の
ように表現されることがある．また，連濁しにくい「皮」が連濁する例としては「毛皮」け＋
がわ，「鹿皮」しか＋がわ，「敷皮」しき＋がわ，「的皮」まと＋がわ，「床皮」とこ＋がわ，「裏
皮」うら＋がわ，「雨皮」[EMJ]あま＋がわ などがある．
[19]「山草」は連濁・非連濁の両形がある．
[20] 奥村（1955, 1980）は，この場合でも連濁を妨げないと判断している．

58

3.4. 直後のマ行音

　和語の場合，連濁しにくい形態素は少ない（Irwin 2009）．そのような連濁しにくい形態素には両唇鼻音 /m/ を含む場合が多い．例として「紐」**ひも**，「煙」**けむり**（動詞「煙る」**けむる**），「冠」**かんむり** があり，/m/ の位置は連濁箇所に後接する音節であるから，直後の音素と題することにする．/m/ を含む形態素の多くは連濁できるため，特定の語の連濁しにくさに対する説明は容易ではない．このような形態素中の /m/ による連濁しにくさは，中古日本語（EMJ [Early Middle Japanese] で示す）における多くの語に観られる /m/ と /b/ の交替と関連がありそうである（Martin 1987: 31-32; Unger 2004: 331-332）．「紐」^{EMJ}/pibo/ も「煙」^{EMJ}/keburi/ も，現代語「被る」**かぶる** と同源の「冠」^{EMJ}/kaburi/ も，そのような交替があった語である．このように有声阻害音を含むとライマンの法則により連濁しないが，/b/ が /m/ に代わった後も，その性質が保たれているものと考えられる（中川 1966: 313-314; 戸田 1988）．一方で，直後の音にこのような /b/〜/m/ 交替が起こったにも関わらず，「若侍」**わか＋ざむらい** の「侍」**さむらい** のように連濁する場合がある．

　通常は連濁しない語の中に，「下々」**しも＋じも**，「隅々」**すみ＋ずみ** のように畳語であれば連濁できるものもある（秋永 2003: 付 (20); Nishimura 2007: 22-23）．[21] だが，「下」も「隅」も /b/〜/m/ 交替が起こった語ではない．

　同様に，「浜」**はま**，「姫」**ひめ**，「暇」**ひま** も和語のうち連濁しない形態素であろう．[22]「紐」，「浜」，「姫」，「暇」に共通することは，連濁箇所音素が /h/ で直後の音が /m/ という音素配列条件である．[23] 例が少ないが，この連濁しにくさは OCP（Obligatory Contour Principle 必異原理）に帰することが考えられる（Kawahara, Ono & Sudo 2006; 川原・竹村 本巻 ; 川原・三間 本巻）．これは，隣接する音節において，調音位置が同じ子音を避ける作用である．「靴紐」**くつ＋ひも** が連濁すれば **くつ＋びも**，「砂浜」**すな＋はま** であれば

---

[21] 通常連濁しない形態素には後接音節頭子音が /m/ ではない「先」**さき**，「端」**はし** などもあり，「先々」**さき＋ざき**，「端々」**はし＋ばし** のように畳語であれば連濁しやすい．

[22]「浜」に関しては，「小浜」**お＋ばま**（福井県，長崎県），**こ＋ばま**（福島県），**うち＋ばま**（千葉県），**よこ＋ばま**（島根県）などの連濁する地名があるが，少数例と考えられる．

[23] このような /b/ 由来の /m/ の場合とは逆に，/m/ が /b/ になることがある（有坂 1955: 547-562）．例えば，現代口語的表現の「肌寒い」**はだ＋ざぶい** は後接音節頭子音 /m/ が /b/ に代わっていても連濁する．これは，「大三郎」**だい＋ざぶろう** などの名前や「ふん縛る」**ふんじばる**（金田一 1976）と同じ音素配列 /zVb/ である．

すな＋ばま　となり，後部要素に両唇音の子音が続くことになる．連濁しなければ，このような有標な状態を避けられる．一方，「文」ふみ が「恋文」こい **＋ぶみ**，「踏み」ふみ（動詞「踏む」**ふむ**）が「足踏み」あし**＋ぶみ** と連濁するのは，形態素の頭子音がすでに両唇音 [ɸ] であるために，連濁して [b] へ代わっても調音位置の変化を伴わないからで，[24] OCP の観点からは調音位置に関する抑制作用が働かないと考えられる．この議論は，第 1 節で言及した同一性回避とも関連している．

3.5.　直後のその他の子音

　連濁箇所の後接音節の頭子音が /b/ 由来の /m/ 以外の音素の場合にも簡単に触れる．三間・浅井（本巻）の姓のデータによると，直後の音が /r/, /n/ のときにやや連濁しにくく，/m/, /w/ のときにやや連濁しやすい．これは直前のときと同様の傾向である．普通名詞では，特に連濁生起に関して特徴的な傾向は知られていないようである．[25]

4.　連濁阻止現象

4.1.　促音挿入

　語の合成において，要素間に促音が入ることがある．例として「末っ子」す**えっ＋こ**，「空きっ腹」**すきっ＋ぱら** などがある．促音の位置が形態素境界の前か，後か，それとも別のところか意見が分かれるが，辞書では境界の前に促音を置くことが多い．後部要素の自立形がハ行音で始まる場合，/p/ に代わる．一般に，擬音語・擬態語や，近年の外来語以外では，促音の後は /h/ ではない（濱田 1950, 1954; Vance 2008: 108）．同様に，有声阻害音の前に促音は生じない（Vance 2008: 108-110）．従って，形態素境界に促音がある場合，連濁しない．すなわち，「末っ子」[×]す**えっ＋ご**，「空きっ腹」[×]**すきっ＋ばら** のようにはならない．促音は音声的には後接子音長音化とみることができる（Vance 2008: 105-107）．後部要素の頭子音が重子音であるということは，意味程度

---

[24]「姫」は 18 世紀までは連濁しやすかった（秋永 2009: 33-46）．これは「文」と同様に連濁箇所音素が唇音 /p/ または /f/ であったために調音位置の移動を伴わないからと解釈される．

[25]「巻髪」[makihiŋe] のように直後の /g/ が [ŋ] として現れる方言でも連濁生起を阻止するため，音声的には鼻音でも音韻的には有声阻害音として働くと考えられる．

の大きさを時間の長さで表した音韻的な強調の結果である（有坂 1940: 265）．促音は口語的な印象を作り（Vance 1987: 148），促音がなければ，話し言葉的な印象は失われる．ただし，語により事情は異なる．例えば，『和英語林集成』の第 3 版（Hepburn 1886）には見出し語「末」の下に「末の子」すえ＋の＋このみ記載されている．促音が入らず連濁しない「末子」すえ＋こ の初出は，『日本国語大辞典』（日本国語大辞典編集委員会・小学館国語辞典編集部 2000-02）によると 1890 年であり，「末っ子」は 1908-09 年であるから，比較的新しい語である．現代東京語では「末の子」という表現はほとんど用いられず，促音が入り連濁しない「末っ子」すえっ＋こ が通常用いられる．[26] 次の例として「出っ歯」でっ＋ぱ を見ると，連濁する「出歯」で＋ば の初出は『日本国語大辞典』によると 1275 年で，「出っ歯」は 1900 年である．実際，『和英語林集成』には「出歯」のみ掲載されている．現代では「出歯」はあまり用いられず，「出っ歯」がもっぱら用いられる．同様に，腹が空いた状態を表すために多用される「空きっ腹」すきっ＋ぱら は，『日本国語大辞典』による初出が1898 年と，比較的新しい表現である．「空き腹」すき＋はら〜すき＋ばら は近年あまり用いられない（中村 2010）．促音が挿入された「出っ歯」も「空きっ腹」も身体的状態を率直に描写するための口語的表現と考えられる．

　合成語によっては，促音は前部要素最終音節の縮約として生じた．この現象は 2 音節の動詞転成語が前部要素となるときに顕著である．例として「反る」から「反り」になり促音が生じた「反っ歯」そっ＋ぱ がある．このような縮約は動詞 2 つからなる合成語に多く見られ，そのような促音化は口語的表現または強調表現と考えられる（小松 1981: 208-209, 278-280）．縮約形も非縮約形も用いられる場合，その違いは，くだけた表現か形式的な表現かである．例として正式な形の「差し引く」さし＋ひく とその口語的表現の「差っ引く」さっ＋ぴく の並存がある．ただし，多くの場合，「末っ子」のように一方だけが残るか，「引き込む」ひき＋こむ〜「引っ込む」ひっ＋こむ のように意味が分化して並存する（Vance 2002）．動詞 2 つからなる合成語は，連濁しないわけではないが，連濁しにくい（Vance 2005a: 93-98）．そして，促音に後接す

---

[26] 音読みの「末子」ばっ・し〜まっ・し と比較すれば，「末っ子」すえっ＋こ は口語的な印象がある．そして，「末子」すえ＋こ という名前を別にして，「末子」すえ＋こ〜すえ＋ご，「末の子」との並行使用はほとんど観られない．「空きっ腹」すきっ＋ぱら も同様に，やや堅い表現である音読みの「空腹」くう・ふく とは並行使用される．

るときは，その促音の由来に関わらず連濁しない．つまり，「割り引く」**わり＋びく** のような連濁の例はあるが，「割っ引く」[×]**わっ＋びく** のような例はない．

4.2.　連濁箇所のハ行転呼音 /w/

歴史的変化により，ハ行 /h/ は連濁の結果，/b/ になる．現代東京語の /h/ は，元をたどれば ^{OJ}/p/ であった（上田 1898; 橋本 1966: 166–172; 小松 1981: 49–51, 249–258）．清瀬（1985）および Frellesvig（2010: 201–205）によると，中古日本語の頃までは語頭で（おそらく [ɸ] との自由変異として）[p] であった．形態素頭のときも，「朝日」^{OJ}/asa + pi/ のように連濁しなければ [p] であった．ところが，『日葡辞書』（土井ら 1980）のローマ字表記で判るように，中世日本語の末期頃（LMJ [Late Middle Japanese] で示す）までに，京都方言では形態素頭子音のとき，[ɸ] になった．現代東京語では，「出船」で＋ふね [deɸɯne] のように /u/ の前のときのみ，つまり，「ふ」モーラのときのみ [ɸ] である．/i/ または /y/ の前のときは「朝日」あさ＋ひ [asaçi] のように [ç] であり，/e/, /a/, /o/ の前のときは「稲穂」いな＋ほ [inaho]²⁷ のように [h] になっている．このように，形態素頭の [ç], [h] は「菱」ひし，「花」はなを例にして時代をさかのぼるとそれぞれ ^{OJ}[pisi], ^{OJ}[pana] であり，^{LMJ}[ɸiçi], ^{LMJ}[ɸana] を経て，現在 [çiçi], [hana] となっている．

形態素中のときは語頭や形態素頭のときと異なる．10 世紀終わり頃には京都方言において，ハ行の子音は ^{EMJ}/u/ の前で音声的類似性のために脱落した以外，^{EMJ}/w/ になった（Frellesvig 2010: 201–203）.²⁸ 姓・地名の「藤原」ふじ＋わら は，さかのぼれば ^{OJ}/pudi + para/ である．現代東京語において，/w/ は /a/ の前で残っている以外は失われた（秋永 1977b; 奥村 1977; Frellesvig 2010: 206–210）．つまり，形態素中の「縄」なわ，「椎」しい は，さかのぼればそれぞれ ^{OJ}[napa], ^{OJ}[sipi] であり，^{LMJ}[nawa], ^{LMJ}[ɕiwi] を経て，現在 [nawa], [ɕi:] となっている．

このようなハ行転呼と連濁との関わりを見ると，まず，ハ行転呼した場合は

---

²⁷「初穂」のように，ハ行転呼 ^{EMJ}/wo/ を経て /h/ に至る場合がある（秋永 1977b; 奥村 1977: 250）.

²⁸ ^{OJ}/p/ から ^{EMJ}/w/ への変化には，[p]~[b]>[β]>[w] という過程があった（Frellesvig 2010: 202–203）.

連濁しない．そして，/w/ は /h/ の連濁ペアのように振る舞う（秋永 1977a; 奥村 1977: 249-250; 小松 1981: 50; 松本 1992）．例えば姓の「藤原」ふじ＋わら は後部要素「原」はら がすでにハ行転呼しており，˟ふじ＋ばら と連濁しない．そして，「貝原」かい＋ばら の「ばら」に準じるように有声化という意味で「藤原」ふじ＋わら の「わら」を考えることができる．[29] さらに，「草原」くさ＋はら の場合は，ハ行転呼した くさ＋わら に加えて くさっ＋ばら という促音が挿入された形がある．[30] つまり，「何人」なん＋びと～（なん＋ひと）～なん＋ぴと のような揺れは，古い時代の有声・無声対立に基づき，「原」ばら または わら～はら～ばら の多肢交替も，それと並行関係にあるという見方である．

　現代東京語では後部要素の頭子音の [p]＞[w] の歴史的変化を示すものはほとんどない（小倉 1910: 44-45）．[31] そして，頭子音が /h/ の形態素との共時的な関連はない．そのため，現在では「檜皮」ひ＋わだ，または「黄蘗」き＋わだ の音を基に，[32] 表皮または内皮の意味で「肌」はだ を連想する話者はそれほど多くないであろう．「皮」の読みに はだ を通常用いないし，有声阻害音 /d/ により連濁しない後部要素の頭子音に [p]＞[w] 変化が起きたことも意識されにくい．

　ここで，表記の意識について簡単に述べる．上述の「檜」ひ＋の＋き は3要素からなる合成語だが，現代話者はその由来をあまり意識しないであろう．[33]「膠」にかわ も漢字一つで定着しており，「煮皮」[OJ]/ni＋kapa/ であったことは気にされないであろう．さらに，「行方」ゆく＋え や「後方」しり＋え の後部要素 /e/ は，「海辺」うみ＋べ の後部要素と同じ「辺」[OJ]/pe/＞ [LMJ]/we/＞/e/ で

---

[29] 「原」はやや連濁しにくい形態素である．一方，同音語の「腹」はら は連濁しやすい．そして，「水腹」みず＋ばら のように前部要素最終音節の頭子音が有声阻害音の場合でも連濁しやすい（小倉 1910: 44）．

[30] 「草原」には くさ＋はら～くさ＋わら～くさっ＋ばら の3つの読みを載せている辞書がある（見坊ら 2014）．方言を含めればさらに くさ＋ばら～くさ＋やら～くさ＋あら もあり，かなり変異がある語である．

[31] 助数詞の「一羽」いち＋わ，「音羽」おと＋わ，特定分野の「洲浜」す＋わま などが使われている．

[32] 秋永（1977a）は，これを例外的にハ行転呼した語としている．

[33] 同様に「榊」さかき や連濁対象外だが「榎」えのき など合成語由来と考えられる語がある．また，「檜」は前部要素となるとき，「檜垣」ひ＋がき のように多くが連濁または有声化する．

ある．『日本国語大辞典』は「辺」/he/ を見出し語に掲載しているが，単独の語としてはほとんど使われない．『時代別国語大辞典—上代編』（上代語辞典編集委員会 1967）でもすでに ^OJ/pye/ は接尾辞的とされている．つまり，「行方」や「後方」からハ行転呼と /w/ 脱落を意識しないし，「海辺」から連濁の生起を意識しないであろう．語の音が語ごとに定着している例と考えられる．

このように，連濁箇所音素直前における促音挿入，ならびに連濁箇所音素におけるハ行転呼では，どちらも連濁が阻止されるが，それぞれ，口語的表現の使用という社会言語的要因，ならびに語中の音声変化とその定着という歴史的要因が関わっている．

5.　まとめ

本稿では，個別の音素が合成語の後部要素の頭子音，すなわち連濁箇所音素として，または隣接音節にある音素として，連濁生起に与える影響を述べた．これまでの語彙調査や話者判定実験の諸研究によると，連濁箇所音素に関しては，/s/ が他の無声阻害音に比べて連濁しにくい（第 2 節）．

連濁箇所に隣接する音節の音素と連濁との関連については，それほど明確ではない．音韻環境的な諸因子を考慮すると，前部要素最終音節の撥音がそれに後接する連濁箇所音素を連濁しやすくすると単純に一般化できない（第 3 節3.1）．前部要素最終音節の頭子音にある音素と連濁との関連についても，語彙調査および話者判定実験があるが，それほど明確ではない（3.2, 3.3）．後接音節の頭子音が /m/ の場合，それが歴史的に /b/ が交替した /m/ のとき，ならびに連濁箇所が /h/ のときは連濁しにくい可能性がある（3.4）．

連濁箇所音素が促音に後接する場合，連濁しない（第 4 節 4.1）．連濁箇所音素がハ行転呼音 /w/ になる場合，連濁した /b/ を補うような生起になり，連濁に似た性質がうかがえる（4.2）．この /h/~/w/ 交替は限られた形態素のみに観られ，促音挿入による連濁阻止は広い範囲に観察されるものの，それぞれ要因があり，分別できる．

このように，音素の種類別に見た連濁は，これまでの調査研究によると，連濁程度への影響という議論になり，連濁を明確に促進する音韻論的要因は判明していない．詳しくは，今後の詳細な研究が必要である．

64

参照文献

秋永一枝（1977a）「松原と柳原：ハ行転呼を中心に」『国語学』111, 62-77.

秋永一枝（1977b）「発音の移り変り」『日本語講座第六巻 日本語の歴史』，阪倉篤義（編），77-114, 大修館書店，東京.

秋永一枝（2009）『日本語音韻史――アクセント試論』笠間書院，東京.

秋永一枝（編）（2003）『新明解日本語アクセント辞典』三省堂，東京.

有坂秀世（1940）『音韻論』三省堂，東京.

有坂秀世（1955）『上代音韻攷』三省堂，東京.

浅井 淳（2014）「連濁生起の傾向と定着化」『国立国語研究所論集』7, 27-44.

土井忠夫・森田 武・長南 実（編訳）（1980）『邦訳日葡辞書』岩波書店，東京.

遠藤邦基（1981）「非連濁の法則の消長とその意味――濁子音と鼻音との関係から」『国語国文』50(3), 38-54.

Frellesvig, Bjarke (1995) *A Case Study in Diachronic Phonology: The Japanese Onbin Sound Changes*, Aarhus University Press, Aarhus.

Frellesvig, Bjarke (2010) *A History of the Japanese Language*, Cambridge University Press, Cambridge.

濱田 敦（1950）「促音と撥音（上，下）」『人文研究』1(1), 91-114, 1(2), 32-52.

濱田 敦（1954）「ハ行音の前の促音――P音の発生――」『国語学』16, 22-28.

橋本進吉（1938）「国語音韻の変遷」『国語と国文学』15(10), 3-41.〔再録：橋本進吉（1950）『国語音韻の研究』51-103, 岩波書店，東京.〕

橋本進吉（1966）『國語音聲史の研究』（1927年講義録収録：『國語音韻史』1-186）岩波書店，東京.

Hepburn, J. C. (1867) *A Japanese and English Dictionary with an English and Japanese Index*, American Presbyterian Mission Press, Shanghai.

Hepburn, J. C. (1886) *A Japanese-English and English-Japanese Dictionary* (3rd edition), Z. P. Maruya & Co. (Maruzen), Tokyo.

平田淳子（2011）「連濁試論（その2）」『神戸海星女子学院大学研究紀要』50, 89-93.

伊原睦子・村田忠男（2006）「日本語の連濁に関するいくつかの実験」『音韻研究』9, 17-24.

Ihara, Mutsuko, Katsuo Tamaoka and Hyunjung Lim (2011) "Rendaku and Markedness: Phonetic and Phonological Effects," Paper presented at the International Conference on Phonetics and Phonology, Kyoto.

Irwin, Mark (2009) "Prosodic Size and Rendaku Immunity," *Journal of East Asian Linguistics* 18, 179-196.

Irwin, Mark (2014) "Rendaku Across Duplicate Moras," *NINJAL Research Papers* 7, 93-109.

Irwin, Mark （2016a） "The Rendaku Database," *Sequential Voicing in Japanese Compounds: Papers from the NINJAL Rendaku Project*, ed. by Timothy J. Vance and Mark Irwin, 79-106, John Benjamins, Amsterdam.

Irwin, Mark （2016b） "Rosen's Rule," *Sequential Voicing in Japanese Compounds: Papers from the NINJAL Rendaku Project*, ed. by Timothy J. Vance and Mark Irwin, 107-117, John Benjamins, Amsterdam.

Itô, Junko, and Armin Mester （1986） "The Phonology of Voicing in Japanese: Theoretical Consequences for Morphological Accessibility," *Linguistic Inquiry* 17, 49-73.

Itô, Junko, and Armin Mester （2003） *Japanese Morphophonemics: Markedness and Word Structure*, MIT Press, Cambridge.

上代語辞典編集委員会(編)（1967）『時代別国語大辞典――上代編』三省堂，東京.

城生伯太郎（1977）「現代日本語の音韻」『岩波講座日本語 5 ――音韻』，大野 晋・柴田 武（編），107-145，岩波書店，東京.

亀井 孝（1943）「上代和音の舌内撥音尾と唇内撥音尾」『国語と国文学』20(4)，25-46，（再録：亀井 孝（1984）『亀井孝論文集 3 日本語のすがたとこころ（一）』，73-96，吉川弘文館，東京.

亀井 孝（1956）「ガ行のかな」『国語と国文学』33(9)，1-14，（再録：亀井 孝（1984）『亀井孝論文集 3 日本語のすがたとこころ（一）』，1-25，吉川弘文館，東京.

Kawahara, Shigeto, Hajime Ono, and Kiyoshi Sudo （2006） "Consonant Co-occurrence Restrictions in Yamato Japanese," *Japanese/Korean Linguistics 14*, ed. by Timothy J. Vance and Kimberly Jones, 27-38, CSLI, Stanford.

Kawahara, Shigeto, and Shin-ichiro Sano （2014） "Identity Avoidance and Lyman's Law," *Lingua* 150, 71-77.

見坊豪紀・市川 孝・飛田良文・山崎 誠・飯間浩明・塩田雄大(編)（2014）『三省堂国語辞典』第 7 版，三省堂，東京.

菊田紀郎（2007）「連濁」『日本語学研究辞典』，飛田良文・遠藤好英・加藤正信・佐藤武義・蜂谷清人・前田富祺(編)，356-357，明治書院，東京.

金田一春彦（1976）「連濁の解」*Sophia Linguistica* 2, 1-22.

金田一春彦（1998）「共通語の発音とアクセント」『NHK 日本語発音アクセント辞典（付録）』，NHK 放送文化研究所(編)，90-122，日本放送出版協会，東京.

北原保雄(編)（1990）『日本語逆引き辞典』大修館書店，東京.

清瀬義三郎則府（1985）「平安朝波行子音 P 音論」『音声の研究』21, 73-87.

小泉 保（2003）『改訂音声学入門』大学書林，東京.

国立国語研究所（1990）『国立国語研究所報告 100 日本語の母音，子音，音節――調音運動の実験音声的研究――』秀英出版，東京.

小松英雄（1981）『日本語の世界 7 ――日本語の音韻』中央公論社，東京.

近藤いね子・高野フミ(編)（1986）『小学館プログレッシブ和英中辞典』小学館，東京.

窪薗晴夫（1999）『現代言語学入門 2 ── 日本語の音声』岩波書店，東京.

Kubozono, Haruo（2005）"Rendaku: Its Domain and Linguistic Conditions," *Voicing in Japanese*, ed. by Jeroen van de Weijer, Kensuke Nanjo, and Tetsuo Nishihara, 5-24, John Benjamins, Amsterdam.

Labrune, Laurence（2012）*The Phonology of Japanese*, Oxford University Press, Oxford.

Labrune, Laurence（2014）"The Phonology of Japanese /r/: A Panchronic Account," *Journal of East Asian Linguistics* 23, 1-25.

馬淵和夫（1971）『国語音韻論』笠間書院，東京.

Martin, Samuel E.（1952）*Morphophonemics of Standard Colloquial Japanese*（*Language* Dissertation No. 47）, Linguistic Society of America, Baltimore.

Martin, Samuel E.（1975）*A Reference Grammar of Japanese*, Yale University Press, New Haven.

Martin, Samuel E.（1987）*The Japanese Language through Time*, Yale University Press, New Haven.

松本 宙（1992）「ハ行転呼音」『国語学研究事典』，佐藤喜代治（編），248-249, 明治書院，東京.

三宅武郎（1932）「濁音考」『音声の研究』5, 135-190.

森山 隆（1962）「連濁 ── 上代語における ──」『九州大学国語国文学会』14, 1-10.

中川芳雄（1966）「連濁・連清（仮称）の系譜」『国語国文』35（6）, 302-314.

中村 明（2010）『日本語語感の辞典』岩波書店，東京.

日本国語大辞典編集委員会・小学館国語辞典編集部（編）（2000-02）『日本国語大辞典』第 2 版，小学館，東京.

Nishimura, Kohei（2007）"Rendaku and Morphological Correspondence," *Phonological Studies* 10, 21-30.

小倉進平（1910）「ライマン氏の連濁論（上・下）」『国学院雑誌』16（7）, 9-23; 16（8）, 31-45.

Ohta, Satoshi（2013）"On the Relationship between Rendaku and Accent," *Current Issues in Japanese Phonology*, ed. by Jeroen van de Weijer and Tetsuo Nishihara, 63-87, Kaitakusha, Tokyo.

Okada, Hideo（1999）"Japanese," *Handbook of the International Phonetic Association*, 117-119, Cambridge University Press, Cambridge.

奥村三雄（1952）「字音の新濁について」『国語国文』21（5）, 327-340.

奥村三雄（1955）「連濁」『国語学辞典』, 国語学会（編）, 961-962, 東京堂出版，東京.

奥村三雄（1977）「音韻の変遷（2）」『岩波講座日本語 5 ── 音韻』, 大野 晋・柴田 武（編）, 221-252, 岩波書店，東京.

奥村三雄（1980）「連濁」『国語学大辞典』, 国語学会（編）, 925-926, 東京堂出版，東京.

Ota, Mitsuhiko（2004）"The Learnability of a Stratified Lexicon," *Journal of Japanese*

Linguistics 20, 19-40.

Ramsey, S. Robert, and J. Marshall Unger (1972) "Evidence for a Consonant Shift in 7th Century Japanese," *Papers in Japanese Linguistics* 1, 278-295.

Rice, Keren (1993) "A Reexamination of the Feature [sonorant]: The Status of 'sonorant obstruents'," *Language* 69, 308-344.

Rice, Keren (2005) "Sequential Voicing, Postnasal Voicing, and Lyman's Law Revisited," *Voicing in Japanese*, ed. by Jeroen van de Weijer, Kensuke Nanjo and Tetsuo Nishihara, 25-45, John Benjamins, Amsterdam.

桜井茂治 (1966)「共通語の発音で注意すべきことがら」『日本語発音アクセント辞典 (付録)』, 日本放送協会 (編), 31-43, 日本放送出版協会, 東京.

佐藤信夫 (2007)「音便」『日本語学研究辞典』, 飛田良文・遠藤好英・加藤正信・佐藤武義・蜂谷清人・前田富祺 (編), 353-354, 明治書院, 東京.

杉藤美代子 (1965)「柴田さんと今田さん」『言語生活』165, 64-72.

田端敏幸 (2010)「数詞「三」と「四」について」『漢語の言語学』, 大島弘子・中島晶子・ブラン・ラウル (編), 91-106, くろしお出版, 東京.

戸田綾子 (1988)「和語の非連濁規則と連濁傾向 ――『日葡辞書』と『和英語林集成』から――」『同志社国文学』30, 80-96.

上田万年 (1898)「p 音考」『帝国文学』4 (1), 41-46.

Unger, J. Marshall (2004) "Alternations of m and b in Early Middle Japanese: The Deeper Significance of the Sound-Symbolic Stratum," *Japanese Language and Literature* 38, 323-337.

Vance, Timothy J. (1980) "The Psychological Status of a Constraint on Japanese Consonant Alternation," *Linguistics* 18, 245-267.

Vance, Timothy J. (1987) *An Introduction to Japanese Phonology*, SUNY Press, Albany.

Vance, Timothy J. (1996) "Sequential Voicing and Sino-Japanese," *Journal of the Association of Teachers of Japanese* 30, 22-43.

Vance, Timothy J. (2002) "Semantic Bifurcation in Japanese Compound Verbs," *Japanese/Korean Linguistics 10*, ed. by Noriko M. Akatsuka and Susan Strauss, 365-377, CSLI, Stanford.

Vance, Timothy J. (2005a) "Rendaku in Inflected Words," *Voicing in Japanese*, ed. by Jeroen van de Weijer, Kensuke Nanjo and Tetsuo Nishihara, 89-103, John Benjamins, Amsterdam.

Vance, Timothy J. (2005b) "Sequential Voicing and Lyman's Law in Old Japanese," *Polymorphous Linguistics: Jim McCawley's Legacy*, ed. by Salikoko S. Mufwene, Elaine J. Francis and Rebecca S. Wheeler, 27-43, MIT Press, Cambridge.

Vance, Timothy J. (2008) *The Sounds of Japanese*, Cambridge University Press, Cambridge.

Vance, Timothy J. (2011) "Rendaku in Sino-Japanese: Reduplication and Coordination," *Japanese/Korean Linguistics 19*, ed. by Ho-Min Sohn et al., 465–482, CSLI, Stanford.

Vance, Timothy J. (2015a) "Rendaku," *The Handbook of Japanese Phonetics and Phonology*, ed. by Haruo Kubozono, 397–441, De Gruyter Mouton, Berlin.

Vance, Timothy J. (2015b)「連濁の不規則性とローゼンの法則」『国立国語研究所論集』9, 207–214.

Vance, Timothy J., and Mark Irwin (2013) "A Rendaku Database for Old Japanese," Paper presented at the 21st International Conference on Historical Linguistics, Oslo.

Yamaguchi, Kyoko (2011) "Accentedness and Rendaku in Japanese Deverbal Compounds," *Gengo Kenkyū* 140, 117–133.

第 4 章

連濁とアクセント
── 普通名詞と無意味語の場合 ──*

太田　聡・玉岡賀津雄

山口大学　名古屋大学

1.　はじめに

　「〜田」という日本人の姓の読み方について考察した杉藤（1965）は，「田」が た となる場合には，例えば「久保田（く˩ぼた）」や「栗田（く˩りた）」のように，アクセントがある──いわゆる起伏式アクセントの──例が多く，一方，例えば「岡田（**おかだ**）」や「増田（**ますだ**）」のようにピッチが落ちず平板式アクセントになる場合──この場合は単に「アクセントがない」とも言う──では，ほとんどが だ と読まれる，という観察をしている。[1] つまり，「田」を た と読むか だ と読むか（すなわち連濁の有無）とアクセント型には関連があるという興味深い指摘であった．Ohta（2013）も，「〜川」という姓の読み方を例に，アクセントの有無と連濁の有無の相関関係について論じた．例えば「谷川」は，**たに˩かわ** といった具合にアクセントが与えられるときは連濁しないが，**たにがわ** とアクセントがない場合には連濁することから，アクセントと連濁は共起を避ける傾向があるとした．また，田中（2005）は，「桜島（**さくらじ**ま）」と「厳島（**いつく˩しま**）」といった地名（島名）を例に，さらに，Tanaka（2005）は「健三郎（**けんざぶろう**）」と「玉三郎（**たまさ˩ぶろう**）」といった

　* 草案・草稿の段階で，ティモシー・バンス先生をはじめとする連濁事典編纂プロジェクトの面々や和田学氏（山口大学）から貴重なコメントを頂戴した．また，本論の実験のデザインおよび統計処理においては，太田真理氏（九州大学）から多くのアドバイスと協力を得た．ここに記して感謝の意を表したい．

[1] 本稿では，下向きの矢印は，アクセントの滝がある，すなわちそこでピッチが落ちることを示すために用いることにする．下向きの矢印がついていない場合には，基本的に，平板型アクセントの例となる．

名の例も挙げて，アクセントと連濁が相補分布を成す——すなわち，アクセントと連濁は同時に生じない——関係になっていることを指摘している．そして田中（2005）は，アクセントや連濁は複合語内部の語の境界を示す機能を果たすものであるが，清濁もアクセントも声帯の調整で実現する点で共通しているので，どちらか一方があれば足りる，という非常に示唆に富む説明を行った．

これに対して，Zamma（2005）は様々な名字のアクセントと連濁のパターンを考察して，杉藤が指摘した法則に反する例——例えば「山口（やま↓ぐち）」のように，アクセントと連濁の両方が見られるものや，例えば「高倉（たかくら）」のように，アクセントも連濁もないもの——も多くあることを示した（浅井・バンス 本巻；三間・浅井 本巻も参照）．[2] さらに，13,600 以上の姓のアクセントを調べたローレンス（2011）は，「〜川」のように後部要素の頭拍の清濁で姓のアクセントが異なるのは少数派であると結論づけている．

このように，名字や地名といった固有名詞のアクセントと連濁のパターンに関しては，強い相関関係があるとする論考と，ほとんどない（あるいは，語彙項目によってかなり異なる）とする論考の二種類の立場があるわけである．では，固有名詞ではなく，普通名詞の連濁とアクセントの関係はどうであろうか．例えば，アクセントがあって連濁しない「味噌汁（みそし↓る）」や「古里（ふる↓さと）」や「鶴嘴（つる↓はし）」と，アクセントがなくて連濁する「豚汁（ぶたじる／とんじる）」や「人里（ひとざと）」や「嘴（くちばし）」などを思い浮かべれば，アクセントと連濁のどちらかが選ばれる関係になっていると主張できそうである．しかしながら，アクセントと連濁の両方を持つ「山寺（やま↓でら）」のような例や，「夏草（なつくさ）」のように両方とも示さない例もすぐに思い当たる．また，「落ち葉（お↓ちば）」と「枯葉（かれは）」のような杉藤が「〜田」に関して指摘したパターンとはむしろ逆になる（つまり，アクセントがあるのに連濁もする，アクセントがないのに連濁もしないといった）ペアさえ見つかる．

---

[2] ちなみに，「〜田」といった姓の中にも，「太田（おおた）」や「原田（は↓らだ）」のように，杉藤論にとっては反例となるものが結構見つかる．

なお，杉藤（1965）は，例えば「柴田（し↓ばた）」は（「田」に先行する）第2拍の子音が有声子音の /b/ だが，「今田（いまだ）」のそれは鼻子音の /m/ である，といった具合に先行拍の語音の別——阻害音（obstruent）と共鳴音（sonorant）の違いという捉え方もできよう——についても論じている．が，本論では，連濁への分節音の影響についての考察は割愛する．

　本論の目的は，たまたま気づいた少数の例を基に論じるのではなく，辞書に
収録された関係例を漏れなく抽出して，アクセントと連濁の相関関係について
調べ，さらに，無意味語を用いた実験も行って，実在語の場合と同じような関
係が見られるか否かを検討し，その結果を報告することである．

2.　4 モーラ複合普通名詞のアクセントと連濁

　アクセント辞典に収録された語の中から，モーラ数がいくつか，形態素の切
れ目がどこか，品詞が何か，語類が和語か，前部要素が後部要素を修飾する関
係になっているか否か，ライマンの法則に従って連濁を避けている例かなど，
複数の要素を考慮しながら，アクセントと連濁の関係についての議論に必要な
複合語の例を漏らさず抜き出すことは非常に難しい．どうしても見落としや勘
違いが起こる可能性がある．

　そこで，必要なデータをより確実に収集できるように，『新明解日本語アク
セント辞典』（以下では『新明ア』と略す）の巻末にある「東京アクセントの習
得法則」の数字番号に着目した（この辞典では，見出し語のほぼすべてにどの
アクセント法則が当てはまるかが番号で示してあるので，その番号を頼りにし
て，同じ構成・特徴を持つ語を見つけ出すことができる）．この法則の中の 4
番は，「名詞＋和語名詞の癒合名詞（前・後部要素とも 2 拍以下の語）」を表し
ている．そこで，見出し語の横に「→ 4」と振ってある例のうち，前部要素と後
部要素がそれぞれ 2 モーラで，合計 4 モーラになる複合語をすべて抽出した．

　ただし，例えば「藍色（**あいいろ**）」，「麻縄（**あさなわ**）」のように，後部要
素のはじめが阻害音ではないものや，「北風（**きたかぜ**）」のように後部要素に
すでに有声阻害音が存在するもの（つまりライマンの法則が関与する例）や，
「作柄（**さくがら**）」のように第 3 モーラが元々濁音であるものや，「鉄っちり
（**てっちり**）」や「人っ子（**ひとっこ**）」のように第 2 モーラないし第 3 モーラが
促音であるものは，連濁をさせることがそもそもできないので，アクセントと
連濁の相関関係を調べる対象からは外した．

　別表（1）は連濁が起こらない例（「○○＋○○」と表す）の一覧であり，別
表（2）は連濁が起こる例（「○○＋○゛○」と表す）の一覧である．下向きの矢
印は，注 1 で既述のように，そこでピッチが降下すること，すなわち，その
直前にアクセント核があることを表す．一方，語末につけた水平の矢印は，

ピッチが下がらず平板式アクセントであること（アクセントがないこと）を表す.[3] なお,『新明ア』では見出し語が片仮名で表記されているが, 片仮名表記では外来語や擬音語と捉えられやすいので, 本論では平仮名表記を採用した. さらに,『新明ア』では, いわゆる四つ仮名の「じ, ぢ, ず, づ」に関しては「じ, ず」のみが用いられている. しかし本論では, 例えば「貝塚」は **かいづか** といった具合に, 現代仮名遣いに従った表記を採用した. また,『新明ア』では,「が, ぎ, ぐ, げ, ご」が鼻濁音になる場合には, 例えば「イカ°ク°リ」といった具合に右肩に丸をつけて表記しているが, 本論では通常の濁点表記を用いた. だが, 引き音の表記は, 例えば「中背」を **ちゅーぜー** といった具合に,『新明ア』に従って「ー」を用いた.

　もし, アクセントと連濁が相補分布の関係になるのであれば, 連濁を起こさない例においてアクセントがある例の割合が圧倒的に多くなるはずである. ところが, 次の（1）にまとめたように, 連濁なしの例と連濁ありの例のうち, アクセントがある例の割合はほぼ同じという結果となった. つまり, 連濁すればアクセントを避ける, という具合にはなっていないことが窺える.

　（1）a.　「連濁なし」例の総数：341 →「アクセントあり」例の数：120
　　　　　⇒ 35.19%

　　　　b.　「連濁あり」例の総数：906 →「アクセントあり」例の数：323
　　　　　⇒ 35.65%

　ところで, 例えば **あしくせ** のように語末でピッチが落ちる例（いわゆる尾

---

[3] 別表（1）と（2）では, 例えば,「**あきくさ, あきくさ**」のように2つのアクセント型があるものや,「**あさつゆ, あさつゆ, あさつゆ**」のように3つのアクセント型があるものは, 複数回列挙した. つまり, 同じ語であっても, アクセント型が複数あれば, 複数回登場している.

　ただし, 例えば,「金蠅（**きんばえ, きんばい**）」のように **え** が **い** と交替した例や,「塩鮭（**しおざけ**）」が **しおじゃけ**,「射干玉（**ぬばたま**）」が **うばたま, むばたま** となる異形などは, 複数に数えず, 1つの例として扱った.

　なお,『新明ア』では, 見出し語の横に二重括弧をつけた補注として, 新しいアクセント型と古いアクセント型が示されている箇所もある. この場合, 本稿では, 新しいアクセント型は勘定に入れたが, 古いアクセント型は考慮外として取り上げなかった.

　また, 例えば「〜先」はいつも **〜さき** となり, **〜ざき** とはならない. つまり, 語によっては基本的に連濁しないものもある. しかし, 本稿では, こういった語彙ごとの連濁のしにくさ・しやすさといったことまでは考慮せずに, 例の数え上げを行った.

高型アクセント例）は，格助詞の「が」をつけるなどしなければ，そこにアクセントがあることがはっきりしない．よって，アクセントの有無がはっきりしないのに，それが連濁の有無に影響を与えるとは考えにくい．そこで，最終モーラにアクセント核がある例——別表（1）の連濁なしグループでは40例，別表（2）の連濁ありグループでは25例がそうである——を排除して数え直してみた．要するに，アクセントがあるかないかがはっきりしている例に限定して——上の（1）の総数およびアクセントありの例の両方から，それぞれ40例と25例を差し引いて——百分率を求めると，次のようになる．

（2）a.　連濁なしで，語末以外の箇所にアクセントがある例の比：26.58%

　　　b.　連濁ありで，語末以外の箇所にアクセントがある例の比：33.83%

つまり，アクセントと連濁の相補分布仮説は成り立たず，むしろ，連濁する例の方がアクセントをつける割合が多いという（やや意外な）結果になった．

　この結果を，カイ二乗による独立性の検定（Chi-squared test of independence）によって確認してみることにする．（3）の a に観測値，b に期待値，c に2種類の仮説，d に検定統計量（χ^2値），e に2種類の帰結を示した．[4]

（3）a.

観測値	アクセントあり	アクセントなし	合計
連濁あり	298	583	881
連濁なし	80	221	301
合計	378	804	1182

　　　b.

期待値	アクセントあり	アクセントなし	合計
連濁あり	281.74	599.26	881
連濁なし	96.26	204.74	301
合計	378	804	1182

　　　c.　帰無仮説 H0：　連濁とアクセントは無関係である．

　　　　　対立仮説 H1：　連濁とアクセントは関係がある．

　　　d.　$\chi^2(1) = \Sigma$（観測値$-$期待値）$^2 \div$期待値$= 5.42$

　　　e.　$\chi^2 \leq 3.84$：　帰無仮説 H0 を棄却できないため，連濁の有無はア

---

[4] 本研究の場合は，アクセントの有無と連濁の有無の2つの属性が独立して影響するかどうかを統計的に判定する．なお，例えば，（3d）の $\chi^2(1) = \ldots$ といった括弧内の数字——この例では1——は，分布の自由度を示す．

クセントに影響を与えるとは言えない.

$\chi^2 > 3.84$： 帰無仮説 H0 が棄却されるため，連濁の有無はアクセントに影響を与える.

3.84： 自由度 1 のカイ二乗分布で $p = 0.05$ に対応する値

（3）の d, e に示した数値から分かるように，カイ二乗検定の結果，「連濁とアクセントは無関係」という帰無仮説は棄却され，連濁の有無はアクセントに影響を与えることになる. つまり，別表（1）と別表（2）の例は，連濁するときの方がむしろアクセントがつきやすくなることを示したのである.

なお，以上の結果に関連して，田中（2005: 28）には以下の言説があり，注目に値する（〔 〕内は筆者の加筆）.

もちろん，一般の複合語には両方〔＝連濁もアクセントも〕ある場合も多いのだが，上のような現象〔＝連濁かアクセントのどちらか一方が生じること〕は固有名詞に特に観察される. なぜなら，固有名詞はまとまりが強いので，2 つのうちいずれかで境界標示すればよく，普通名詞は生産的であるぶんまとまりが弱いので，より境界表示が重要になり，両方で行う傾向があるからであろう. また，上の傾向は，連濁する場合としない場合が同等くらいなければ調べられないが，普通名詞は生産的に連濁を起こすのに対し，地名や人名など固有名詞には連濁しない場合も多く含まれるので，そのこともアクセントが連濁に取って代わる 1 つの理由であろう.

多くの実例を丹念に調べるまでもなく，結果を見通していたかのような，鋭い洞察である.

3. 無意味語による検証

3.1. 無意味語実験 1

辞書に載っている 4 モーラの複合普通名詞によって，アクセントと連濁の相関関係を調べたところ，2 つが排他的関係になっているとは言えないことが明らかになった. そこで次に，実在語ではなく，無意味語を用いて，アクセントと連濁の関係を探ってみることにした. この目的のため，2 種類の無意味語実験を実施した.

　1 つ目の実験は，別表（3）の 24 組 48 例の無意味語ペアを用いて，アクセントと連濁が相補分布になりうるか否かを確かめることにした．まず，筆者（太田）自身が，連濁しない例には第 2 モーラに意識的にアクセントをつけて発音し，連濁する例では平板式アクセント（無アクセント）で発音して，音声分析ソフトウェア Praat を用いて 48 例を録音した．そして，すべての例の前半の 2 モーラだけを残し，後半の 2 モーラは削除する加工を施した（別表（3）で語中の ⌐ は，ピッチが落ちず，無アクセントになることを表す）．この実験では，連濁の有無の判断を測定するので，前半の 2 モーラがアクセントの有無に関係なく同じ提示時間であることが望まれる．そこで，アクセントのある前半 2 モーラ（平均値（M）= 0.49，標準偏差（SD）= 0.02，単位は秒）とアクセントのない前半 2 モーラ（M = 0.49，SD = 0.02）の音声提示時間について，対応のあるサンプルの t 検定を行った結果，有意な違いはなかった（$t(23)$ = 1.16，p = 0.26）．念のために，削除した後半 2 モーラの提示時間も同じ方法で比較した．その結果，アクセントのある後半 2 モーラ（M = 0.51，SD = 0.03）とアクセントのない後半 2 モーラ（M = 0.51，SD = 0.04）の音声提示時間に有意な違いはなかった（$t(23)$ = 0.32，p = 0.75）．したがって，24 組 48 例の無意味語のペアの前半部および後半部の 2 モーラでは，音声提示の時間にアクセントの有無による違いはない．

　例えば，「もに↓すこ」と「もに⌐ずこ」という対比例であれば，以下に示したように，後ろの 2 モーラを削除しても，「に」の部分でピッチが上がるか否かという差が生じる．つまり，「もにすこ」の「に」にアクセントをつける発音では，「に」の部分でピッチが急上昇し，「す」の部分でピッチが降下する．一方，アクセントをつけない「もにずこ」では，（東京式アクセントでは，第 1 モーラと第 2 モーラの高さは変わる規則があると言われているが，実際には，）「もに」の部分のピッチに大きな差はない．

　　（4）「もに↓すこ」と「もに⌐ずこ」のピッチ

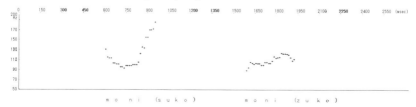

よって，もし「アクセントがあれば連濁しにくく，アクセントがなければ連濁しやすい」という傾向もしくは法則があるのであれば，参加者は，「ピッチの上昇を聴き取ったときには，後部要素として連濁しないものを多く選び，逆に，ほぼフラットなピッチを聴いたときには，連濁した後部要素を多く選ぶ」はずである．この予想・仮説を検証するために，日本語を母語とする名古屋大学の学部生 41 名が実験に参加した．

実験では，コンピュータのディスプレイ上で，はじめに，例えば「もに」と視覚提示して，同時に音声も提示した．その後すぐに，「すこ　ずこ」を視覚提示し，どちらの発音が続きそうかを左右のボタンを押して答えてもらった．常に，連濁する条件を右側に，連濁しない条件を左側にし，連濁するキーは右，連濁しないキーは左として固定し，混乱することなく迅速に反応できるようにした．つまり，「もに」を見ながら，同時にアクセントのある／ない「もに」を聴き，それに続く候補として，連濁しない「すこ」の左側か連濁する「ずこ」の右側のキーを押すように指示した．どちらがより自然と感じられるかを判断するという形式の，クロスモーダル・プライミング実験（音声提示してから連濁の有無を視覚提示）である．参加者たちは，まず，「1. あく↓かま，あく→がま　2. きら↓はし，きら→ばし　3. さこ↓きわ，さこ→ぎわ　4. てみ↓さも，てみ→ざも　5. のせ↓こた，のせ→ごた」という 5 つのペアで練習をした後に，別表（3）に示した 48 の刺激語について回答した．なお，48 語の提示の順序は，コンピュータのプログラム上（E-Prime 2.0）で，ランダムになるようにした．48 例に対して 41 名の参加者から答えてもらったので，総計 1,968 の回答を得たわけであるが，その結果をまとめると，以下の（5）の表と（6）の棒グラフの通りである．

(5)　無意味語実験 1 の結果

観測値	アクセントあり	アクセントなし	合計
連濁あり	500	449	949
連濁なし	484	535	1019
合計	984	984	1968

(6)

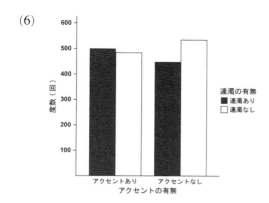

　この実験から導かれることは，次のようになる．2（アクセントの有無）×
2（連濁の有無）のカイ二乗による独立性の検定を行った結果，有意であった
（$\chi^2(1)$ = 5.29，p = 0.02，最小期待度数は 474.5）．したがって，連濁とアク
セントに何らかの関係がある――すなわち，アクセントによって連濁の比率が
変化する――ことが分かる．さらに，アクセントがある場合とない場合に分け
て連濁した度数に対するカイ二乗による一様性あるいは適合性の検定（Chi-
squared test of goodness-of-fit）を行った結果，アクセントがない場合は，「連
濁しない」という回答が「連濁する」という回答よりも有意に多かった（$\chi^2(1)$
= 7.52，p < 0.01，最小期待度数は 492.0）．これは，本来の仮説（アクセン
トがない場合に連濁する傾向がある）と逆であるため，元の仮説は棄却される．
また，この無意味語実験においても，アクセントがある場合に，連濁しないも
のよりも，連濁する要素を組み合わせる方がむしろ多目になる結果となったこ
とにも注目されたい．よって，アクセントと連濁が相補分布の関係になってい
るとは言えない可能性が高まった．

3.2.　無意味語実験2
　上述のように，無意味語実験においても，アクセントと連濁の相補分布関係
仮説は反証されたとしてよいと思われるが，このことをさらに入念に確認する
ために，2つ目の無意味語実験を行った．
　まず，参加者として，いわゆる標準語と同じアクセント（東京式アクセント）
が用いられている地域の出身者である，山口大学人文学部の学生および教職員
を対象に，41名分――東京都（4名），神奈川県（1名），長野県（1名），広島

県（9名），山口県（24名），島根県西部（2名）——のデータを収集・分析した．年齢層別での男女の内訳人数は以下の通りである．

(7)　無意味語実験2　参加者

	男性	女性
20歳代	2	21
30歳代	3	4
40歳代	5	2
50歳代	2	2
合計	12	29

　参加者達には，最初に「実験の目的は，いわゆる標準語（東京式）アクセントが使われる地域の出身者のアクセントのパターン・傾向を調べることです．そのために，無意味語，すなわち，実在しない語を読み上げてもらい，それを記録します．しかし，個人の知識や理解度などを計ろうとしているわけでは決してありません．後で統計処理して，どのようなパターンがどのくらいの割合になったかを述べるだけで，個人名はもちろん出しません．正解とか不正解とかがあるわけではありませんので，『自分ならばこう読む』という素直な判断，つまりあなたの直観，を聞かせて下さい」といった旨を伝えた．その上で，まず，ウォーミングアップとして，次の (8a) の6つの既存の複合語——2モーラ語と2モーラ語を組み合わせた4モーラの複合語——を読み上げてもらい，いわゆる標準語のアクセント話者であることを確認すると同時に，アクセントがつくものとつかないものがあることをそれとなく認識してもらった．さらに，(8b) の例のアクセント型も尋ねることで，アクセント型を意識してもらった．

(8) a.　坂道（**さかみち**），柔肌（**やわはだ**），花嫁（**はなよめ**），鳥籠（**とりかご**），仲良し（**なかよし**），禿山（**はげやま**）

b.　秋物（**あきもの**），出し物（**だしもの**）

そしてさらに，以下のような注意・教示をした．

(9) a.　今から行う無意味語実験の用例は，すべて名詞，すなわち事物の名を表していると思ってください．例えば，「**なげこめ**」は動詞の命令形ではなくて「ナゲ（の）米」とか，「**ほどよい**」は形容詞では

なくて「ホド（の）宵」とか，「**あたふた**」は副詞ではなくて「アタ（の）蓋」といった具合に，漢字を思い浮かべる必要はもちろんありませんが，どれも何かの名前を表しているものとしてください．

b.　用例に省略語は含まないものとします．例えば，「『**すくそく**』は，『スクール・ソックス』などの短縮形ではないか」などと余計なことは考えずに，単純に「**すく**」と「**そく**」が結合して 1 語になっていると捉えてください．

c.　例えば，実在語でも，「夜露（**よつゆ**）」と「夜霧（**よぎり**）」のように，似たような語の組み合わせでも連濁しない場合とする場合があるので，無意味語実験でも，例えば「**あこはそ**」と「**あこばそ**」のように，連濁していないものとしたものをわざと混ぜています．

d.　用例は，すべて前部要素が後部要素を修飾する形で結びついていると思ってください．例えば「**こあはそ**」だと，「『**こあ**』の『**はそ**』」という意味でつながっているものとします．

以上を踏まえた上で，次の説明兼練習を行った．

(10)　こ あ ＋ はそ → こあばそ （「こあ の はそ」の意）
　　　（こ あ-が　はそ-が）
　　　　　　　　　a.）こあ ばそ
　　　　　　　　　　（こ あ ばそ-というアクセント型）
　　　　　　　or
　　　　　　　　　b.）こあばそ
　　　　　　　　　　（こ あばそ-というアクセント型）

アクセントの表記法に馴染みのない人には，鉤形の線はそこでピッチが落ちることを示しており，用例の上に線がのびているときはピッチが落ちないことを表すことを説明した（「はそ」の「そ」でピッチが落ちるといったことが分かりにくいときは，「が」などをつけると確認できる旨も説明した）．その上で，「『**こあ**』と『**はそ**』が結びつき，『**は**』が連濁した語ができたとして，それを読むとすると，a. のように途中でピッチを落としますか（アクセントをつけますか），それとも，b. のようにピッチを上げたまま（平板型）にしますか？ 両方のパターンを声に出して言ってみて，よりしっくりくる方を選んで，丸をつけ

る，という具合にやっていってください」という指示をした．ちなみに，処理スピードを計っているわけではないので，ゆっくり落ち着いてやって構わないが，あまり考え込むと分からなくなるので，直観を信じて，ある程度てきぱきとやるようにとも伝えた．

そして，以下に挙げた 44 の無意味語例を用いて，実験を実施した．

(11)
1. ちなすた	2. めわびせ	3. けてふや	4. おたざそ
5. ゆこかろ	6. うせごた	7. さるはし	8. はさぜら
9. そもぎな	10. せよとま	11. こたじれ	12. えすひに
13. わよぜか	14. もにすこ	15. てみたも	16. きつほま
17. すこてに	18. あさづき	19. にまくめ	20. へしげと
21. ねきそに	22. むかぞな	23. ちなずた	24. けてぶや
25. そもきな	26. ゆこがろ	27. せよどま	28. えすびに
29. はるくさ	30. うせこた	31. もにずこ	32. おたさそ
33. わよせか	34. きつほま	35. すこでに	36. こたしれ
37. めわひせ	38. てみだも	39. にまぐめ	40. かみがき
41. むかそな	42. へしけと	43. ねきぞに	44. はさせら

ところで，4 モーラ語では，7 割弱の例のアクセントが平板式になることが知られている（『新明ア』巻末の「東京アクセントの習得法則——0 名詞の一般について」を参照）．よって，無意味語の場合にも，4 モーラ例は，多くが平板式・無アクセントで読み上げられることは予想された．しかしながら，「知らない 4 モーラ語に出くわしたら，とりあえず（あるいは，一律に）平板式で読もう」と機械的に処理されてしまったのでは，実験の意味が薄れてしまう．そこで，平板化傾向の強すぎる人のデータを排除するために，4 例ほどアクセントがある実在語をフィラー（filler）——すなわち，チェック用項目——としてさりげなく混ぜた．また，動詞と感じられる可能性がある「ウ」段で終わる例や，実在語に似通っているものなどを除いたため，別表（3）の刺激語に比べて 8 例少ない 40 語となった．よって，上掲の合計 44 例を用いて実験を行った．フィラーは下線を引いた「7. さるはし，18. あさづき，29. はるくさ，40. かみがき」である．このフィラーのうち，2 つ以上をアクセントがあるものとして選ばなかった参加者のデータは，平板化傾向が極端に強いものと判断し，採用しなかった．実際には，46 名に実験に回答してもらったのだが，5 名のデー

タは不採用にし，他の 41 名の回答をデータとして分析した．5 名のうちの 4 名の答えは，フィラーも 3 つ以上でアクセントをつけずに平板型で（他の無意味語もほとんどすべてを平板で）読む方を選んだ．また，あと 1 名は，「（アクセントをつけても，つけなくても）どちらも同じくらい可能と思われ，決められません」という答えが多すぎたため，不採用とした．逆に言えば，採用した 41 名の回答では，（平板型の方がはるかに多かったが，）フィラーに関しては半数以上にアクセントがついていたし，他の 40 例に関しても，（判断に迷う場合があっても，最終的には）a. と b. のどちらか一方が選ばれた．

　なお，もとになる要素のアクセント型を自由にしておくと，複合語としてのアクセント型が 3 種類以上になりうるので，可能なアクセント型を 2 種類に絞り込むように，前部要素のアクセントはいわゆる頭高型，後部要素のそれは尾高型に固定した．こうすれば，例えば，実在語の「空豆（**そら⌐まめ**）」と「空耳（**そらみみ**）」のように，アクセント核は，2 モーラ目にくるか，どこにもこないか（＝無アクセントになる）の 2 パターンのみが生じるはずである．提示は，次の（12）のように，1 例ずつを記したカードの形で行った．こちらが「『**ち⌐な**』足す『**すた⌐**』で『**す**』が濁らないとき」と，アクセントをつけて読み上げ，参加者は「**ちな⌐すた，ちなすた**」と二通り声に出してみて，自然と感じる方に丸をつけた．

（12）

> 1.　ち⌐な＋すた⌐ → ちなすた
> 　　　a.　ちな⌐すた
> 　　　b.　ちなすた

　フィラーを除いた 40 例の回答を 41 名から得たので，合計の回答数は 1,640 である．これをアクセントと連濁の関係で捉えて数値化すると，以下の表および棒グラフで表した結果となった．

（13）　無意味語実験 2 の結果

観測値	アクセントあり	アクセントなし	合計
連濁あり	215	605	820
連濁なし	212	608	820
合計	427	1213	1640

(14)

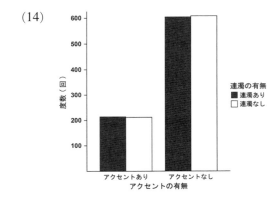

(14) から一目瞭然なように，アクセントに応じて連濁が増減するということはなかった．予想通り，4 モーラ語ではアクセントをつけない回答が多数となったが，それに応じて，連濁する例も増え，かつ，連濁の有無がほぼ同数という結果となった．また，アクセントがある場合にも，連濁するものとしないものの数がほとんど同じであった．よって，アクセントと連濁が相補分布になるという仮説を，またもや反証することとなった．

　なお，念のため，年齢，性別，出身地を攪乱変数とした反復測定共分散分析により，アクセント付与に対する連濁の主効果も調べた．その結果，アクセント付与に対する連濁の主効果は有意でなかった（$F(1, 33) = 3.91$, $p = 0.06$）．つまり，例えば，若者だから，女性だから，広島県出身だから，というようなことでの偏りはほとんどなかった．さらに対応のある t 検定によって，連濁のある条件とない条件で，アクセント付与の回数を比較した結果，条件間で有意差はなかった（$t(40) = 0.11$, $p = 0.91$）．また，連濁のある条件とない条件でアクセントを付与した比率が異なるかどうかをカイ二乗検定により調べた結果，やはり連濁の有無でアクセントを付与する割合は変化しなかった（$\chi^2(1) = 0.03$, $p = 0.87$）．

4. むすび

　「〜田」や「〜川」といった名字や，「〜島」といった地名では，アクセントがあるときは連濁せず，連濁するときはアクセントがない，という傾向が見られた．では，アクセントと連濁が，両方揃って現れることは避けて，どちらか

一方のみが現れる関係になっているのかということを，4 モーラから成る実在の複合名詞および 4 モーラから成る無意味語によって，検証してみた．無意味語実験 1 はアクセントを操作して連濁を予想させた実験で，無意味語実験 2 は連濁を操作してアクセントを予想させた実験であった．結果は，連濁せずにアクセントを取るものよりも，連濁してアクセントも取るものの比率がやや多目になったり，アクセントも連濁もないものが少し多く選ばれたり（実験 1），あるいは，アクセントがあってもなくても，連濁の有無がほぼ同じ割合になったりした（実験 2）.[5] よって，普通名詞と無意味語の場合には，（一部の）固有名詞の場合とは違って，連濁とアクセントのどちらか一方が選ばれる関係になっているわけではない，と結論づけることができる.

参照文献

金田一春彦（監修）・秋永一枝（編）（2014）『新明解日本語アクセント辞典　第 2 版』三省堂，東京.

ローレンス，ウエイン（2011）「現代東京語の姓のアクセント」『日本語の研究』7(3)，1-16.

Ohta, Satoshi (2013) "On the Relationship between Rendaku and Accent," *Current Issues in Japanese Phonology: Segmental Variation in Japanese*, ed. by Jeroen van de Weijer and Tetsuo Nishihara, 63–87, Kaitakusha, Tokyo.

杉藤美代子（1965）「柴田さんと今田さん —— 単語の聴覚的弁別についての一考察」『言語生活』165, 64–72, 筑摩書房，東京.

田中伸一（2005）『アクセントとリズム』研究社，東京.

Tanaka, Shin-ichi (2005) "Where Voicing and Accent Meet: Their Function, Interaction, and Opacity Problems in Phonological Prominence," *Voicing in Japanese*, ed. by Jeroen van de Weijer, Kensuke Nanjo and Tetsuo Nishihara, 261–278, de Gruyter Mouton, Berlin.

---

[5] 例えば，『広辞苑』（第 6 版）には「**なめさか**（滑坂）：なめらかな坂」という例が載っている．では，「なめらかではではなく，ざらざらした坂」という意味の「粗坂」という語を造って，どのように読むか判断してもらう，といった実験をしてみる価値もあろう．つまり，まったくの無意味語ではなくて，各要素の意味等は知っていても，複合した形では使っていない（辞書にも収載されていない）臨時語を用いた実験である．この場合，「滑坂」を **なめ↓さか** と読む人でも，「粗坂」は **あらざか** とアクセントなしの連濁した読み方をする，などのヴァリエーションが見られそうである．そして，こうした臨時語を用いた実験では，無意味語を用いた実験とはまた違った結果が得られるかもしれない.

Zamma, Hideki (2005) "The Correlation between Accentuation and Rendaku in Japanese Surnames: A Morphological Account," *Voicing in Japanese*, ed. by Jeroen van de Weijer, Kensuke Nanjo and Tetsuo Nishihara, 157–176, de Gruyter Mouton, Berlin.

別表

(1)　○○＋○○例

あき｜くさ	あきくさ￣	あきさめ￣	あご｜ひも	あごひも￣
あさ｜つゆ	あさつ｜ゆ	あさつゆ￣	あしかせ￣	あしか｜せ
あしくせ￣	あし｜くせ	あしくせ｜	あしさき｜	あしさき￣
あしさ｜き	あじしお￣	あし｜つき	あしつき￣	あしつき｜
あぜくら￣	あとかた￣	あと｜くち	あとくち￣	いかすみ￣
いしくれ￣	いしくれ｜	いたきれ￣	いらくさ￣	いら｜くさ
うおかす￣	うしかた￣	うしとら￣	うずしお￣	うず｜しお
うたひめ￣	うた｜ひめ	うちかた￣	うぶすな￣	うまかた｜
うまか｜た	うらかた￣	うわかわ￣	うわつら￣	えり｜かた
えり｜たけ	えんさき￣	えんさき｜	えんさ｜き	おくそこ￣
おびかわ￣	おびした￣	おやかた｜	おやか｜た	おやしお￣
おやふね￣	おり｜ふし	かおつき￣	かざかみ￣	かざしも￣
かざはな￣	かた｜くち	かたくち￣	かた｜くり	かたこい￣
かたこと￣	かたこと｜	かたさき￣	かたさき｜	かたさ｜き
かたしろ｜	かた｜しろ	かたすみ￣	かたす｜み	かた｜つき
かたとき￣	かたとき｜	かたはし￣	かたはし｜	かたほー￣
かどさき￣	かどさき｜	かなてこ￣	かなとこ￣	かべつち￣
かまとと￣	かみきれ｜	かみき｜れ	かみくせ￣	かみくせ｜
かみしも￣	かみせき￣	かみ｜ひも	かもしか￣	からか｜さ
から｜かね	からかね￣	から｜かみ	から｜くさ	からすき￣
から｜すき	からすみ￣	からせき￣	から｜たけ	からたけ￣
からつゆ￣	からふね￣	かわかみ￣	かわしも￣	かわせみ￣
かわそこ￣	かわ｜たけ	かわたけ￣	かわとこ￣	かわひも￣
きざ｜はし	きざはし￣	きりさめ￣	きんたま｜	きんた｜ま
くさ｜たけ	くさたけ￣	くさはら￣	くちさき￣	くちつき￣

くつした↓	くつ↓した	くつ↓ひも	くつひも→	くにたみ→
くに↓たみ	くびかせ→	くびたけ→	くま↓たか	くみした↓
くみ↓ひも	くれ↓たけ	けんさき↓	けんさき→	けんさ↓き
こえ↓つき	こえつき→	こーはい→	ごーはら↓	ごーはら→
こーほね→	こしつき→	こしひも→	ごむ↓ひも	ざいかた→
ざいかた↓	さいさき→	さいさき↓	さいはて→	さかさま→
さかしお→	さかしま→	さかしろ→	さけかす→	さけか↓す
さけくせ→	ささはら→	し↓ーたけ	しおさき→	しおさき↓
しおさ↓き	したかた→	したくさ→	したさき→	したつゆ→
したつ↓ゆ	したはら→	じつかた→	しばくさ→	しばはら→
しぶかみ→	しぶ↓かみ	しも↓つき	しゃちほこ→	しょーつき↓
しょーつき→	しりくせ→	すぎかわ→	すなはま→	すなはら→
せんくち→	そ↓ーたけ	そこつち→	そでした→	そで↓たけ
そばか↓す	たちさき→	たちさき↓	たちさ↓き	たにそこ→
たびさき→	たびさき↓	たびさ↓き	たみ↓くさ	ちゅーとろ→
ちょほくれ→	つぎきれ→	つきは↓な	つちくれ→	つちくれ→
つつさき→	つまかわ→	つまさき→	つゆ↓くさ	つら↓つき
つらつき→	つる↓くさ	つるくさ→	つる↓はし	てばさき→
てんかす→	どくたけ→	どく↓たけ	とこはる→	としかさ→
としした→	とばくち→	どぶかわ→	どろつち→	なつくさ→
なまかわ→	なわしろ→	なんくせ→	にしきた→	にせさつ→
にわくさ→	にわさき→	にわつち→	にわとこ→	にわとり→
ぬばたま→	のきさき→	のきした→	のり↓しろ	のりしろ→
のりしろ↓	はこせこ→	はすかい→	はつかり→	はつか↓り
はつこい→	はつしお→	はつしも→	はつせき→	はつたけ→
はつとり→	はつはな→	はつはる→	はつは↓る	はつふゆ→
はなくそ→	はなさき→	はなたけ→	はなつき→	はらから→
はら↓から	はる↓くさ	はるさき↓	はるさき→	はるさ↓き
はるさめ→	はんした→	はんした↓	ひもかわ→	ふぐちり→
ふしくれ→	ぶたくさ→	ふでくせ→	ふでつき→	ふゆくさ→
へたくそ↓	へたく↓そ	へたくそ→	べつくち→	へなつち→
ぺんさ↓き	ぺんさき↓	ぼーさき→	ほこさき→	ほこさき↓
ほこさ↓き	ほしくさ→	ほろくそ→	まいつき→	まいとし→

まがたま→	まくした→	まくした↓	ますせき→	ます↓せき
またした→	またした↓	まちかた→	まつか↓さ	まつたけ→
ままちち→	まままは→	まめかす→	まめか↓す	みずかさ→
みずくさ→	みずさき→	みずさき↓	みずたま→	みずとり→
みせさき→	みせさき↓	みせさ↓き	みそし↓る	みちくさ→
みみ↓くそ	むなくそ→	むなくそ↓	むなそこ→	むねくそ→
むねくそ↓	むらくも→	むらさめ→	もろとも→	やけくそ→
やまかい→	やました→	やますそ→	やまはた→	やみくも→
ゆーしお→	ゆかした→	ゆびさき↓	ゆびさ↓き	ゆびさき→
よくとし→	よこさま→	よこしま→	らいはる→	らいは↓る
りょーはし→				

(2) ○○＋○゛○例

あいごま→	あいだま→	あき↓ぐち	あきぞ↓ら	あくだま→
あさ↓がお	あさがた→	あさ↓ぎり	あさ↓ざけ	あさざけ→
あさぶろ→	あさぶ↓ろ	あしがた→	あせじみ→	あせじみ→
あせじ↓み	あだばな→	あとがね→	あとがま→	あとがま↓
あとばら→	あなぐま→	あなぐら→	あまが↓さ	あま↓ぐつ
あまぐも→	あまぐ↓も	あまじ↓み	あまじみ→	あまじみ↓
あまぞ↓ら	あまぞら→	あま↓でら	あまでら→	あま↓どい
あみだな→	あみぶ↓ね	あみぶね→	あめだま→	あやぎ↓ぬ
あやぎぬ→	ありづか→	あんばこ→	い↓ーだこ	いえ↓ばえ
いえばえ→	いえばと→	いがぐり→	いが↓ぐり	いきづ↓え
いしがき→	いしがめ→	いしだい→	いし↓だい	いし↓ばい
いしばい→	いしぶみ→	いたがね→	いたがみ→	いつごろ→
いどがわ→	いと↓ぐち	いとぞこ→	いと↓づめ	いなずま→
いぬどし→	いまごろ→	いまどき→	いもがゆ→	いもがら→
いもづる→	いろ↓がみ	いろ↓ごと	いろごと→	いろ↓ざと
いわぶろ→	いんばこ→	うじがみ→	うじ↓がみ	うじが↓み
うしどし→	うたぐち→	うた↓ぐち	うたごえ→	うたご↓え
うたびと→	うた↓びと	うちがま→	うちがわ→	うちづら→
うちぶろ→	うちべり→	うちほり→	うなばら→	うな↓ばら
うぶごえ→	うぶご↓え	うまづら→	うまどし→	うま↓ばえ

うみがめ→	うみがわ→	うみ↓どり	うらがね→	うらがわ→
うらぐち→	うらごえ→	うらご↓え	うらだな→	うわがみ→
うわぐつ→	うわごと→	うわざや→	うわぜー→	えだがわ→
えだずみ→	えどづま→	えびがに→	えらぶた→	えり↓がみ
えりがみ→	えりぐり→	えんがわ→	おーぞこ→	おーばこ→
おくがた→	おし↓どり	おに↓がみ	おにがみ→	おびがね→
おびがみ→	おもだち→	おも↓だち	おやがめ→	おや↓だけ
おやだま→	おや↓どり	おやどり→	おやぶね→	おやほね→
おり↓ばこ	おりばこ→	おんどり→	かいがら→	かいが↓ら
かいづか→	か↓いづか	かおだち→	かぎばな→	かぎ↓ばな
かぎば↓り	かぎ↓ばり	かくざら→	がくざら→	がくぶち→
かげ↓ぐち	かざぐち→	かざぐも→	かざごえ→	かざご↓え
かざばな→	かさぶた→	がすがま→	かすじる→	かすじ↓る
がすぶろ→	かたがみ→	かたがわ→	かた↓ぎぬ	かた↓ぐち
かたびら→	かたびら↓	かたび↓ら	かど↓ぐち	かなぐし→
かなづ↓ち	かなづち↓	かねぐら→	かねだか→	かねづる→
かねばこ→	かねびら→	かべがみ→	かべぎわ→	がまぐち→
かまぼこ→	かみ↓がき	かみがた→	かみぐせ→	かみだな→
かみばこ→	かみ↓ばこ	かみび↓な	かめぶし→	かゆばら→
からぎぬ→	からぎ↓ぬ	から↓ぎぬ	からばこ→	からびつ→
から↓びつ	からぶね→	からほり→	かりがね→	かりぎ↓ぬ
かり↓ぎぬ	かりばし→	かわぎし→	かわ↓ぎり	かわぎり→
かわぐち→	かわぐつ→	かわじり→	かわぞこ→	かわづら→
かわどこ→	かわばた→	かわぶち→	かわぶね→	かわぶ↓ね
かわべり→	かんごえ→	かんご↓え	か↓んごえ	かんざけ→
か↓んざけ	かんぶ↓な	かんぶな→	きじばと→	きずぐち→
きたがわ→	きたぐち→	きた↓ぐに	きぬば↓り	きぬ↓ばり
きねづか→	きね↓づか	ぎゃくざや→	きゃくだね→	きょくごま→
き↓んがみ	ぎ↓んがみ	きんがわ→	ぎんがわ→	きんぎれ↓
きんぎれ→	きんぐち→	きんだ↓か	きんだか→	ぎんだら→
き↓んばえ	ぎ↓んばえ	きんぶち→	ぎんぶち→	き↓んぼし
ぎ↓んぼし	くぎばこ→	くさ↓ばな	くし↓がき	くし↓ばこ
くすだま→	くちがね→	くちぐせ→	くちばし→	くちびる→

くちぶ↓え	くちぶえ¬	くちべた¬	くつ↓ずみ	くつずみ¬
くつぞこ¬	くつ↓ばこ	くつばこ¬	くつべ↓ら	くつべら¬
くびづか¬	くま↓ささ	くまざさ¬	くる↓ぶし	くわがた¬
げいごと↓	げいご↓と	げいごと¬	げんだか¬	げんだ↓か
けんだま¬	け↓んびし	こい↓ぐち	こいぐち¬	こいびと¬
こいぶみ¬	こい↓ぶみ	こーばこ¬	こくぐら¬	こしほね¬
こつばこ¬	こつ↓ばこ	ことだま¬	こと↓づめ	ことづめ¬
こな↓ずみ	ごまだれ¬	こま↓どり	ごみ↓ばこ	ごみばこ¬
ごむ↓ぐつ	ごむぞこ¬	こめぐら¬	こめびつ¬	さいづち↓
さいづち¬	さいづ↓ち	さいばし¬	さおだけ¬	さおぶち¬
さかがめ¬	さかぐら¬	さかごも¬	さかずき↓	さかずき¬
さかだる¬	さかぶね¬	さきぎり¬	さき↓ごろ	さきご↓ろ
さけぐせ¬	ささぶね¬	さとばら¬	さとびと¬	さるどし¬
さわがに¬	ざんだか¬	ざ↓んだか	さんばし¬	しおざ↓け
しおざわ¬	しおどき¬	しおどき↓	しお↓ばな	しおばな¬
しかがわ¬	じが↓ばち	しかぶえ¬	しかぶ↓え	したがね¬
したぐさ¬	したぐつ¬	しちぐさ¬	しち↓ぐさ	じつ↓ごと
してづれ¬	しなだま¬	しの↓だけ	しの↓ぶえ	しのぶ↓え
しば↓がき	しば↓ぐり	しば↓ぶえ	しばぶえ¬	しぶがみ¬
しま↓ぐに	しま↓びと	しまびと¬	しもごえ¬	しもざま¬
しも↓ざま	じゅーばこ¬	じょーだま¬	じょーばこ¬	しりびれ¬
しわばら¬	しんがお¬	じんが↓さ	じんがさ¬	しんがた¬
すえご↓ろ	すぎがき¬	すぎ↓がき	すぎごけ¬	すぎば↓し
すげが↓さ	すじがね¬	すじぐま¬	すしだ↓ね	すしだね¬
すじほね¬	すす↓だけ	すなぎも¬	すなぶろ¬	すみがま¬
すみ↓がま	すみ↓だな	すみだな¬	ぜにがめ¬	ぜにばこ¬
ぜんだま¬	ぜんでら¬	そーがわ¬	そーぎり¬	そーだか¬
そーだ↓か	そーばな¬	そーばな↓	そこがわ¬	そでがき¬
そで↓がき	そでぐち¬	そでぐり¬	そとがま¬	そとがわ¬
そとづら¬	そとぶた¬	そとぶろ¬	そとべり¬	そとほり¬
そばがら¬	そばづ↓え	そばづえ¬	そま↓びと	そまびと¬
そらごと¬	そら↓ごと	だいじり¬	だいどこ¬	たきがわ¬
たきじま¬	たけがき¬	たけ↓がき	たけぎれ¬	たけざお¬

たけづつ→	たけばし↓	たけべら→	ただごと→	ただ↓ざけ
ただざけ→	ただびと↓	たつどし→	たてがた→	たて↓ごと
たてじま→	たてぶえ↓	たてぶえ→	たて↓ぶえ	たなばた→
たにがわ→	たにぞこ→	たねがみ↓	たびびと→	たま↓がき
たま↓ぐし	たま↓ぶち	たまぶち→	たみ↓ぐさ	たるがき→
たる↓がき	たるざけ→	たんぐつ→	だ↓んばな	ちゅーがた→
ちゅーごし→	ちゅーざら→	ちゅーぜー→	ちょ↓ーがい	ちょーがい→
ちょ↓ーざめ	ちょーじり→	ちょーじり↓	ちょーづら→	ちりがみ→
つきず↓え	つきずえ→	つちぐも→	つつぐち→	つのだる→
つの↓だる	つのぶえ→	つのぶ↓え	つぼがね→	つみびと→
つみ↓びと	つやごと→	つやだね→	つゆぞ↓ら	つゆどき→
つりざお→	つりばり→	つりば↓り	つりぶね→	つりぼり→
つわ↓ぶき	てきがわ→	どーがね→	どーぼね→	どーぼね↓
どく↓ぐち	とくだね→	とこぶし→	とさぶし→	としがい→
としが↓い	としごろ→	とし↓ごろ	としだま→	とび↓ぐち
とまぶ↓ね	とまぶね→	ともがら→	ともがら↓	ともぎれ→
ともだち→	ともづな→	ともづり→	ともびと→	ともぶた→
とらどし→	とり↓がい	とりがら→	とりがら↓	とりごえ→
とりざお→	とりどし→	どるばこ→	どろがめ→	どろ↓ぐつ
どろぐつ→	ど↓んぐり	どんぐり→	とんじる→	なえどこ→
なかがわ→	なかじま→	なかぞこ→	なかぞ↓ら	なかぶた→
なかほね→	なつがた→	なつぐも→	なつぜみ→	なつぞ↓ら
なつぞら→	なつ↓どり	なつどり→	なにごと→	なべずみ→
なべ↓ずみ	なべぞこ→	なべづる→	なべ↓づる	なべ↓づる
なべづ↓る	なべぶた→	なま↓ごみ	なまごみ→	なま↓ごめ
なまごめ→	なま↓ざけ	なまざけ→	なまざ↓け	なま↓づめ
なまづめ→	なまぶし→	なみがた→	にーづま→	にくじる→
にく↓づき	にしがわ→	にしぐち→	にせがね→	にわぐち→
ぬかどこ→	ねこ↓じた	ねこじた→	のきどい→	のきばた→
のど↓びこ	のどびこ→	のど↓ぶえ	のどぶ↓え	のり↓ばけ
はいざら→	はこぶね→	はし↓がみ	はしぎれ→	はしぐい→
はしげた→	はし↓げた	はしばこ→	はし↓ばこ	はすぎれ→
はたざお→	ばちだ↓こ	ばちだこ→	はつがお→	はつがま→

はつび↓な	はつびな‾	はとづ↓え	はと↓づえ	はとぶえ‾
はとぶ↓え	はなが↓さ	はな↓がた	はながた‾	はながみ‾
はな↓がめ	はながめ‾	はなぎれ‾	はな↓ぎれ	はな↓ぐし
はなごえ‾	はなご↓え	はなじる‾	はなぞの‾	はな↓ぞの
はな↓づつ	はなづつ‾	はなづな‾	はなづら‾	はなどき‾
はなどき↓	はな↓びし	はなび↓ら	はなびら‾	はなびら↓
はな↓ぶさ	ははびと‾	はは↓びと	はま↓ぐり	はらびれ‾
はりがね‾	はりばこ‾	はるごえ‾	はる↓ごえ	はる↓ごま
はるご↓ろ	はる↓ぜみ	ばんが↓さ	ばんがさ‾	ば↓んぎく
ばんぎく‾	ぱんざら‾	ぱんだね‾	ぱんだ↓ね	びーだま‾
ひが↓ごと	ひがごと‾	ひげづら‾	ひこ↓ほし	ひざぼね‾
ひじ↓がね	ひとがき‾	ひとごえ‾	ひとごと‾	ひとざと‾
ひとだま‾	ひとづて‾	ひとづま‾	ひな↓どり	ひめ↓がき
びやだる‾	ひよ↓どり	ひよどり‾	ひるがお‾	ひるご↓ろ
ひるどき‾	ひれざけ‾	ひれ↓ざけ	ふじぎ↓ぬ	ふじぎぬ‾
ふじだな‾	ふじづる‾	ぶたじる‾	ぶたばこ‾	ふでぐせ‾
ふでづか‾	ふでづつ‾	ふでばこ‾	ふなぐら‾	ふな↓ずし
ふなぞこ‾	ふなだま‾	ふなどこ‾	ふなばた‾	ふなばら‾
ふなびと‾	ふな↓びと	ふなべり‾	ふみがら‾	ふみ↓づき
ふみ↓ばこ	ふゆがた‾	ふゆぞ↓ら	ふゆぞら‾	ふゆ↓どり
ふゆどり‾	ふろがま‾	ふろ↓がま	べつざら‾	べつばら‾
べにざ↓け	べにざけ‾	べに↓ざら	べにばな‾	ぺんだこ‾
ぺんだ↓こ	ほーぐい‾	ほーぐみ‾	ほーげ↓た	ほーげた‾
ほーげた↓	ほーじま‾	ほーだら‾	ほーづ↓え	ほーづえ‾
ほーば↓り	ほ↓ーぼね	ほーぼね‾	ほしぞ↓ら	ほしぞら‾
ほねぶし‾	ほねぶし↓	ほら↓がい	ほりばた‾	ほろ↓ぎれ
ほろぎれ‾	ほんがわ‾	ほんごし‾	ほ↓んだな	ほんどこ‾
ほ↓んばこ	ほんぶし‾	まえがみ‾	ま↓えばね	まくじり‾
まくじり↓	ますがた‾	ます↓ざけ	ませ↓がき	またがみ‾
またぐら‾	まつだけ‾	まどぎわ‾	まど↓ぐち	まねごと‾
ままごと‾	まめがら‾	まめがら↓	まゆ↓じり	まゆじり‾
まゆじり↓	まゆ↓ずみ	まゆだま‾	まるがお‾	まるが↓お
まるごし‾	みぎがわ‾	みず↓がい	みずがみ‾	みずがめ‾

みずぎわ→	みずぐき→	みずぐち→	みずごえ→	みずごけ→
みずばな→	みずばな↓	みずばら→	みずぶね→	みずぶろ→
みせぐち→	みせ↓ぐち	みちばた→	みつ↓ばち	みのがみ→
みのがめ→	みやびと→	みる↓がい	むく↓どり	むしばら→
むだがね→	むだぐち→	むだばな→	むだぼね→	むつごと→
むつ↓ごと	むなぐら→	むなぐら↓	むなびれ→	むら↓ざと
むらざと→	むらびと→	むら↓びと	めしがま→	めし↓がま
めしどき→	めしびつ→	めし↓びつ	めんどり→	めんぼー→
めんぼ↓ー	もじづら→	もちぐさ→	もちごめ→	もちざお→
もち↓ざお	もちばな→	もとごえ→	もと↓だか	もとだ↓か
もとぶね→	ものごし→	もの↓ごし	もの↓ごと	ものだ↓ね
ものだね→	もみがら→	もみだ↓ね	もみだね→	もろびと→
やく↓がい	やくど↓こ	やく↓どし	やけざけ→	やけ↓ざけ
やなぐい→	やまがら→	やま↓がら	やまがわ→	やまぎし→
やま↓ぎり	やまぎわ→	やま↓ぐに	やま↓ざと	やまざと→
やまざる→	やまざ↓る	やまばた→	やまばと→	やまば↓と
やま↓びと	やまびと→	やまほこ→	やま↓ほこ	やみじる→
やみじ↓る	やりだま→	ゆーがお→	ゆーぐも→	ゆーぐ↓も
ゆーぐれ→	ゆーぞら→	ゆーづき→	ゆきがた→	ゆき↓ぐつ
ゆき↓ぐに	ゆきぐ↓も	ゆきぐも→	ゆきぞ↓ら	ゆきぞら→
ゆきだま→	ゆびぶ↓え	ゆびぶえ→	ゆめどの→	よーが↓さ
よーざら→	よーばな→	よこがお→	よこがた→	よこがみ→
よこぎれ→	よこぐし→	よこぐも→	よこぐ↓も	よこざま→
よこじま→	よこづな→	よこばら→	よこぶ↓え	よこぶえ→
よるがた→	らく↓がみ	らしゃがみ→	らしゃ↓がみ	らんぐい→
りょーがわ→	りょーだめ→	りょーぶた→	ろ↓ーがみ	ろく↓だか
ろくだ↓か	わきづれ→	わきばら→	わきばら↓	わたぐも→
わたぐ↓も	わにがわ→	わに↓ぐち	わに↓ざめ	わら↓がみ
わらがみ→	わら↓ぐつ	わらづと→	わら↓ばい	わんだね→
わんだ↓ね				

(3) 無意味語実験 1 で使用した語のペア

刺激語 ID	アクセント	前半発音時間	後半発音時間
1 a.	えす↓ひね (esuhine)	0.49	0.47
b.	えす ̄びね (esubine)	0.49	0.46
2 a.	へと↓しけ (hetosike)	0.48	0.56
b.	へと ̄じけ (hetozike)	0.49	0.54
3 a.	ほの↓かそ (honokaso)	0.54	0.50
b.	ほの ̄がそ (honogaso)	0.53	0.51
4 a.	けて↓ふや (ketehuya)	0.48	0.52
b.	けて ̄ぶや (ketebuya)	0.48	0.50
5 a.	きつ↓ふま (kituhuma)	0.50	0.51
b.	きつ ̄ぶま (kitubuma)	0.51	0.55
6 a.	こた↓それ (kotasore)	0.48	0.47
b.	こた ̄ぞれ (kotazore)	0.48	0.49
7 a.	くや↓そな (kuyasona)	0.52	0.49
b.	くや ̄ぞな (kuyazona)	0.52	0.53
8 a.	まぬ↓かよ (manukayo)	0.52	0.50
b.	まぬ ̄がよ (manugayo)	0.52	0.51
9 a.	めわ↓ひさ (mewahisa)	0.49	0.57
b.	めわ ̄びさ (mewabisa)	0.49	0.55
10 a.	もに↓すこ (monisuko)	0.48	0.52
b.	もに ̄ずこ (monizuko)	0.48	0.57
11 a.	むか↓さの (mukasano)	0.50	0.51
b.	むか ̄ざの (mukazano)	0.50	0.56
12 a.	なさ↓せか (nasaseka)	0.49	0.56
b.	なさ ̄ぜか (nasazeka)	0.49	0.58
13 a.	ねき↓せり (nekiseri)	0.48	0.47
b.	ねき ̄ぜり (nekizeri)	0.47	0.47
14 a.	にま↓くめ (nimakume)	0.48	0.49
b.	にま ̄ぐめ (nimagume)	0.49	0.48
15 a.	おて↓さこ (otesako)	0.49	0.52
b.	おて ̄ざこ (otezako)	0.49	0.56

16	a.	せよ↓とま（seyotoma）	0.50	0.48
	b.	せよ⃗どま（seyodoma）	0.51	0.44
17	a.	そも↓きな（somokina）	0.53	0.48
	b.	そも⃗ぎな（somogina）	0.52	0.49
18	a.	すく↓てに（sukuteni）	0.48	0.51
	b.	すく⃗でに（sukudeni）	0.49	0.48
19	a.	ちな↓すか（tinasuka）	0.49	0.48
	b.	ちな⃗ずか（tinazuka）	0.50	0.51
20	a.	とか↓しむ（tokasimu）	0.47	0.51
	b.	とか⃗じむ（tokazimu）	0.46	0.49
21	a.	うも↓とき（umotoki）	0.43	0.56
	b.	うも⃗どき（umodoki）	0.44	0.53
22	a.	わよ↓つく（wayotuku）	0.51	0.57
	b.	わよ⃗づく（wayoduku）	0.51	0.56
23	a.	やや↓へき（yayaheki）	0.52	0.52
	b.	やや⃗べき（yayabeki）	0.53	0.54
24	a.	ゆこ↓かる（yukokaru）	0.48	0.52
	b.	ゆこ⃗がる（yukogaru）	0.48	0.44

第 5 章

生成音韻論における連濁の理論的分析*

川原繁人　　・　　三間英樹

慶應義塾大学　神戸市外国語大学

1.　はじめに

　この章では，生成音韻論において連濁がどのように理論的に分析されてきたかを概観する．連濁の理論的な分析は，音韻理論の発展と同時にその時代時代で主流となる理論的枠組みが登場するたびに行われてきた．この章では次の三つの理論的枠組みに基づく分析を紹介する．すなわち (i) 生成音韻論の記念碑的研究である Chomsky & Halle (1968) の *The Sound Pattern of English* (SPE) によって発展した「音韻規則」に基づく分析，(ii) 自律分節理論 (Autosegmental Phonology; Goldsmith 1976) と不完全指定理論 (Underspecification Theory; Kiparsky 1982) を用いた分析，(iii) 1990 年代から活発に議論されている最適性理論 (Optimality Theory, OT; Prince & Smolensky 1993/2004) による分析である．本稿では，これらの理論の連濁に関わる部分についてだけ概観していく．それぞれの理論についてより詳しく知りたい読者や，分析の背景の詳細などを知りたい読者は，他の一般的な音韻論の入門書を参照

---

　* 本論文は，Kawahara & Zamma (2016) の日本語訳である．英語の引用に関しても，筆者が日本語訳を行った．この章における連濁研究の概観は，科学研究費補助金（基盤研究 (B)，No. 26284059）の補助を受けて筆者らが行った共同研究に関係している．また Mark Irwin 氏，Junko Ito 氏，Armin R. Mester 氏および国立国語研究所の連濁プロジェクトの他のメンバーから有益なコメントをいただいたので，ここで感謝の意を表したい．言うまでもなく，文責は筆者らに帰す．
　第一筆者註：本論文の英語版が出版される直前，第二筆者である三間英樹氏が急逝された．英語版の校正の直しを一緒に提出した直後である．この論文の日本語への翻訳は主に三間が行った．この論文を彼の思い出に捧げたい．

していただきたい.[1]

　この章の構成は次の通りである．まず2節で連濁そのもの，すなわち連濁における有声化現象のモデル化についての理論的な分析を概観する．次に連濁の適用に影響する主な要因について，それらが理論的にどう扱われうるかを議論する．まず3節でライマンの法則そのものについて，また，共鳴音の有声性がなぜライマンの法則に無視されるのかという問題を取り上げる．4節ではもう一つの制限である「右枝分かれの法則」について議論する．5節では，連濁に見られる語彙層効果が音韻理論においてどのように扱われているかなど，上記以外の問題について議論する．また5節では未解決の問題について議論し，6節で当面の結論について述べる.

2.　連濁の理論的分析

　この節では連濁の理論分析がどのように発展したかを概観する．ここでは音韻理論の発展と連濁の理論分析の発展を同時に追っていけるよう，おおよそ年代順に見ていくことにする.

2.1.　SPE 式の音韻規則

　日本語の音韻体系全般に関する最初の包括的な生成音韻的分析は McCawley (1968) であるが，彼は連濁に関しては簡単に述べるにとどまっている (ibid.: 86-87)．McCawley (1968) は，基本的に SPE 式 (Chomsky & Halle 1968) の音韻規則を用いて分析を行っているものの，連濁に関しては「『有声化規則［連濁のこと］』の適用する環境を述べることはできない」(McCawley 1968: 脚注 18) としている．彼は連濁の語彙的な不規則性について強く認識していたらしく，「連濁に関するデータを見ても全く当惑させられるばかりで

---

　[1] 例えば Roca & Johnson (1999) や Gussenhoven & Jakob (2011) は最適性理論とそれ以前の音韻理論についてバランスの取れた紹介を行っている．Goldsmith (1990), Kenstowicz (1994), Roca (1994), Spencer (1996) は自律分節理論，不完全指定理論，語彙音韻論など最適性理論以前の理論について包括的に扱っている．読みやすい最適性理論の入門書としては Archangeli & Langendoen (1997), Kager (1999), McCarthy (2002, 2008) などがある．上記の入門書には連濁とライマンの法則について扱っているものもある (Kenstowicz 1994: 493, 511-512; Roca 1994: 75-76; Spencer 1996: 60-61; Gussenhoven & Jakob 2011: 58). 連濁とライマンの法則の入門については Tsujimura (2007: 50-58) も参照されたい.

ある」と述べ，明確な定式化を行っていない．McCawley は，連濁に関係する
要因については Martin（1952）を参照しているのみで，SPE の枠組みでの理
論化を行ってはいないのである．

　Otsu（1980）は上記の McCawley の連濁に対する描写をエピグラフとして
冒頭に引用しながら，McCawley よりも楽観的に連濁の明確な定式化を行っ
ている（ibid.: 217）．彼の SPE 式の音韻規則は（1）の通りである．

　　（1）　C(onsonant) → [＋voice] / [$_N$ X [#＿＿＿Y
　　　　　ただし　(i) X ≠ null かつ
　　　　　　　　　(ii) Y が有声阻害音を含まない

（1）を文章で表すと，「名詞句（[$_N$　]の内部）で，何らかの要素（X）に後続
し，かつ，その語との語境界（#）に隣接する子音は有声化する」ということ
である．このような構造記述を設定する根拠の詳細については Otsu（1980）
を参照されたい．（1）に Y という記号が使われているのは，規則の下の条件
(ii) でライマンの法則の影響について触れるためである．条件 (i) は（1）が
複合語の内部でしか適用しないことを保証し，条件 (ii) はライマンの法則の
効果を表している．このように（1）は SPE のフォーマットでの音韻規則とし
て定式化されている．SPE のフォーマットは自立分節理論（Autosegmental
Phonology; Goldsmith 1976）が登場するまで標準的な理論的道具として用い
られていた．

　現在の視点から見ると，この規則は「記述的すぎる」と言えるかもしれない．
連濁の際に観察されるライマンの法則を含む多様な要因を，一つの音韻規則に
言い換えたものに過ぎないからである．しかしながら，初期の生成音韻論（さ
らには生成文法一般）の理論研究では，このような記述的な定式化は珍しいこ
とではなかった．しかし，理論研究の次の段階になると，連濁とライマンの法
則は別個に理論化されることになる．

2.2.　自立分節理論による分析

　Ito ＆ Mester（1986）は連濁およびその関連事象について，自律分節理論
（Autosegmental Phonology; Goldsmith 1976）の枠組みで包括的な分析を行っ
ている．この枠組みでは，弁別素性のそれぞれが「自律的に」振る舞うとされ
る．つまり，弁別素性が分節音から独立して存在することが可能であるとみな

すのである．素性が分節音と独立して振舞う場合，その素性は「浮遊素性（floating feature）」と呼ばれる．この枠組みでは，「連濁は [+voice] という浮遊素性が付加される現象である」と分析することができる．なお，この理論では，「分節音」という単位は様々な扱われ方で表される．Levin (1985) による「x スロット（x-slot）」，Clements & Keyser (1983) による「C/V スロット（C/V-slot）」，素性階層理論（Sagey 1986; Selkirk 1990）における「根節点（root node）」などが具体例である．

この自律分節理論の枠組みで，Ito & Mester (1986) は連濁に関して，x スロットを伴った [+voice] の挿入規則（ibid.:56）と，その [+voice] の拡張規則（ibid.: 58）を仮定する．これらはそれぞれ (2), (3) のように表される．自律分節理論の慣習に従い，(3) における破線は新たな連結線が挿入されたことを表す．この連結により後部要素の最初の子音が有声化することになる．

(2)　[+voice] 挿入

$$\emptyset \ \rightarrow\ [+voice]\ /\ ]\ \_\ [$$
$$|$$
$$x$$

(3)　有声性の拡張

(2) の有声性挿入規則は，連濁がもともと属格助詞の「の」が /n/ に弱化し鼻音後の有声化（post-nasal voicing）ないし前鼻音化（prenasalization）を経て生じた，という歴史的な事実を反映したものである（Vance 2015）．(2) の [+voice] が結びつく x スロットはこの「の」が持っていたもので，複合語の標識となっている（2.4 節も参照）．(3) の拡張規則は鼻音後の有声化に対応している．

2.3.　母音間有声化としての連濁

連濁を扱う多くの理論は，連濁を言語個別的な形態音韻規則として扱っている．一方，Ito & Mester (1996) は，言語個別的な音韻の規則や制約をなくすことを目指す最適性理論（Optimality Theory, OT; Prince & Smolensky 1993/2004）の登場に伴い，連濁を「形態素境界で生じる母音間有声化」とみなす分

析を行っている.

　母音間有声化は多くの言語に観察される一般的な音韻現象であるので (Kirchner 1996; Kaplan 2010), この分析は, 連濁を多くの他の言語と同様に扱おうとするものであると言える. Ito & Mester は次のように述べている:

> 「連濁を起こす制約は言語個別的な制約ではない. むしろ, OT 的に言うと, 普遍的な無標性の実現だと言える. これは AVOID EFFORT（努力の回避）系の制約の一つで, 声門における状態の変化（ここでは有声から無声を経てさらに有声への変化）を禁じているのである.」(Ito & Mester 1996: 12)

母音→子音→母音という連鎖において声帯振動を継続させることを可能にするという点で, 母音間の無声子音の有声化は, 音声学的に動機付けられたプロセスである (Kirchner 1996). 声帯振動をともなう母音に挟まれた環境で, その振動を止めるという「努力を避ける（avoid effort）」ことを話者に許しているからである. 要するに Ito & Mester (1996) は, 連濁を音声学的に動機付けられた音韻プロセスの形態音韻バージョンとしてみなしている. 適用する環境は言語個別的ではあるかもしれないが, プロセスそのものは他の言語でも広く観察されるものである.

2.4.　複合語標識の実現としての連濁

　Ito & Mester (2003a: 83–85) は Ito & Mester (1986) に似た考えに立ち返り, 多くの言語に現れる「複合語境界標識 (compound boundary marker)」あるいは「つなぎ形態素 (linking morpheme)」と連濁の類似点に着目する (2.2 節参照). そのような標識は分節音として生じることもあれば（ドイツ語の *fugen-s* など）, 分節音より小さい（すなわち弁別素性のみからなる）場合もある（弁別素性からなる形態素のリストについては Akinlabi 1996, 2011 を参照のこと）. Ito & Mester (2003a) は Ito & Mester (1986) 同様, このつなぎ形態素を [+voice] という弁別素性からのみ成り立つものと仮定する. この見方においては, 分節音からなる形態素と素性からなる形態素の間には実質的な差はほとんどない.

　(3) の拡張規則の代わりに Ito & Mester (2003a) は, 連濁を「形態素が音韻的に実現することを要求する制約」の働きによって生じるものであると論ず

100

る．そしてこの制約として彼らは REALIZE-MORPHEME（REALIZE-M）を用いている．Kurisu（2001）によれば，この制約の働きは様々な言語に見られ，形態素の存在を示すために多くの音韻変化が生じているとされる．[2]

この制約は複合語標識に結びつけられた［＋voice］が音韻的に実現することを要求する．Kurisu（2002）らが主張するように Realize-M が普遍的な制約であれば，連濁はその実現の一つとして見なせるので，Ito & Mester（1996）のように連濁を母音間有声化の特殊なケースと考える必要はなくなることになる．

この REALIZE-M が具体的にどのように働くかは 3.4 節で，ライマン法則の背後にある制約とともに見ていくことにしよう．この節ではとりあえず，「複合語標識としての連濁」という分析が，音韻プロセスの普遍性に重きを置く最適性理論においても可能であることを述べるにとどめておく．

2.5. 無声化の不適用としての連濁（清濁論）

上記の分析は全て，連濁が生じる形態素の最初の子音は基底で無声であり，連濁によって有声化するという仮定の上に成り立っていた．これらと異なり，Kuroda（1963, 2002）は全く逆のアプローチを取っている．すなわち，連濁の生じている子音は実は基底で有声であり，この形態素が単独で生じた際に語頭で無声化していると分析するのである．すなわちこの分析では，連濁した子音というのは，実はもともと有声であったということになる．この分析は上代日本語では語頭に有声阻害音を許さなかったという事実に基づくものであるが（Unger 1975: 8; Martin 1987: 29–30; Kuroda 2002: 341; Takayama 2015），Kuroda 自身が認めているように「あまりに極端（radical）」な考え方であるため（Kuroda 2002: 341），筆者の知る限りこれまでのところ Kuroda 以外にこの考えを推し進める理論的な研究はない．

さらに，この分析には問題がある．現代日本語には，有声阻害音が語頭に生じる和語が存在するという事実があるからだ（例：どう，出る，だます：Ito & Mester 2003a: 32–33）．そのため，これらの「例外的」な語がどうして許容されるかを説明しなくてはならなくなるのである．しかし，当然ながら，有声

---

[2] Ito & Mester（2003a）が用いる REALIZE-M 制約は，実際には Kurisu（2001）で定式化されたものとは若干異なり，浮遊素性である［＋voice］の実現を要求する Zoll（1996）の $\text{MAX}_{\text{Subseg}}[+\text{voice}]$ に近いものとなっている．

化規則として連濁を捉えるアプローチの方にも有声化しない語についての説明が必要であるので，同様の問題を抱えていると言える．このような例外の問題については5.2節でさらに詳しく扱うことにする．

2.6.　まとめ

　連濁はこれまで異なる理論的枠組みにおいて様々な方法で分析されてきた．初期の研究では言語個別的な規則として捉えられたが（McCawley 1968; Otsu 1980; Ito & Mester 1986），理論化において言語普遍性を重要視する最適性理論（Prince & Smolensky 1993/2004）の出現以降は，通言語的に独立して動機付けられる音韻制約に基づいて連濁を捉えようとする試みが繰り広げられてきている．Ito & Mester（1996）は母音間有声化と，Ito & Mester（2003a）は形態素の実現を要求する制約と関連づけて連濁の分析を行っている．

3.　ライマンの法則の理論的分析

　2節で見てきたように，生成音韻論において連濁というプロセス自体をどう捉えるかについて，様々な試みがなされてきた．連濁の理論分析において同様に重要な問題は，ライマンの法則（すなわち，複合語の後部要素に有声阻害音を含む場合に連濁が阻害されるという法則）をどのように扱うかということである．例えばOtsu（1980）は（1）の連濁規則そのものの中に，（ii）としてライマンの法則を組み込んでいたが，それ以降の分析では，ライマンの法則を独立した音韻原則から導こうと試みてきた．

　ここでは，まずライマンの法則そのものが理論的にどう扱われてきたかを議論し，共鳴音において [+ voice] が無視される理由については3.5節になってから論じることにする．最後に3.6節では，ライマンの法則と軟口蓋鼻音化との関係と「不透明性」の問題について議論する．

3.1.　自律分節素性の削除規則

　Ito & Mester（1986: 60）は，ライマンの法則を自律分節素性の削除規則として分析している．（4）は，その分析を定式化したものである（彼らの論文における（26））．

(4)　Ito & Mester (1986) におけるライマンの法則 [3]

$$[+\text{voice}] \rightarrow \emptyset / \_\ [+\text{voice}]$$
$$\underset{\text{x}'}{|}$$

この規則は，[+voice] が後続する環境において，連濁で生じた [+voice] を削除するものである．

3.2.　OCP (voice)

Ito & Mester (ibid.: Appendix II) は，(4) のような言語個別的な定式化にとどまらず，より一般的な音韻的な原理からライマンの法則を定義付けようと試みている．具体的には，彼らは，音韻論における一般原理である「必異原理 (Obligatory Contour Principle, OCP: Leben 1973; Goldsmith 1976; McCarthy 1986 他)」にライマンの法則を結びつけようとする．[4] OCP とは隣接する同一の素性を禁じる原則で，多くの言語で類似する分節音が隣接することが忌避されるという通言語的事実を説明するものである．[5] 実際多くの言語において，類似した分節音の連続は忌避されて異化現象が生じることが観察されるた

---

[3] ここで x′ (x-prime) は音節化されていない ('stray') ということを意味する．この定式化の有効性については 4.2 節を参照されたい．また，この仮定を正当化する議論については Ito & Mester (1986) を参照のこと．

[4] OCP (voice) がどれだけ普遍的な原則であるかについては議論の余地がある．有声性 ([+voice]) の異化現象 (dissimilation) は通言語的に非常に稀であり，歴史的にも有声性異化現象は，別の素性（気息など）の異化が歴史的変化を経て生じたものであることが普通である (Ohala 1981, 1993)．日本語の場合も，上代日本語における前鼻音の対立が異化作用を起こしたものである (Unger 1975; Vance 2005)．この Ohala (1981, 1993) の観察と言語習得の際に見られる証拠に基づき，Kawahara (2008) は OCP (voice) が普遍的でも生得的でもなく，言語個別的に習得されるものであると論じている．この問題は，実際の言語習得のデータによって吟味されるべきものである．L1 と L2 における連濁の習得のパターンについては杉本（本巻），中澤（本巻）を参照されたい．

[5] OCP は初め，声調のパターンを説明するために Leben (1973) によって提案されたため，名前に「音調曲線 (Contour)」を含んでいる．OCP はその後の研究によって声調以外の分節音の素性についても拡張して用いられたが (Ito & Mester 1986; McCarthy 1986; Mester 1986)，特に Ito & Mester (1986) の研究は，[+voice] が浮遊した（すなわち自律分節的な）素性として振る舞い，OCP のような音韻原則に従うことを示したという点で，自律分節理論の発展に貢献するものとなった．このような分析は Ito & Mester の研究に繰り返し現れる特徴の一つである．彼らは一見言語個別的のように見えるプロセス（例えば連濁）を，ある独立した音韻的な一般的メカニズムと関連あると分析するのである．この点については 5.3 節も参照されたい．

め（実際のリストは Suzuki 1998: 152–158 を参照のこと），Ito & Mester (1986) はライマンの法則が OCP，特に OCP（voice）の実現したものであると主張した．ライマンの法則によって連濁が妨げられるのは，このような異化現象の作用（すなわち，ある連鎖の算出が避けられた結果）であると見なすことができるのである.

OCP（voice）はまた，和語の形態素において有声阻害音が複数生じることがほとんどない（たとえば ふだ「札」や ぶた「豚」はあっても ×ぶだ はない），という観察と関連付けられ（Ito & Mester 2003a: 35–36; Suzuki 1998: 12），日本語のレキシコンにおける形態素構造条件（Morpheme Structure Condition, MSC; Stanley 1967）として機能していると主張する（Ito & Mester 1986: 67–68）．この見方によれば，OCP（voice）は派生のプロセスだけでなく基底構造にも適用しているということになる（McCarthy 1986）．このライマンの法則の二重の性質のもたらす含意については 5.1.2 節で述べる.

3.3.　局所結合

Alderete（1997）は，異化（dissimilation）が弁別素性だけでなく，素性で表せられないような構造に対しても働くと論じている.「素性で表せられないような構造」とは，例えば長母音，二重子音（日本語でいう促音），複合分節音（complex segments）などの事を指す．長母音や二重子音は，通常 [＋long] という素性で表現されることはない（Chomsky & Halle 1968）．これらは二つの timing slot に関連付けられた一つの分節音として表される（2.2 節で挙げた研究を参照のこと）．Alderete（1997）は，異化によってもたらされる変化は「有標構造（marked structure）」の簡略化である，と主張している.

この考えを理論化するため，Alderete（1997）は，局所結合（local conjunction; Smolensky 1993, 1995, 1997）の理論を用いて，異化は，{*M&*M}$_D$ という有標性制約の自己結合（self conjunction）によって生じる制約によって生み出されると分析する.[6] 自己結合制約とは，ある領域において *M によって

---

[6] 局所結合の考えは Paul Smolensky により最初に提案された．この考えは，始めは最適性理論が仮定する普遍文法における制約の一群（すなわち CON）の内部構造を詳しく分析するためであった（Smolensky 1993, 1995, 1997）．その後この仕組みは拡張され，二つの独立した制約から新たな制約を生み出すメカニズムとして用いられるようになった（Fukazawa & Lombardi 2003）．詳しい議論や研究については McCarthy（2002: 43）を参照されたい．一方

禁じられている構造が二つ生じた場合に違反となるものである．この理論によれば，ライマンの法則は｛*[＋voice, −son] &*[＋voice, −son]｝_{Stem}という制約であることになる（Alderete 1997: 20-23）．局所結合に基づくライマンの法則の分析は，Ito & Mester（1996, 2003a）によってさらに押し進められている．

3.4. 最適性理論による分析のまとめ

　ここまでの（主な）議論をまとめるため，Alderete（1997）や Ito & Mester（1996, 2003a, 2008）によって提案された最適性理論による連濁の分析を紹介しよう．彼等の分析は（5）に挙げる制約群を用いてなされる．D は有声阻害音一般（[b], [d], [g], [z]）を表す．

  (5)　制約の定義
  　　a.　No-D^2_m:　同一形態素内に二つの有声阻害音が存在してはならない．
  　　b.　Realize-M:　連濁形態素である [＋voice] が音韻的に実現しなくてはならない．
  　　c.　Ident (voi)：　入力と出力が [voice] に関して同じ指定を持つ．
  　　d.　No-D:　有声阻害音は許されない．

上で概観した通り，（5a）はライマンの法則の理論的な対応物である．Ito & Mester（2003a）は複合語標識として [＋voice] を仮定し，弁別素性からなるこの形態素が実現することを（5b）の制約が要求する．（5c）は入力と出力の間で素性の変化を禁じる忠実性制約（faithfulness constraint）の一つである．（5d）の制約は現代日本語では（少なくとも顕著な形では）効果が見えないが，有声阻害音が通言語的に有標である事実を反映したものである（Hayes & Steriade 2004; Kawahara 2006）．

　日本語では，これらの制約が（6）のように順序付けられている（Ito & Mester 2003a: 96 (38)）．

Zamma & Kikuchi（2015）は，自己結合は通常の結合に加えて追加的なメカニズムが必要になることを論じている．

(6)　制約のランキング

No-D^2_m

　　　｜　　　　（ライマンの法則による連濁の忌避）

Realize-M

　　　｜　　　　（連濁による有声性の変化）

Ident (voi)

　　　｜　　　　（阻害音における有声性の対立の保持）

No-D

このランキングに基づく分析は以下のタブロー（tableaux）に示す通りである（Ito & Mester 2003a の（39）に若干の修正を加えてある）．ランキングの根拠となる重要な部分を太枠で囲って示す．R は複合語標識形態素である [+ voice] を示す．

(7)　(a)　No-D^2_m ≫ Relaize-M によって連濁が忌避される

/naga + R + sode/	No-D^2_m	Realize-M	Ident (voi)	No-D
naga zode	*!		*	***
☞ naga sode		*		**

(b)　Realize-M ≫ Ident (voi) から連濁が生じる

/natsu + R + sora/	No-D^2_m	Realize-M	Ident (voi)	No-D
☞ natsu zora			*	*
natsu sora		*!		

(c)　Ident (voi) ≫ No-D により日本語では有声性の対立が存在する

/aza/	No-D^2_m	Realize-M	Ident (voi)	No-D
☞ aza				*
asa			*!	

(7a) のタブローが示すように，No-D^2_m ≫ Realize-M というランキングから連濁が忌避される（ライマンの法則）．ライマンの法則が関係しない場合，(7b) のように Realize-M の作用により連濁が生じる．Ident (voi) ≫ No-D というランキングにより，日本語の有声性の対立が保証される．

3.5. ライマンの法則における共鳴音の例外的振る舞い

連濁の理論研究でしばしば取り上げられる重要な問題は，有声である共鳴音がなぜライマンの法則の計算において無視されるのか，ということである．つまり連濁を阻害するのは阻害音の有声性だけであり，共鳴音のそれは関係しない．例えば，(7b) では後部要素に /r/ が含まれているにも関わらず，連濁は適用される．そもそも，もしライマンの法則に共鳴音の有声性も関係するのであれば，連濁は，母音によっても阻害され，全く生じないことになってしまうだろう．しかし実際はそうではないのである．

3.5.1. 不完全指定

この問題に答えるため Ito & Mester (1986) は，余剰的な（あるいは予測可能な）素性が派生のある段階で指定されていないとする，当時隆盛していた不完全指定 (underspecification; Kiparsky 1982; Archangeli 1988) の理論を用いている．[7] [voice] は日本語（および多くの言語）の共鳴音において対立的でないので，共鳴音には [voice] の指定はなされていないことになり，それゆえライマンの法則は阻害音の有声性のみを問題にする，というわけである．

なお通言語学的に見ても，このような共鳴音における有声性の「不活性 (inertness)」は珍しいことではない．有名なのはロシア語のケースで，有声性同化において共鳴音の有声性は関係しない (Hayes 1984)．このように，通言語学的な観点からも共鳴音の有声性は不完全指定されているとみなす根拠があるのである．

---

[7] 不完全指定理論には二つのバージョンがある．一つは「対立的 (contrastive) 不完全指定」で，対立をなさない素性だけが不完全指定されるとするもの (Steriade 1987)，もう一つは「根本的 (radical) 不完全指定」で，対立をなさないものに加え無標な素性も不完全指定されるとするものである (Kiparsky 1982; Archangeli 1988)．この問題の詳細については，Steriade (1995: 124-147) を参照すると良いが，ここでは，日本語および多くの言語において共鳴音の有声性が不完全指定されているということに注目するだけで十分である（他言語における事実についても Steriade 1995: 115-116 を参照のこと）．なお，Ito & Mester (1986) は，「根本的不完全指定」の立場に立つが，Mester & Ito (1989) は，「対立的不完全指定」の立場に立っている．しかし，この二つの立場の違いは，連濁とライマンの法則の問題には重要でないので，ここでは，これ以上詳しく論じることはしない．この二つのバージョンの簡潔な比較と要約，およびこの理論が連濁に関わる問題に関しては，Mester & Ito (1989: 259-267) にあたるのも良い．

3.5.2. 欠如的素性理論

Mester & Ito（1989: 277-279）は，[voice] が二項的ではなく，欠如的（privative）な素性で，阻害音にのみ指定されていると論じている（類似の主張は Steriade 1987; 1995: 147-157; Cho 1990; Lombardi 1991 らによってもなされている）．この見方によれば [－voice] は存在しないことになる．つまり，無声阻害音は [－voice] が指定されているのではなく，[voice] の素性が未指定であることになる．[8] 共鳴音は [voice] の素性を全く持っていないので，ライマンの法則で問題になるのは阻害音の有声性だけである，というわけである．

3.5.3. 阻害音の有声性と共鳴音の有声性

Ito & Mester（1986）も Mester & Ito（1989）も，日本語において共鳴音の有声性は音韻的に不活性（inert）であると仮定している．一方，Rice（1993）は，日本語の鼻音が過去形において鼻音後の有声化（post-nasal voicing）を引き起こす事実から（例：死ぬ→死んだ，読む→読んだ），日本語の共鳴音は [＋voice] を持つ必要があると主張している（このパラドックスについての議論は Ito, Mester & Padgett 1995 も参照のこと）．それゆえ Rice（1993）は，共鳴音の有声性と阻害音の有声性は異なる素性によって生じると主張している．

この理論の背後にある考え方は，共鳴音の有声性は自発的（spontaneous）であるのに対し（Chomsky & Halle 1968），阻害音の有声性には空気力学上の障害を解決するためのある程度複雑な調音上の動作が必要になる，というものである（Ohala 1983; Hayes & Steriade 2004; Kawahara 2006）．この理由から，Rice（1993）は，有声性について二つの素性を認めている．すなわち，共鳴音における [SV] 素性（SV = Spontaneous Voicing）と阻害音における [LV] 素性（LV = Laryngeal Voicing）である（Rice & Avery 1989; Avery & Idsardi 2001）．Rice（1993）は，ライマンの法則で問題になるのは [LV] であり，鼻音後の有声化は [SV] の同化として生じる，と分析している．

---

[8] この立場では無声共鳴音は有気共鳴音として扱われる（Mester & Ito 1989: 279; Lombardi 1991: Chapter 4）．阻害音の連鎖における無声同化のように見える現象は中和と拡張の組み合わせによって生じるとされる（Lombardi 1991: Chapter 2）．

3.5.4. 制約の定式化への埋め込み

　理論研究の主流となる枠組みが，規則に基づく理論から制約に基づく最適性理論へ移行したことにより，説明力を主として担うのは，表示（representation）に関する仮定よりも，制約の定式化になった．最適性理論の枠組みでライマンの法則を定式化するにあたり Kawahara（2006）は，上記のような表示に関する仮定（3.5.1 節から 3.5.3 節）も局所結合（3.3 節）も用いることなく，ライマンの法則を単に有声阻害音に関する OCP として定式化した．つまり OCP([+ voice, -son]) という制約を設けたのである．[9] 類似の分析を局所制約に基づいて行った研究としては Alderete（1997）と Ito & Mester（1996, 2003a）を参照されたい．

3.5.5. 文字配列論（orthotactics）としてのライマンの法則

　上記のような理論分析から離れ，非言語学的な見地に立てば，ライマンの法則のより簡潔な分析も可能である．それは，ライマンの法則を日本語のカナの表記の問題であるとする見方である．1 章で見たように，日本語の表記法は阻害音の有声性を「濁点」によって表しているが，共鳴音については有声であるにも関わらずこの表記を行っていない．そうすると有声阻害音に対する制限であるライマンの法則は，この「濁点が複数存在することの禁止」として理解することも可能なのである（Kawahara, to appear）．

　Fukazawa et al.（2015）も Kawahara（2015）も，連濁以外の現象をこの仮説に基づいて分析を行っている．Fukazawa et al.（2015）は外来語における二重子音の随意的な無声化現象について考察しているが，この現象が二重子音が別の有声阻害音と共起する際に生じるとすると（例：ドッグ /doggu/ → /dokku/）（Nishimura 2003），この現象もライマンの法則同様，OCP（voice）の働きから生じていると分析可能である．ここで，/p/ もこの無声化を引き起こすと見られることに注意が必要である（例：ピラミッド /piramiddo/ → /piramitto/）（Kawahara & Sano 2016）．この事実から，問題の無声化には，「半濁音」を表す補助記号（e.g. /pa/ を表す「ぱ」）も影響している可能性が生

---

　[9] Kawahara（2006）は連濁自体を議論しているわけではなく，借用語に見られる二重子音の無声化（Nishimura 2003, 2006 以降の一連の研究）の分析に OCP（voice）を用いている．この無声化の現象については 3.5.5 節も参照のこと．

じてくるからである．つまり，この事実は，ライマンの法則は「同一形態素内に二つの補助記号（濁点，半濁点）を禁じる制約である」と定式化することが可能であると示唆している（Kawahara, to appear）．

　これは，ライマンの法則を文字配列論的（orthotactic）なもの，すなわち，音ではなく文字の配列に関する制限とみなす分析である（Bailey & Hahn 2001）．この分析では，ライマンの法則は OCP（voice）ではなく OCP（dia-critic）という制約によって生じていることになる．[10] こう考えると，なぜ共鳴音の有声性がライマンの法則に無視されるのかを自然に説明することができる．共鳴音の有声性は，日本語の正書法においては濁点で表記されないからだ．また連濁そのものの効果も，表記から見た方が音声で考えるよりもわかりやすい（Vance 2015），ということも興味深い．もしこの見方が正しければ，日本語の表記法を習得していない子供はライマンの法則を示さないという予測が成り立つが，これは検証に値すべき問題であろう．

3.5.6.　まとめ

　ライマンの法則の理論化における大きな問題は，共鳴音の有声性が一貫して無視されるのはなぜか，ということである．それぞれに独立した理由から様々な理論的な主張がなされてきた．すなわち，不完全指定を仮定する，有声性を欠如的な素性とする，共鳴音の有声性に別の素性を認める，などである．やや理論的ではないが，表記に基づく分析も可能であり，この分析もこれからの研究で検討する価値はあるだろう．

3.6.　ライマンの法則と軟口蓋鼻音化：「不透明性」の問題

　ライマンの法則に関しては，最後に，軟口蓋鼻音化との関係について議論をする必要がある．それは，[g] は方言によっては母音間で鼻音化して [ŋ] になるが（Vance 1987; Ito & Mester 1997a），その際にライマンの法則による連濁の阻止が不透明になる，ということである（Ito & Mester 2003b）．この [ŋ] は有声阻害音でないのにも関わらず，連濁を妨げるのである（e.g. [saka-toŋe]）．

---

[10] この仮説に基づけば グッバイ が ×グッパイ にならないことが説明できる（Mark Irwin の私信での指摘による）．無声化が起こっても，OCP（diacritic）を違反したままだからである．

110

この相互作用は，音韻的に不透明である．なぜなら，表層で共鳴音である [ŋ] が有声阻害音のように振る舞い，ライマンの法則に従うからである．ライマンの法則が過剰適用している（overapplication），あるいは連濁が過小適用している（underapplication），と言うこともできよう．[11] これは，いわゆる「不透明性」が生じている状況であり，表層表示だけからは，なぜライマンの法則が適用しないかが説明できない．

規則に基づく理論においては，連濁（およびライマンの法則）が軟口蓋鼻音化に先行するのであれば，この不透明性を説明できる．(8) の例を見てみよう．

(8)　適切な派生と不適切な派生の例

	適切な派生		不適切な派生
基底形	/saka + toge/	基底形	/saka + toge/
連濁	（ライマンの法則で阻止）	軟口蓋鼻音化	/saka + toŋe/
軟口蓋鼻音化	/saka + toŋe/	連濁	/saka + doŋe/
表層形	[saka + toŋe]	表層形	*[saka + doŋe]

この適用順序（すなわち連濁→軟口蓋鼻音化）は，別の事実からも支持される．すなわち，連濁によって生じた [g] も軟口蓋鼻音化規則の適用を受けるという事実があるのである（例：「偽金」/nise + [ŋ]ane/）．この点に関しては Ito & Mester (1997a) を参照のこと．

Ito & Mester (2003b) は，この規則と派生に基づく分析を最適性理論の枠組みでの分析に発展させた．すなわち彼等は，語彙音韻論（Kiparsky 1982）で仮定された語彙規則（lexical phonology）と後語彙規則（post-lexical phonology）の区別を最適性理論に認めることで上記の問題を解決しているのである．一方 Ito & Mester (1997b) は共感理論（Sympathy Theory; McCarthy 1999）に基づく分析を行っているが，この共感理論に基づく分析については批判的な議論もある（Ito & Mester 2003b）．

---

[11] 「過剰適用」と「過小適用」，そしてそれらと「不透明性」の関係については Benua (1997) を参照されたい．始めの二つの概念はもともと Wilbur (1973) によって導入され，McCarthy & Prince (1995) の研究によって広く知られるようになった．一方，不透明性の古典的な研究には Kiparsky (1973) によるものがある．規則の適用順序，不透明性，語彙音韻論（Lexical Phonology）と OT の関係については McCarthy (2002: 62, 184, 185) に挙げられている文献を参照のこと．

4.　右枝分かれ条件

連濁プロセスそのもの，そしてライマンの法則と同様に理論的な関心を集めているのが「右枝条件」である（Otsu 1980: 219）．それは（9）のようなものである．[12]

（9）　連濁は，問題の分節音が右枝分かれの位置にある場合にのみ生じる．

この条件は，（10）に見られるような差を説明するために必要とされる．すなわち，（10-i）のように複合語内の直近の分岐点の右側に位置する要素の頭子音は連濁するが，（10-ii）のように直近の分岐点の左側の要素は連濁しないのである（Otsu 1980: 223）．

（10）　(i)　　　　　　　　　　　　　　　(ii)

にせ ＋ だぬき ＋ じる　　　　にせ ＋ たぬき ＋ じる
偽　　狸　　汁　　　　　　偽　　狸　　汁

4.1.　c 統御に基づく分析

Otsu（1980: 220-221）は，後部要素（E2）が前部要素（E1）を c 統御（c-command）する場合に連濁が生じる，と主張している．c 統御の定義は以下の通りである．

（11）　c 統御
接点 A と接点 B がお互いに支配する関係になく，かつ A を支配する最初の接点が B を支配するとき，A は B を c 統御しているという（Reinhart 1976: 32; Otsu 1980: 220）．

この状況をより平易な言葉で述べると，次のようになる．

---

[12] 右枝条件が心理的に実在するかどうかはさまざまな実験によって議論されてきている（Kozman 1998; Kumagai 1999, 2014; Ihara & Murata 2006; 川原・竹村 本巻参照）．また Vance（1980）や Kubozono（2005）も右枝条件に対する批判を行っている．ここでは当面，右枝条件が日本語音韻論のなかで正しい一般化であり，心理的にも実在していると仮定して話を進める．

112

(12) ある構成素から樹形図上で一つ上の接点に上がり，元来た方向と別の
方向へ下がった位置にあるものは，その構成素に c 統御される.

(10-i) で「狸」は「偽」を c 統御しているので連濁が生じる. またその上の枝
分かれにおいても「汁」は「偽狸」を c 統御しているので，そこでも連濁が生
じる. しかし，(10-ii) では，「汁」は「狸」を c 統御しているので，そこでは
連濁が生じるが，「狸」は「偽」を c 統御していないので，そこでは連濁が生
じないことになる. この分析が正しければ，連濁では，c 制御という統語論の
原則が音韻論でも重要な役割を果たしているということになる.

4.2. 循環性に基づく分析

Ito & Mester (1986) は，右枝条件の (9) のような定式化の理論的な問題
について懸念を示している. それは，音韻論では通常，形態的な派生が生じた
際，すなわち新たな循環 (cycle) が生じた際，その構成素の内部構造を示す
ものは消去されると考えられているからである. これは「角括弧削除規
約 (Bracket Erasure Convention)」と呼ばれ (Chomsky & Halle 1968: 20;
Pesetsky 1979: 44; Kiparsky 1982: 140)，典型的には (13) のように定義さ
れる (Pesetsky 1979: 44).

(13) 角括弧削除 (Pesetsky 1979: 44)
以下のような入れ子構成素 (nested constituent) においては，
$[_n...[_{n-1}... ..._{n-1}]..._n]$
循環 n の最後に n − 1 の角括弧を消去せよ.

この規約があるとすると，「右枝」のような内部構造を示す情報は，より上位
の構成素内での音韻操作の際に不可視となってしまっているはずである. さら
に，c 統御のような統語的な原則を音韻規則に組み込むことに関しても，議論
の余地がある.

そこで Ito & Mester (1986) は，形態素の循環的な結合を仮定すれば右枝
条件のような効果が説明できると主張した. (14) は Ito & Mester (1986: 63
(30)) によって示された例である.

(14) a.

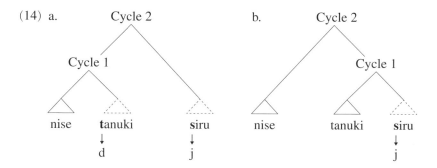

(14b) では，最初の循環において「狸」と「汁」が組み合わされ，「汁」に連濁が生じる．二つ目の循環で「偽」が「狸汁」と組み合わされるが，このときには後者の **たぬき＋じる** に [＋voice] が生じているため，ライマンの法則により連濁が阻止される．一方 (14a) では，最初の循環で「偽」と「狸」が結合し，連濁によって **にせ＋だぬき** が生じる．そして二つ目の循環で「偽狸」が「汁」と結合するが，この場合後者に [＋voice] が存在しないので，連濁が生じることができるのである．この分析を一般化したものを (15) に図式化してみよう (Ito & Mester 1986: (31))．

(15) a.

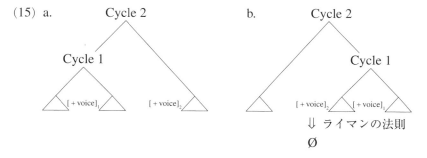

つまり，この考え方の要点は，右枝分かれの複合語において連濁が阻止されるのは，(15b) のように，すでに最初の循環 (Cycle 1) で連濁によって後部要素に [＋voice] が挿入されているからだ，とすることである．なお，この最初の循環で挿入される [＋voice] は音声的に実現してもしなくてもよい，という点に注意が必要である．例えば {塗り＋{箸＋入れ}} **ぬり＋はし＋いれ** のように三番目の要素の先頭が阻害音でない場合はこの [＋voice] は実現しないが，それでも浮遊して (floating) 存在しているために次の循環の連濁を阻止する

のである.

　実は Otsu (1980: 218-219) もこのような循環性に基づく分析を試みている
が,最終的には否定している.それはおそらく,1980年の時点ではこのよう
な浮遊素性(floating feature)が一般的でなかったためだと思われる.{塗り
+{箸+入れ}} ぬり+はし+いれ のような例では,浮遊素性を用いることな
しには はし に連濁が生じないことを分析することは難しい.自律分節音韻論
の登場が,音声的に実現しない素性の存在を可能にし,上記のような右枝条件
の循環性に基づく分析を可能にしたのである.

4.3. 位置に基づく忠実性

　最適性理論では通常,音韻的にも形態的にも循環的な派生は認めずに分析が
行われる(Benua 1997 他).Ito & Mester (2003a) は最適性理論の枠組みで,
右枝分かれ条件について派生を用いない分析を行っている.彼等は特に,右枝
分かれ複合語と左枝分かれ複合語に関して (16) のような別々の韻律構造
(prosodic structure) を提案する(Ito & Mester 2003: 207-208).(16b) の構
造は,右枝分かれ構造の複合語がしばしば二つのアクセントグループを形成す
る,という独立した観察に基づくものである(Kubozono 1993).[13]

(16)　(a)　左枝分かれ複合語　　　(b)　右枝分かれ複合語

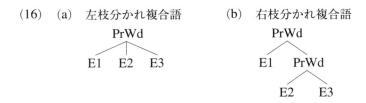

これらの二つの異なる表示によれば (16b) の E2 は韻律語 (prosodic word)
の先頭に位置するが,(16a) の E2 はそうでない.そのため (16a) の E2 にお
いてのみ,韻律語の先頭にのみ関与する忠実性制約(Beckman 1998)によっ
て有声性の素性が保持される,と Ito & Mester (2003a) は分析する.この分
析は以下のタブローのように例示することができる(Ito & Mester 2003a:

---

　[13] 彼等のより最近の研究では(例えば,Ito & Mester 2007),左枝分かれ複合語も繰り返し
的(recursive)であるものの,E2 が音韻語の先頭に位置しない構造をなしているとしている
(i.e. {PrWd {PrWd E1 E2} E3}).ここではこの差は議論に関係がないので,(16a) の構造で話
を進める.

207-208).

(17)　(a)　左枝分かれ複合語では連濁が生じる

//nise + R + tanuki/ + R + siru/	IDENT (VOI)$_{PR\_INI}$	REALIZE-M	IDENT (VOI)
☞ {$_{PrWd}$ nise + danuki + jiru}			**
{$_{PrWd}$ nise + tanuki + jiru}		*!	

　　　(b)　右枝分かれ複合語では連濁が阻止される

/nise + R + /tanuki + R + siru//	IDENT (VOI)$_{PR\_INI}$	REALIZE-M	IDENT (VOI)
{$_{PrWd}$ nise{$_{PrWd}$danuki + jiru}}	*!		**
☞ {$_{PrWd}$ nise{$_{PrWd}$tanuki + jiru}}		*	

5.　その他の問題と全体的な議論

　最後にこれまで述べてきた問題以外の連濁に関する問題について触れる．
5.1 節の問題は理論研究の中で広く議論されてきたが，5.2 節の問題はこれか
らさらに議論が必要となる問題である．

5.1.　その他の問題
5.1.1.　連濁と語彙層

　これまで触れてこなかったが重要な問題の一つは，連濁が，基本的に和語に
のみ生じて外来語には生じない，という事実である．この連濁の特徴が，しば
しば，日本語のレキシコンが語源的な性質に基づく層をなしている，という分
析の証拠として用いられる．そのようなモデルの最も有名なものが，Ito &
Mester (1995a,b, 1999, 2003a, 2008) による「核・周辺モデル (core-periph-
ery model)」であろう（ただし Rice 1997, Kuroda 2002, Tateishi 2003 など
による批判もある）．比較的新しい外来語（F）と漢語（SJ）に連濁が生じない
ことについて，Ito & Mester (1995b, 1999, 2003a, 2008) は，これらに限定
して作用する忠実性制約を認めることで説明を行っている．その分析は以下の
通りである (Ito & Mester 2003a: 148 に若干の修正を加えた)．[14]

---

[14] 漢語にも連濁するものがあるが (Takayama 2005)，そのような語は和語化していると扱

(18)　(a)　IDENT (VOI)$_F$ ≫ REALIZE-M により外来語で連濁が阻止される

/kankoo + R + takusii$_F$/	IDENT (VOI)$_F$	IDENT (VOI)$_{SJ}$	REALIZE-M	IDENT (VOI)
kankoo + dakusii	*!			*
☞ kankoo + takusii			*	

　　(b)　IDENT (VOI)$_{SJ}$ ≫ REALIZE-M により漢語で連濁が阻止される

/kari + R + keeyaku$_{SJ}$/	IDENT (VOI)$_F$	IDENT (VOI)$_{SJ}$	REALIZE-M	IDENT (VOI)
kari + geeyaku		*!		*
☞ kari + keeyaku			*	

　　(c)　REALIZE-M ≫ IDENT (VOI) により和語に連濁が生じる

/kisetu + R + tayori/	IDENT (VOI)$_F$	IDENT (VOI)$_{SJ}$	REALIZE-M	IDENT (VOI)
☞ kisetu + dayori				*
kisetu + tayori			*!	

　この問題は，実は，日本語の連濁だけに関するものではなく，例外をどのように扱うかという一般的な問題である．最適性理論の枠組みで語彙層ごとに制約を分割する分析としては，忠実性制約のみについて認める立場（Ito & Mester 1995b, 1999, 2003a, 2008），有標性制約のみについて認める立場（Flack 2007; Pater 2000, 2010; Ota 2004），両方について認める立場（Inkelas & Zoll 2005, 2007）の間で議論がなされている．この問題に関して Ito & Mester (2008: 92–94) は，日本語音韻論の立場から議論を行っている。[15]

われ，和語同様一般的な IDENT (VOI) 制約で評価される．あるいは，「親密度が高い漢語 (Common Sino Japanese; CSJ)」のような語彙層を形成していて，その層に関する IDENT (VOI)$_{CSJ}$ によって評価されているということなのかもしれない．その場合，その制約は REALIZE-M より下位に順序付けられていることになる（Ito & Mester 2003a: 150–151）．しかし Mark Irwin（私信）が指摘するように，特に親密度が高くないような漢語が連濁するという事実もある．

[15] 制約を分割するのではなく語彙層ごとに異なるランキングを認める分析もある（Ito & Mester 1995a）．語彙層ごとに異なる事実について，制約を分割する分析と異なるランキングを認める分析のどちらがよいかについての議論は，Ito & Mester (1999, 2008), Antilla (2002), Inkelas & Zoll (2005, 2007), Pater (2010), Inkelas (2011), Zamma (2012) などで行われている．

5.1.2.　ライマンの法則と規則の共謀・重複問題について

　連濁，より正確にはライマンの法則が音韻理論研究の発展に貢献したといえる重要な点は，それが二重（あるいは三重）の働きを持っていることである．3.2 節で，和語の形態素には二つの有声阻害音を含むものがほとんどないことから，ライマンの法則，理論的に言えば OCP（voice）が形態素構造条件としても働いているということを指摘した．OCP（voice）は連濁を阻害する働きもあるので，それによって出力においても二つの有声阻害音が生じることを妨げている．つまり OCP（voice）は，レキシコンの段階と音韻プロセスの出力の段階の両方で適用していると思われる．

　制約にこのような二重の働きがあるのは剰余的である，という問題はこれまでも指摘されてきた（Ito & Mester 1986: 67–68）．理論研究の分野で「重複問題（duplication problem）」，すなわち，何らかの一般化が基底と表層の両方で述べられる，という問題として広く知られているものである（Kenstowicz & Kisseberth 1977）．最適性理論（Prince & Smolensky 1993/2004）は，この問題について，基底表示に関する条件をいっさい排除することで解決を試みている．なおこの基底に条件を設けないという命題は「基底の豊穣（Richness of the Base）」と呼ばれる（McCarthy 2002: 70–74, 178）．この点で，ライマンの法則が基底形と連濁の出力の両方に働いているという日本語における重複問題は，最適性理論の誕生にある程度の影響を及ぼしたと言えるかもしれない．

5.1.3.　ライマンの法則と音韻制約の 2 面的な役割

　近年の研究では，OCP（voice）が外来語の促音の無声化を引き起こすと見られる現象がある，ということが指摘されてきている（Nishimura 2003, 2006; 3.5.5 節参照）．この指摘が正しければ，OCP（voice）には，連濁のような音韻プロセスをブロックする役割だけでなく，無声化という音韻プロセスを引き起こす役割もあるということになる（Kawahara 2012）．これは，音韻理論で「共謀（conspiracy）」と呼ばれるものである（Kisseberth 1970a）．規則に基づく理論では，この共謀を統一的に捉えることができないため，理論分析に音韻規則ではなく音韻制約を用いる動機付けの一つとなっている（McCarthy 2002: 62–63）．[16]

---

[16]　連濁に見られる共謀の別の例について Kawahara & Sano（2014）も参照されたい．

118

まとめると，OCP（voice）は重複問題と共謀の問題の両方を提示していると言える．つまり OCP（voice）は，基底形の形を制限し，連濁を妨げ，外来語に無声化を引き起こすという，三つの働きを持っているのである．この三つの働きを総合的に分析するためには，制約という理論的道具立てが必要となる．

5.2. 連濁の理論化に残された問題

現在までの連濁研究においてまだ十分に議論されていないが，議論の価値のある問題がまだいくつか残されている．その一つが，連濁が本当に音韻理論の問題かどうか，という問題である．ここまでは連濁が音韻理論の問題であり，だからこそ音韻理論一般にとって重要であるという仮定で話を進めてきた．しかしこの根本的な問題を明確に議論する研究はこれまでほとんどなされてきていないのである．[17]

これは白か黒かがはっきりするような問題ではない．連濁が完全に音韻論だけの問題である（つまり語彙的な要素は全くない）とするのも，完全に語彙の問題である（つまり音韻的操作は全くない）とするのも，どちらも正しくはないだろう．すなわち連濁の完全な理論分析は，連濁の語彙的な面と音韻的な面の境界を明確にし，その上でこの両面について適切な説明を提示して初めて成し遂げられるであろう（Kawahara 2015）．

もう一つの問題は，連濁に見られる変異（variation）をどう扱うかということである．連濁には次の三つの語彙的な変異がある．すなわち，(i) 形態素によって連濁しやすいものと連濁しにくいものがある（形態素によって連濁する割合が異なる），(ii) 同じ語が話者によって連濁したりしなかったりする，(iii) 一人の話者の中でも，異なる発話時において，同じ語が連濁したりしなかったりする，という変異である．[18] 近年，このような語彙的な変異を扱うための音

Identity Avoidance 制約が連濁を引き起こすと同時に妨げるという，二つの役割を果たす事実が報告されている（川原・竹村 本巻）．

[17] Kawahara (2015) および Vance (2014) において，この問題に関する議論が行われている．音韻的データの質の問題に関する一般的な議論については de Lacy (2009, 2014) や Kawahara (2011) も参照のこと．

[18] 理論的には (i) は語彙的例外の問題である（Kisseberth 1970b; Pater 2010）．語彙的例外は小規則（minor rule; Chomsky & Halle 1968）や指標化制約（indexed constraint; Pater 2000, 2010）などによって分析されてきている．(ii) は音韻理論ではあまり扱われてきていないが，社会言語学において包括的に扱われている．(iii) は音韻プロセスの随意性の問題であ

韻変異の理論が発展しつつあるが（Coetzee & Pater 2011; Coetzee & Kawahara 2013 がこれらの概説を行っている），これらの理論はまだ連濁を扱っていない．この章で概観したこれまでの研究も規則的な連濁の阻止（特にライマンの法則に関するもの）については扱っているものの，語彙的な例外については扱っていない．この問題は，これからの研究が理論化していくであろう．

　この語彙的な例外に関する問題は特に重要である．なぜなら，日本語を知らない言語学者は，連濁を規則的で例外のないプロセスであると誤解しがちだからである．例えば第 1 節で紹介した言語学の入門書は語彙的な例外について何も示していない（Kenstowicz 1994: 493, 511-512; Roca 1994: 75-76; Spencer 1996: 60-61; Gussenhoven & Jakob 2011: 58 においてもそうである）.[19] 余談であるが第一筆者は以前，日本語を母語としない言語学者から次のような話を聞いた．その言語学者はある学生から，なぜ「赤髪」**あか＋がみ** は連濁するのに「黒髪」**くろ＋かみ** はしないのか，と質問を受けた．その学者はここで問題にしているような連濁の簡略化された記述を読んで誤解していたのだろう．「連濁は規則的で例外のないプロセスだと思っていたから，それはよくわからない」と答えたとのことである．このような誤解を生まないためにも，規則的な面と不規則な面の両面を理論分析で扱うことが重要なのである．

5.3. おわりに

　この章で述べてきたとおり，連濁は様々な理論的な枠組みで分析されてきており，音韻理論の進展とともに発展している．我々は，ここで，連濁が音韻理論の発展に複数の面で貢献していることを示した．すなわち，その時代その時代の音韻理論が連濁を扱ってきた，というだけにとどまらず，連濁の研究その

る．最適性理論の枠組みでの随意性の分析は多くの研究者によってなされている（Antilla & Cho 1998; Zuraw 2000; Boersma & Hayes 2001; Antilla 2002; Coetzee & Pater 2011; Zamma 2012 など）.

[19] Ito & Mester がこのような語彙的な不規則性を認識していなかったわけではない．例えば Ito & Mester（2003a: 149）は，**かた＋かな** に対して **ひら＋がな** であるような最小対立語について言及しているが，彼等は次のようにも述べている．「このプロセス［連濁］の不規則性と恣意性は重要な問題ではない．［...］この差 **[ひら＋がな** vs. **かた＋かな]** は興味深いものであるものの，**かな** を含む他の複合語が［...］常に連濁するということの方がそれ以上に重要なのである（p. 149）.」しかし，究極的には規則的な面と不規則な面の両面を分析することが連濁の理論化には重要である（Vance 2014; Kawahara 2015）.

もの（特に Ito & Mester による一連の研究）が時代ごとの理論化の際の議論に貢献し，音韻理論の進展に繋がってきたのである．

Ito & Mester の研究に通底しているのは，連濁の「(McCawley が言うところの）当惑させられるような (bewildering)」言語個別的に見える性質を，独立して認められる一般的な仕組みを用いて説明しようとしていることであろう．彼等の研究が日本語自体を研究していない研究者にも良く知られ影響力があるのは，まさにそのためである．

最後に一言だけ付け加えておこう．ここでは（主に日本語の）音韻理論に顕著なインパクトを与えた事実だけに話を限って議論を行ってきた．しかし，ここで扱った問題だけが全てではない．連濁の多様な側面を扱った生成音韻論的な研究の一部には以下のようなものがあるので，参考にしてほしい：Suzuki (1995, 1998)；Haraguchi (2001)；Rosen (2003)，Rice (2005)；Kurisu (2007)，Nishimura (2007, 2013, 2014)．また，Irwin (2016) の連濁文献リストも参照のこと．

参照文献

Akinlabi, Akinbiyi (1996) "Featural Affixation," *Journal of Linguistics* 32, 239–289.

Akinlabi, Akinbiyi (2011) "Featural Affixes," *The Blackwell Companion to Phonology*, ed. by Marc van Oostendorp, Colin J. Ewen, Elizabeth Hume, and Keren Rice, 1945–1971. Blackwell-Wiley, Oxford.

Alderete, John (1997) "Dissimilation as Local Conjunction," *Proceedings of the North East Linguistics Society 27,* ed. by Kiyomi Kusumoto, 17–31. GLSA, Amherst.

Anttila, Arto (2002) "Morphologically Conditioned Phonological Alternations," *Natural Language and Linguistic Theory* 20(1), 1–42.

Anttila, Arto, and Young-mee Yu Cho (1998) "Variation and Change in Optimality Theory," *Lingua* 104, 31–56.

Archangeli, Diana (1988) "Aspects of Underspecification Theory," *Phonology* 5, 183–208.

Archangeli, Diana, and D. Terence Langendoen, eds. (1997) *Optimality Theory: An Overview*, Blackwell, Oxford.

Avery, Peter, and Bill Idsardi (2001) "Laryngeal Dimensions, Completion and Enhancement," *Distinctive Feature Theory*, ed. by T. A. Hall, 41–70, de Gruyter

Mouton, Berlin.

Bailey, Todd, and Ulrike Hahn (2001) "Determinants of Wordlikeliness: Phonotactics or Lexical Neighborhoods?" *Journal of Memory and Language* 44, 568-591.

Beckman, Jill (1998) *Positional Faithfulness*, Doctoral dissertation, University of Massachusetts, Amherst.

Benua, Laura (1997) *Transderivational Identity: Phonological Relations between Words*, Doctoral dissertation, University of Massachusetts, Amherst.

Boersma, Paul, and Bruce Hayes (2001) "Empirical Tests of the Gradual Learning Algorithm," *Linguistic Inquiry* 32, 45-86.

Cho, Young-mee Yu (1990) "A Typology of Voicing Assimilation," *Proceedings of West Coast Conference on Formal Linguistis 9*, 141-155.

Chomsky, Noam, and Moris Halle (1968) *The Sound Pattern of English,* Harper and Row, New York.

Clements, Nick, and Samuel Jay Keyser (1983) *CV Phonology: A Generative Theory of the Syllable,* MIT Press, Cambridge, MA.

Coetzee, Andries W., and Shigeto Kawahara (2013) "Frequency Biases in Phonological Variation," *Natural Language and Linguistic Theory* 30(1), 47-89.

Coetzee, Andries W., and Joe Pater (2011) "The Place of Variation in Phonological Theory," *The Handbook of Phonological Theory, 2nd edition,* ed. by John A. Goldsmith, Jason Riggle, and Alan Yu, 401-431, Blackwell-Wiley, Oxford.

Flack, Kathryn (2007) "Templatic Morphology and Indexed Markedness Constraints," *Linguistic Inquiry* 38, 749-758.

Fukazawa, Haruka, and Linda Lombardi (2003) "Complex Constraints and Linguistic Typology in Optimality Theory," *The Linguistic Review* 20, 195-215.

Fukazawa, Haruka, Shigeto Kawahara, Mafuyu Kitahara, and Shin-ichiro Sano (2015) "Two is too Much: /p/-driven Geminate Devoicing in Japanese," 『音韻研究』第 18 号, 3-10.

Goldsmith, John (1976) *Autosegmental Phonology*, Doctoral dissertation, MIT.

Goldsmith, John (1990) *Autosegmental and Metrical Phonology,* Blackwell, Oxford and Cambridge, MA.

Gussenhoven, Carlos, and Haike Jacobs (2011) *Understanding Phonology, 3rd edition*, Oxford University Press, Oxford.

Haraguchi, Shosuke (2001) "On Rendaku," 『音韻研究』第 4 号, 9-32.

Hayes, Bruce (1984) "The Phonetics and Phonology of Russian Voicing Assimilation," *Language Sound Structure,* ed. by Mark Aronoff and Richard T. Oehrle, 318-328, MIT Press, Cambridge, MA.

Hayes, Bruce, and Donca Steriade (2004) "Introduction: The Phonetic Bases of Phonological Markedness," *Phonetically Based Phonology*, ed. by Bruce Hayes, Rob-

122

ert Kirchner, and Donca Steriade, 1–33, Cambridge University Press, Cambridge.

Ihara, Mutsuko, and Tadao Murata (2006) "Nihongo-no Rendaku-ni Kansuru Ikutsu-ka-no Jikken [Some Experiments on Sequential Voicing]," *On-in Kenkyuu [Phonological Studies]* 9, 17–24.

Inkelas, Sharon (2011) "The Phonology-Morphology Interaction," *The Handbook of Phonological Theory, 2nd edition*, ed. by John Goldsmith, Jason Riggle, and Alan Yu, Blackwell, Oxford.

Inkelas, Sharon, and Cheryl Zoll (2005) *Reduplication: Doubling in Morphology*, Cambridge University Press, Cambridge.

Inkelas, Sharon, and Cheryl Zoll (2007) "Is Grammar Dependence Real? A Comparison Between Cophonological and Indexed Constraint Approaches to Morphologically Conditioned Phonology," *Linguistics* 45, 133–172.

Irwin, Mark (2016) "A Rendaku Bibliography," *Sequential Voicing in Japanese: Papers from the NINJAL Rendaku Project*, ed. by Timothy J. Vance and Mark Irwin, 235–249, John Benjamins, Amsterdam

Ito, Junko, and Armin Mester (1986) "The Phonology of Voicing in Japanese: Theoretical Consequences for Morphological Accessibility," *Linguistic Inquiry* 17, 49–73.

Ito, Junko, and Armin Mester (1995a) "The Core-Periphery Structure of the Lexicon and Constraints on Reranking," *Papers in Optimality Theory*, ed. by Jill Beckman, Laura Walsh Dickey, and Suzanne Urbanczyk. *University of Massachusetts Occasional Papers 18*, 181–210, GLSA Publications, Amherst.

Ito, Junko, and Armin Mester (1995b) "Japanese Phonology," *The Handbook of Phonological Theory*, ed. by John Goldsmith, 817–838, Blackwell, Oxford.

Ito, Junko, and Armin Mester (1996) "Rendaku I: Constraint Conjunction and the OCP," Ms. University of California, Santa Cruz.

Ito, Junko, and Armin Mester (1997a) "Correspondence and Compositionality: The Ga-Gyo Variation in Japanese Phonology," *Derivations and Constraints in Phonology*, ed. by Iggy Roca, 419–462, Oxford University Press, Oxford.

Ito, Junko, and Armin Mester (1997b) "Featural Sympathy: Feeding and Counterfeeding Interactions in Japanese," *Phonology at Santa Cruz*, ed. by Rachel Walker, Motoko Katayama, and Daniel Karvonen, Vol. 5, 29–36, Linguistics Research Center, University of California, Santa Cruz, CA.

Ito, Junko, and Armin Mester (1999) "The Phonological Lexicon," *The Handbook of Japanese Linguistics*, ed. by Natsuko Tsujimura, 62–100, Blackwell, Oxford.

Ito, Junko, and Armin Mester (2003a) *Japanese Morphophonemics*, MIT Press, Cambridge, MA.

Ito, Junko, and Armin Mester (2003b) "Lexical and Postlexical Phonology in Optimality Theory: Evidence from Japanese," *Linguistische Berichte* 11, 183-207.

Ito, Junko, and Armin Mester (2007) "Prosodic Adjunction in Japanese Compounds," *Proceedings of Formal Approaches to Japanese Linguistics* 4, 97-112.

Ito, Junko, and Armin Mester (2008) "Lexical Classes in Phonology," *The Oxford Handbook of Japanese Linguistics*, ed. by Shigeru Miyagawa and Mamoru Saito, 84-106, Oxford University Press, Oxford.

Ito, Junko, Armin Mester, and Jaye Padgett (1995) "Licensing and Redundancy: Underspecification in Optimality Theory," *Linguistic Inquiry* 26, 571-614.

Kager, René (1999) *Optimality Theory*, Cambridge University Press, Cambridge.

Kaplan, Abby (2011) "Perceptual Pressures on Lenition," *Language and Speech* 54(3), 285-305.

Kawahara, Shigeto (2006) "A Faithfulness Ranking Projected from a Perceptibility Scale: The Case of [+voice] in Japanese," *Language* 82(3), 536-574.

Kawahara, Shigeto (2008) "Phonetic Naturalness and Unnaturalness in Japanese Loanword Phonology," *Journal of East Asian Linguistics* 17(4), 317-330.

Kawahara, Shigeto (2011) "Experimental Approaches in Theoretical Phonology," *The Blackwell Companion to Phonology*, ed. by Marc van Oostendorp, Colin J. Ewen, Elizabeth Hume, and Keren Rice, 2283-2303, Blackwell-Wiley, Oxford.

Kawahara, Shigeto (2012) "Lyman's Law is Active in Loanwords and Nonce Words: Evidence from Naturalness Judgment Experiments," *Lingua* 122(11), 1193-1206.

Kawahara, Shigeto (2015) "Can We Use Rendaku for Phonological Argumentation?" *Linguistic Vanguard* 1, 3-14.

Kawahara, Shigeto (to appear) "Phonology and Orthography: The Orthographic Basis of Rendaku and Lyman's Law," *Glossa*.

Kawahara, Shigeto, and Shin-ichiro Sano (2014) "Identity Avoidance and Rendaku," *Proceedings of the 2013 Meeting on Phonology*, ed. by Claire Moore-Cantwell, Joe Pater, and Robert Staubs. (http://journals.linguisticsociety.org/proceedings/index.php/amphonology)

Kawahara, Shigeto, and Shin-ichiro Sano (2016) "/p/-Driven Geminate Devoicing in Japanese: Corpus and Experimental Evidence," *Journal of Japanese Linguistics* 32, 57-77.

Kawahara, Shigeto, and Hideki Zamma (2016) "Generative Treatments of Rendaku and Related Issues," *Sequential Voicing in Japanese: Papers from the NINJAL Rendaku Project*, ed. by Timothy J. Vance and Mark Irwin, 13-34, John Benjamins, Amsterdam.

Kenstowicz, Michael (1994) *Phonology in Generative Grammar*, Blackwell, Oxford.

Kenstowicz, Michael, and Charles Kisseberth (1977) *Topics in Phonological Theory*, Academic Press, New York.

124

Kiparsky, Paul (1973) "Abstractness, Opacity and Global Rules," *Three Dimensions of Linguistic Theory*, ed. by O. Fujimura, 57-86, TEC, Tokyo.

Kiparsky, Paul (1982) "Lexical Phonology and Morphology," *Linguistics in the Morning Calm*, ed. by I. S. Yang, Vol. 2, 3-91, Hanshin, Seoul.

Kirchner, Robert (1998) *An Effort-Based Approach to Consonant Lenition*, Doctoral dissertation, University of California, Los Angeles.

Kisseberth, Charles (1970a) "On the Functional Unity of Phonological Rules," *Linguistic Inquiry* 1, 291-306.

Kisseberth, Charles (1970b) "The Treatment of Exceptions," *Papers in Linguistics* 2, 44-58.

Kozman, Tam (1998) "The Psychological Status of Syntactic Constraints on *Rendaku*," *Japanese/Korean Linguistics 8*, ed. by David Silva, 107-120, CSLI, Stanford.

Kubozono, Haruo (1993) *The Organization of Japanese Prosody. Studies in Japanese Linguistics*, くろしお出版, 東京.

Kubozono, Haruo (2005) "Rendaku: Its Domain and Linguistic Conditions," *Voicing in Japanese*, ed. by Jeroen van der Weijer, Kensuke Nanjo, and Tetsuo Nishihara, 5-24, Mouton de Gruyter, Berlin & New York.

Kumagai, Gakuji (2009) *How Do Japanese Speakers Produce Rendaku? The Psychological Reality of the Branching Constraint Regarding Rendaku in Japanese Phonology*, Unpublished manuscript.

Kumagai, Gakuji (2014) "The Psychological Status of the Right-Branch Condition on Rendaku: An Experiment with Specific Contexts," *Studies in Language Sciences* 13, 124-145.

Kurisu, Kazutaka (2001) *The Phonology of Morpheme Realization*, Doctoral dissertation, University of California, Santa Cruz.

Kurisu, Kazutaka (2007) "Asymmetric Voicing and Relativized Markedness," *Proceedings of Formal Approaches to Japanese Linguistics* 4, ed. by Yoichi Miyamoto and Masao Ochi, 161-172, MIT, Cambridge.

Kuroda, S. Y. (1963) *A Historical Remark on "Rendaku", a Phenomenon in Japanese Morphology*, Ms. MIT.

Kuroda, S. Y. (2002) "Rendaku," *Japanese/Korean Linguistics 10*, ed. by Noriko Akatsuka and Susan Strauss, 337-350, CSLI, Stanford.

Leben, Will (1973) *Suprasegmental Phonology*, Doctoral dissertation, MIT.

Levin, Juliette (1985) *A Metrical Theory of Syllabicity*, Doctoral dissertation, MIT.

Lombardi, Linda (1991) *Laryngeal Features and Laryngeal Neutralization*, Doctoral dissertation, University of Masachusetts, Amherst.

Martin, Samuel E. (1952) "Morphophonemics of Standard Colloquial Japanese," *Language* 28, No. 3, Part 2.

Martin, Samuel E. (1987) *Japanese Language Through Time*, Yale University Press, New Haven.

McCarthy, John J. (1986) "OCP Effects: Gemination and Antigemination," *Linguistic Inquiry* 17, 207-263.

McCarthy, John J. (1999) "Sympathy and Phonological Opacity," *Phonology* 16, 331-399.

McCarthy, John J. (2002) *A Thematic Guide to Optimality Theory*, Cambridge University Press, Cambridge.

McCarthy, John J. (2008) *Doing Optimality Theory*, Blackwell-Wiley, Oxford.

McCarthy, John J., and Alan Prince (1995) "Faithfulness and Reduplicative Identity," *University of Massachusetts Occasional Papers in Linguistics 18*, ed. by Jill Beckman, Laura Walsh Dickey, and Suzanne Urbanczyk, 249-384, GLSA, Amherst.

McCawley, James D (1968) *The Phonological Component of a Grammar of Japanese*, Mouton, The Hague.

Mester, Armin (1986) *Studies in Tier Structure*, Doctoral dissertation, University of Massachusetts, Amherst.

Mester, Armin, and Junko Ito (1989) "Feature Predictability and Underspecification: Palatal Prosody in Japanese Mimetics," *Language* 65, 258-293.

Nishimura, Kohei (2003) *Lyman's Law in Loanwords*, 修士論文, 名古屋大学.

Nishimura, Kohei (2006) "Lyman's Law in Loanwords,"『音韻研究』第9号, 83-90.

Nishimura, Kohei (2007) "Rendaku and Morphological Correspondence,"『音韻研究』第10号, 21-30.

Nishimura, Kohei (2013) *Morphophonology in Japanese Compounding*, 博士論文, 東京大学.

Nishimura, Kohei (2014) "Rendaku Contrast and Word-Faithfulness in Reduplication,"『音韻研究』第17号, 51-58.

Ohala, John J. (1981) "The Listener as a Source of Sound Change," *Proceedings of Chicago Linguistic Society 17*, ed. by T. Myers, J. Laver, and J. Anderson, 178-203, Chicago Linguistic Society, Chicago.

Ohala, John J. (1983) "The Origin of Sound Patterns in Vocal Tract Constraints," *The Production of Speech,* ed. by Peter MacNeilage, 189-216, Springer, New York.

Ohala, John J. (1993) "The Phonetics of Sound Change," *Historical Linguistics: Problems and Perspectives*, ed. by C. Jones, 237-278, Longman Academic, London.

Ota, Mitsuhiko (2004) "The learnability of the Stratified Phonological Lexicon," *Journal of Japanese Linguistics* 20, 19-40.

Otsu, Yukio (1980) "Some Aspects of Rendaku in Japanese and Related Problems,"

126

MIT working Papers in Linguistics, ed. by Ann Farmer and Yukio Otsu, Vol. 2, 207–228, Department of Linguistics and Philosophy, MIT, Cambridge, MA.

Pater, Joe (2000) "Nonuniformity in English Secondary Stress: The Role of Ranked and Lexically Specific Constraints," *Phonology* 17, 237–274.

Pater, Joe (2010) "The Locus of Exceptionality: Morpheme-specific Phonology as Constraint Indexation," *Phonological Argumentation: Essays on Evidence and Motivation*, ed. by Steve Parker, 123–154, Equinox, London.

Pesetsky, David (1979) *Russian Morphology and Lexical Theory*, Ms, MIT.

Prince, Alan, and Paul Smolensky (1993/2004) *Optimality Theory: Constraint Interaction in Generative Grammar* [originally circulated in 1993 as ms, University of Colorado and Rutgers University], Blackwell, Malden and Oxford.

Reinhart, Tanya (1976) *The Syntactic Domain of Anaphora*, Doctoral dissertation, MIT.

Rice, Keren (1993) "A Reexamination of the Feature [Sonorant]: The Status of Sonorant Obstruents," *Language* 69, 308–344.

Rice, Keren (1997) "Japanese NC Clusters and the Redundancy of Postnasal Voicing," *Linguistic Inquiry* 28, 541–551.

Rice, Keren (2005) "Sequential Voicing, Postnasal Voicing, and Lyman's Law Revisited," *Voicing in Japanese*, ed. by Jeroen van der Weijer, Kensuke Nanjoo, and Tetsuo Nishihara, 25–45, Mouton de Gruyter, Berlin and New York.

Rice, Keren, and Peter Avery (1989) "On the Interaction between Sonority and Voicing," *Toronto Working Papers in Linguistics* 10, 65–92.

Roca, Iggy (1994) *Generative Phonology*, Routledge, London and New York.

Roca, Iggy, and Wyn Johnson (1999) *A Course in Phonology*, Blackwell, Oxford.

Sagey, Elizabeth (1986) *The Representation of Features and Relations in Nonlinear Phonology*, Doctoral dissertation, MIT.

Selkirk, Elisabeth (1990) "A Two-Root Theory of Length," *University of Massachusetts occasional papers in linguistics 14: Papers in Phonology*, ed. by E. Dunlap and Jaye Padgett, 123–171, GLSA, Amherst.

Smolensky, Paul (1993) *Optimality, Markedness, and Underspecification*, Paper presented at the Rutgers University Optimality Workshop, New Brunswick, NJ.

Smolensky, Paul (1995) *On the Internal Structure of the Constraint Component CON of UG*, Talk presented at the University of California, Los Angeles.

Smolensky, Paul (1997) *Constraint Interaction in Generative Grammar II: Local Conjunction, or Random Rules in Universal Grammar*, Handout of talk given at Hopkins Optimality Theory Workshop/Maryland Mayfest, Baltimore.

Spencer, Andrew (1996) *Phonology: Theory and Description*, Blackwell, Oxford.

Stanley, Richard (1967) "Redundancy Rules in Phonology," *Language* 43, 393–436.

Steriade, Donca (1987) "Redundant Values," *Proceedings of Chicago Linguistic Society 23: Parasession on Autosegmental and Metrical Phonology*, ed. by A. Bosch, B. Need, and E. Schiller, 339–362, Chicago Linguistic Society, Chicago.

Steriade, Donca (1995) "Underspecification and Markedness," *Handbook of Phonological Theory*, ed. by John Goldsmith, 114–174, Blackwell, Cambridge, MA.

Suzuki, Keiichiro (1998) *A Typological Investigation of Dissimilation*, Doctoral dissertation, University of Arizona.

Takayama, Tomoaki (2005) "A Survey of Rendaku in Loanwords," *Voicing in Japanese*, ed. by Jeroen Van de Weijer, Kensuke Nanjo, and Tetsuo Nishihara, 177–190, Mouton de Gruyter, Berlin.

Takayama, Tomoaki (2015) "Historical Phonology," *The Handbook of Japanese Language and Linguistics: Phonetics and Phonology*, ed. by Haruo Kubozono, 621–650, Mouton de Gruyter, Berlin.

Tateishi, Koichi (2003) "Phonological Patterns and Lexical Strata," *The Proceedings of International Congress of Linguistics XVII (CD-ROM)*, Matfyz Press, Prague.

Tsujimura, Natsuko (2007) *An Introduction to Japanese Linguistics*, Blackwell, Malden and Oxford.

Unger, J. Marshall (1975) *Studies in Early Japanese Morphophonemics*, Doctoral dissertation, Yale University.

Vance, Timothy J. (1980) "Comments on Otsu (1980)," *MIT Working Papers in Linguistics*, ed. by Ann Farmer and Yukio Otsu, Vol. 2, 229–236, Department of Linguistics and Philosophy, MIT, Cambridge, MA.

Vance, Timothy J. (1987) *An Introduction to Japanese Phonology*, SUNY Press, New York.

Vance, Timothy J. (2005) "Sequential Voicing and Lyman's Law in Old Japanese," *Polymorphous Linguistics: Jim McCawley's Legacy*, ed. by Salikoko S. Mufwene, Elaine J. Francis, & Rebecca S. Wheeler, 27–43, MIT Press, Cambridge, MA.

Vance, Timothy J. (2014) "If Rendaku Isn't a Rule, What in the World Is It?" *Usage-based Approaches to Japanese Grammar: Towards the Understanding of Human Language*, ed. by Kaori Kabata and Tsuyoshi Ono, 137–152, John Benjamins, Amsterdam.

Vance, Timothy J. (2015) "Rendaku," *The Handbook of Japanese Language and Linguistics: Phonetics and Phonology*, ed. by Haruo Kubozono, 397–441, Mouton de Gruyter, Berlin.

Wilbur, Ronnie (1973) *The Phonology of Reduplication*, Doctoral dissertation, University of Illinois, Urbana-Champaign.

Zamma, Hideki (2012) *Patterns and Categories in English Suffixation and Stress Placement: a Theoretical and Quantitative Study*, 博士論文, 筑波大学.

Zamma, Hideki and Seiichiro Kikuchi (2015) "Two Issues on Local Conjunction," 『神戸外大論叢』第 65 号第 5 巻, 43-72.

Zoll, Cheryl (1996) *Parsing Below the Segment in a Constraint-Based Framework*, Doctoral dissertation, University of California, Berkeley.

Zuraw, Kie (2000) *Patterned Exceptions in Phonology*, Doctoral dissertation, University of California, Los Angeles.

第6章

連濁の心理言語学的研究[*]

川原繁人　　　・　　　竹村亜紀子
慶應義塾大学　フランス国立東洋言語文化学院

1.　概要

　この章では連濁に関する心理言語学的な実験研究を概観する．これらの連濁の実験研究に共通する目的は，連濁とその適用に関わる要因が心理的に実在するかどうかを確かめることである．無意味語を使った実験や実験参加者に新造複合語を作らせる実験は，連濁が母語話者の頭の中に内在化（つまり文法化）しているかどうかという問題に関わる．こうした連濁の心理的実在性を確認するという目的は，連濁に関する最初の実験的研究である Vance (1979) に明記されている．

　第2節では連濁が文法的なものであるか，あるいは語彙的パターンであるかといった問題を取り上げる．続いて，第3節では連濁の様々な側面を確かめる実験についてまとめる．そして，第4節ではライマンの法則（3.2節）に対する実験的アプローチを取り上げる．第5節では連濁に関わるその他の問題について取り上げる．連濁の獲得についてはこの章では扱わず，杉本（本巻）で扱う．

---

　[*] 元の英語論文は川原による (Kawahara 2016)．翻訳は竹村が主に行った．本章の先行研究を入手する際には Nat Dresher 氏に手伝っていただいた．連濁の文法的性質についての議論は杉岡洋子氏に，そして連濁に関する共同実験は佐野真一郎氏に協力して頂いたことに御礼を申し上げる．両氏には連濁に関する考察を考える際に有益な助言を頂いた．また英語論文の改訂に際しては Timothy Vance 氏が校訂してくださったことを記しておく．本章は文科省による科研費の助成を受けている（科研費番号：26770147, 26284059）．

2.　連濁は文法的プロセスか，それとも語彙的類推か

　連濁に関する大きな問題点の一つとして，連濁が生産的で文法的な音韻的過程の一部であるのか，それとも語彙的で類推のパターンであるのかという問題が挙げられる（Vance 2014; Kawahara 2015b）．前者の立場では，連濁が文法の音韻部門に統制されていると仮定しており，連濁に関する多くの生成音韻論的研究はこの立場に立っている（例えば McCawley 1968: 86-87; Otsu 1980; Ito & Mester 1986, 1995: 819, 2003a, 2003b; Mester & Ito 1989: 277-279; Kuroda 2002; Kurisu 2007, その他；川原・三間 本巻を参照のこと）．この立場に立つと，連濁は音韻研究の分析対象となり，その分析を基に音韻的理論を構築することが可能となる．

　一方，連濁が語彙的であるとする後者の立場では，連濁は生産的な言語システムによって統制されていない．すなわち，実在する特定の複合語が連濁するかどうかは心的辞書に書きこまれており，新造複合語が連濁するかどうかは，音韻的あるいは意味的類似性による類推によって決まる．この立場に立つと，連濁の分析は，音韻研究の対象にはならない．

　連濁が文法的か語彙的かという問題を取り上げた Ohno（2000）では，連濁は語彙的であるとする立場で議論している．この実験で使われた後部要素の中には「髪」（**かみ～がみ**）があり，この後部要素はほぼいつも連濁する（[+rendaku]）．一方，「血」（**ち～ぢ**）はほとんど連濁しない（[-rendaku]）．Ohno（2000）が行なった実験は，二者択一式 wug test（Berko 1958）で，実在する単語をこれまでにない新しい組み合わせにするというものである．このようにして作られた新造複合語は，標準日本語の語彙の中には存在しないものである．この実験の結果，[+rendaku] の素性をもつ要素の中でも，ある特定の単語は多くの場合連濁しなかった（例 /širo+kami/ 白髪）．これに対し，[-rendaku] の素性をもつある特定の複合語（/mimi+ji/ 耳血）は，多くの被験者が連濁させた．Ohno（2000: 163）は，この結果から連濁するかどうかは，実在する複合語からの類推によって決まるものであり（類推元：/kuro+kami/ 黒髪，/hana+ji/ 鼻血），各語彙要素に付随する文法的素性（つまり [±rendaku]）の特徴は，この実験結果をうまく説明できないと結論付けている．

　他の実験では，別の視点から同じ問題に取り組んでいる（Fukuda & Fukuda 1999）．特異的言語障害（specific language impairment（SLI））を持つ子供は，言語的過程（linguistic process）の習得ができない一方，語彙的情報に関して

は目立った問題もなく習得できることが知られている（Paradis & Gopnik 1997）．Fukuda & Fukuda（1999）はこの観察に基づき，特異的言語障害を持つ子供を実験対象グループとし，言語障害を持たない子供を統制グループとして語形成の実験を行った．特異的言語障害を持つ子供は，そうではない子供に比べて，頻度の低い語彙，あるいは新しい複合語に対して連濁を適用する度合いが非常に低かった．特異的言語障害を持つ子供が，馴染みのない複合語を連濁させなかったということは，連濁が生産的な音韻的過程（＝文法的）であるとする考え方を支持するものである．一方，特異的言語障害を持つ子供は一般的に馴染みのある複合語は連濁させた．この結果は連濁した形の複合語が心的辞書の中に書かれているということを示している．この実験の全体的な結果は，連濁が二つの側面，つまり語彙的な性質と生産的な性質の両方を持っているということを示唆している（Kubozono 2005: 5-7）（上記のような二重のメカニズムをもった形態理論については Pinker & Prince 1988; Clahsen 1999; Pinker 1999 などを参照のこと）．

　最後に小林他（2013），Kobayashi et al.（2014）は ERP（Event-Related Potentials，事象関連電位）に基づく神経言語学の実験結果を報告している．その結果は連濁が規則に統制されたものであるという見方を支持するものである．ERP は認知的刺激に対する神経性の反応である．先行研究では異なる種類の ERP の反応が，異なる言語的刺激に反応して起こることが知られている．小林らの実験では，日本語話者は連濁しない要素（例 **ひめ** 姫，**とも** 友）が連濁した場合，規則的なプロセスが例外的なものに過剰適用された際に典型的にみられる神経反応を示した．従ってこの結果は，連濁には規則に基づく性質があることを支持している．

3.　連濁の特定の側面を調べる実験

　本巻の他の箇所でも説明されているように，連濁の生起を促進，あるいは妨げる要因は多数存在する．この節ではこれらの要因について実験的に調べた様々な研究を取り上げて議論する．

3.1.　語彙層と連濁

　連濁は，漢語や外来語などの語彙層に比べると，和語により起こりやすい

(Otsu 1980: 208–210; Ito & Mester 1995: 823; 2003a: 148; 2008: 85–86). Suzuki et al.（2000）は，この語彙層による連濁適用の制限が生産的であるかどうかという問題を扱っている．彼らが扱おうとしたより根本的な問題は，日本語レキシコンの語彙層が心理的に実在するか（Ito & Mester 1995, 1999, 2008）どうかということであった．語彙層の心理的実在性の問題を扱った他の実験には，Moreton & Amano（1999），Gelbart（2005），Gelbart & Kawahara（2007），Tanaka & Yashima（2013）がある．

　Suzuki et al.（2000）の実験の一つには，和語として可能な音素配列を持った無意味語と，和語では見られないような無意味語を比較しているものがある．和語では見られない無意味語としては，鼻音のあとに無声閉鎖音が続く単語と（例 きんと /kiNto/）（Ito & Mester 1995: 819–820, 1999: 66, 2008: 86, 88, 101），単子音の /p/（例 きぽ /kipo/）（Ito & Mester 1995: 819–820, 1999: 66）を含む単語が使われた．この結果，和語のような無意味語と，和語では見られないような無意味語では，連濁率に違いがないことが示され，Suzuki et al.（2000）は連濁における語彙層の心理的実在性に異議を唱えている．

　この結果の解釈における問題の一つは，音素配列が和語に近い語でも他の層に属する可能性があるということである（Fukazawa et al. 2002; Ota 2004）．日本語レキシコンの同心円上に中心から周縁に広がるような構造（Core-Periphery structure; Ito & Mester 1995, 1999, 2008）を考慮すると，中心に位置する部分集合（和語の層）の中にある要素は，その部分集合を含むより大きな集合（例えば外来語の層）の中にも属することを意味する．つまり，Suzuki et al.（2000）で使われた「無意味な和語」が和語として認識されたという保証はない．たとえ日本語レキシコンが同心円上に中心から周縁に広がるような厳密な構造ではないとしても（Moreton & Amano 1999; Kawahara et al. 2002），音素配列が和語として適格である語が新しい外来語として認識されてしまった可能性がある．実際，無意味語は音素配列に関わらず外来語として捉えられる傾向がある．その理由は，知らない単語は「外来語」であると認識されてしまう可能性が高いからである．

3.2.　前部要素の効果

　理論的な先行研究では，ローゼンの法則（Rosen's rule）（Vance 2015）と拡張版ライマンの法則（Strong Lyman's Law）（浅井・バンス 本巻）を除いて，

前部要素（二つの要素からなる複合語の第一要素）はほとんど，あるいは全く
といっていいほど連濁の適用には影響しないと概ね考えられていた（川原・三
間 本巻）．しかし，村田（1984）および 伊原・村田（2006）の研究を拡張した
Tamaoka et al.（2009）では，実験を通して，前部要素が連濁の生起に影響す
ること確認している．Tamaoka et al.（2009）の最初の研究では，二語から成
る複合語においては，前部要素が短ければ短いほど，連濁が後部要素に起こり
やすいという結果が出た．特に 1 モーラ語の前部要素とそれよりも長い前部要
素では違いが明らかであった．また，この研究で，前部要素の語彙層も連濁の
生起に影響を及ぼし，「外来語＜漢語＜和語」の順番にその適用度合いが高く
なることが明らかにされた．これは，前部要素の語彙層が，実験で使われた複
合語全体の解釈に影響を及ぼし，その結果上記のような序列になった可能性が
考えられる．また，この実験では前部要素が撥音（**ん**）で終わる場合は，母音
で終わるものよりも連濁を起こしやすいとしている．この実験結果は，一般的
に信じられている連濁に関する語彙的傾向とも一致する（ただし，浅井・バン
ス 本巻参照）．

　さらに Tamaoka & Ikeda（2010）は，五つの異なる前部要素（芋，米，蕎
麦，麦，黒糖）と特定の後部要素（焼酎）を使い，前部要素による連濁の効果を
比べている．この実験では，これらの焼酎に対する馴染み度が異なる六つの地
域（鹿児島，大分，福岡，山口，広島，静岡）の話者を対象に検証されている．
この実験の目的は，馴染みがある非和語は，和語化されたときに連濁する可能
性があるという仮説（Otsu 1980: 209–210; Ohno 2000: 157–158; Ito & Mes-
ter 2003a: 149–151, 2008: 90; Takayama 2005）を検証することであった．も
し語彙に対する馴染み度が連濁を促すのであれば，後部要素である「焼酎」の
連濁率は，これらの焼酎に対する馴染み度が違う地域の出身者間で異なるはず
である．この仮説に従えば，各地域で馴染みのある種類の焼酎を指す複合語が
最も連濁することを予測する．実際の結果は，この期待されるような地域差は
見られなかったが，他に興味深いパターンが見られた．

　全体的な結果として，五つの前部要素間の連濁適用数は多い順に「芋＞米≧
蕎麦＞麦＞黒糖」であった．理由として，前部要素のモーラ数や語彙層の影響
が考えられ，4 モーラ語で，かつ漢語である「黒糖」は連濁の適用度合いが一
番低かった．Tamaoka & Ikeda（2010: 75）自身は拡張版ライマンの法則が機
能していることに懐疑的ではあるが，蕎麦（**そば**）や麦（**むぎ**）にある有声破

裂音が連濁の適用を阻害した可能性もある．

　上記に示した二つの実験では，共に前部要素の長さが連濁の生起に影響があることを示している．しかし，どちらもローゼンの法則が予測する語彙の長さによる影響を調べるために実験を行ったわけではない．ローゼンの法則によると，連濁は前部要素が3モーラ以上の時により適用されやすい．Kawahara & Sano (2014a) はこの問題を取り上げ，実在語に見られるこのパターン（連濁は前部要素が3モーラ以上の時により適用されやすい）が無意味語を使った場合でも同じことが言えるかどうか実験を行った．この実験の結果，予測と同様に，前部要素が2モーラのときよりも3モーラの時の方が連濁が起こりやすいという結果であったが，その差は統計的には有意ではなかった．Kawahara & Sano (2014a) は，ローゼンの法則による語彙の指向性は文法化されていないのではないか，と結論付けている．

　Kawahara & Sano (2014c) は，さらに，連濁の適用に影響があると思われる別の要因である同一性の回避について，その影響の度合いを調べている．同一性の回避とは，隣接する二つのモーラが同一になることを避けようとするものである．日本語では同一性の回避の影響があることが知られている（Sano 2013）．連濁における同一性の回避の影響の可能性については，佐藤（1989: 256）で簡単に述べられているが，Irwin (2014) は，統計的データに基づいて連濁における同一性の回避の影響を否定している．Kawahara & Sano (2014c) は無意味語を使って複合語を作る実験を行い，連濁がなければ語境界をまたぐ二つのモーラが同一になってしまう場合（例えば **いか＋かにろ**）には実験参加者は連濁を適用しやすく，そうでない場合（例えば **いか＋たにろ**）には連濁を適用しにくいという結果を得た．つまり，同一性の回避は連濁の適用を促し，**いか＋だにろ** よりも **いか＋がにろ** になる方が多いということである．また，この実験では，語境界にまたがる二つの CV モーラに連濁を適用すると全く同じになってしまう場合は，連濁が適用されにくいという点も明らかにしている．例えば，**いが＋たにろ** に連濁を適用した形の **いが＋だにろ** と，**いが＋かにろ** に連濁を適用した形の **いが＋がにろ** がある場合には，実験参加者は **いが＋だにろ** のような形での連濁を許しやすい．つまり，この場合は，同一性の回避が連濁を阻止する影響を与えている．

　モーラの同一性回避の影響に加えて，さらに Kawahara & Sano (2016) では連濁は子音の同一性の回避によっても阻止されることを報告している．例え

ば いが＋こもけ は いが＋そもけ よりも連濁の適用を受けにくい．なぜなら，前者は連濁適用後に いが＋ごもけ /iga＋gomoke/ となり，形態素境界をまたいで同じ子音の /g/ が続いてしまうからで，そのような同一の子音が連続することを避けるために連濁が適用されにくいというものである．

3.3.　右枝条件

Otsu（1980）による右枝条件（川原・三間 本巻）はよく知られているが，この制約に懐疑的な見方も多い．この制約は複合語で右枝に位置する構成要素にのみ連濁が適用されるというものである．Kozman（1998）はこの制約の心理的実在性を確かめるため，日本語母語話者に新造複合語の意味を推測してもらうように二者択一式で強制的に選ばせる実験を行った．例えば，参加者が「塗り箸箱」の二つの実現形 ぬり＋ばし＋ばこ と ぬり＋はし＋ばこ（動詞の「塗る」ぬる，そして，子音の交替を示す名詞の「箸」はし〜ばし と「箱」はこ〜ばこ）のどちらかを聞き，{A {BC}}（漆を塗った箸箱）の意味か，あるいは{{AB} C}（「漆塗りの箸」を入れる箱）の意味かを選んでもらった．それぞれの意味は一文で説明されている．右枝条件に従えば，もし複合語の 2 番目の構成要素（上記の例では「箸」）が連濁するならば，枝分かれの右側に位置していると解釈されるはずである．つまり，ぬり＋ばし＋ばこ は {{AB} C} の構造をしていると解釈されるということである．しかしながら，結果は複合語の語中に位置する要素の意味を連濁の有無によって区別しているとは言えなかった．

　一方，伊原・村田（2006）では強制的に選ばせる形の実験を行い，右枝条件の心理的実在性を示す証拠があるとしている．しかしながら，語の意味を区別するには，語の提示時間が言語学を専門としない被験者にとって短すぎた可能性があることも指摘されている（Kumagai 2009）．そして，Kumagai（2009）の結果は，右枝条件の心理的実在性に否定的なものであった．さらに，Kumagai（2014）は Signal Detection Theory（SDT: 信号検出理論）（Macmillan & Creelman 2005）を用いて Kumagai（2009）のデータをさらに詳細に再分析した．その結果，話者間の違いが大きく，右枝条件に敏感な話者もいるが，ほとんどの話者がそうではないことを明らかにしている．

3.4.　第一要素と第二要素の意味的関係性

Kozman（1998）はさらに，名詞＋動詞＝名詞 の形をとる複合語の連濁に関

わっているとされる制約の心理的実在性についても実験を行っている．この制約は，第一要素（名詞）が意味的に，第二要素である動詞を修飾するものならば連濁が適用されるが，第一要素（名詞）が意味的に動詞の目的語である場合には連濁が適用されないというものである．ある実験参加者には連濁を含むものを聞かせ，別の実験参加者には連濁を含まないものを聞かせた．そして，それぞれの新造複合語の定義を選ぶように指示した．例えば「枝＋掃く」という形の新造複合語であれば，ある実験参加者は　えだ＋はき　という音声を聞き，別の実験参加者は　えだ＋ばき　という音声を聞くという形である．上記の制約に従えば，連濁を含むものを聞いた実験参加者は，修飾関係の解釈（つまり「枝で掃く」という解釈）をし，連濁を含まないものを聞かされた実験参加者は，直接目的語の解釈（つまり「枝を掃く」という解釈）をすることが予測される．しかしながら，結果として，連濁の有無は，意味的解釈に影響を与えなかった．

　一方，Vance（2014: 143-149）に引用されている Nakamura & Vance（2002）では，この意味的関係性の問題に取り組むために産出実験を行った．この実験では二つの条件で文を提示している．一つは，第一要素が第二要素の目的語であることを示した文（例えば，靴を干す）という形で，もう一つは第一要素が第二要素の修飾語であることを示した文（例えば，夜干す）という形で示している（Vance 2014: 146）．実験参加者はそれぞれの文に従って，複合語を作るように指示されている．その結果は，語彙的なパターンから予測されるものではあったが，Kozman（1998）の結果とは相反するものだった．日本語母語話者は第一要素が目的語として解釈されるときには連濁を適用する率が低くなる傾向が明らかになった．

3.5.　分節音の影響

　Ihara et al.（2011）は，どの子音がより連濁しやすいのかを確認するため wug 実験を行った．その結果，/h/ ＞ /k/ = /t/ ＞ /s/ という序列に従うことが分かった．これは，つまり /h/ がもっとも連濁しやすく，/s/ がもっとも連濁しにくいということである．そして，この序列は有標性の序列 *[z] ≫ *[g], *[d] ≫ *[b] を反映したものとして解釈されると議論している．さらに，この階層は通言語的な有標性のパターンとも，また有声阻害音を発音するときに伴う音声学的な発音の困難さの序列とも合致するとしている．有声摩擦音は，通

言語的に，有声閉鎖音よりも有標性が高い．その理由は，有声摩擦音は摩擦を
起こすために口腔内に高い空気圧を必要とするが，同時に，その高い空気圧が
声門を通過する気流の保持を困難にするからである（Ohala 1983; Hayes &
Steriade 2004: 7–8）．この実験で示された序列の /b/ > /g/ = /d/（つまり /h/,
/k/, /t/ が連濁した場合）もまた，異なる調音点の有声閉鎖音における空気力
学的な問題と合致する．口腔閉鎖が後部で起ると，口腔内の空気圧はより早く
上がり，結果的に早く声帯振動が止まってしまうことになる（Ohala & Rior-
dan 1979; Ohala 1983: 196–199; Hayes & Steriade 2004: 8–13）．

4.　ライマンの法則の心理的実在性を確認する実験

　ライマンの法則に関する実験は，連濁に関するものに限らず，これまで多く
なされてきた．ライマンの法則は，複合語を構成する第二要素にすでに有声阻
害音が含まれている場合には連濁は阻止されるというものである．Vance
(1979, 1980) は，連濁におけるライマンの法則の影響を確かめる wug 実験を
報告している．その結果は，話者間の相違が大きいものの，ライマンの法則に
違反してしまう場合には，すべての話者で連濁の生起率が下がったということ
を示している．また，第二要素に含まれる有声阻害音が第二要素の語頭（つま
り連濁が起こるとされる位置）により近ければ近いほど，連濁が起こりにくい
ということも示唆されている．日本語レキシコンでは，ほとんど例外なくライ
マンの法則が当てはまるので，この実験で観察された「距離効果」というもの
は語彙的パターンに基づくものではないことを示唆しており，その意味でもこ
の実験の結果は興味深いものである．

　Ihara et al. (2009) はさらに第二要素の有声阻害音の位置が連濁の適用に影
響するかどうかを調べている．その結果，距離は重要であることが明らかに
なった．つまり，第二要素の有声阻害音が連濁の起こる位置（つまり第二要素
の語頭）に近ければ近いほど，第二要素は連濁をしないということである．こ
の実験は 1984 年と 2005 年の 2 回実施されているが，距離効果の影響は 1984
年の結果よりも 2005 年の結果の方が弱かった．

　Kawahara (2012) は，連濁におけるライマンの法則の影響について，自然
さの度合いを判断する実験を行っている．実験参加者の日本語母語話者には，
第一要素（常に「偽」にせ）と第二要素，そして第一要素と第二要素を合わせ

た新造複合語が提示された．そして，その複合語に連濁が適用された場合，その複合語がどれだけ自然に聞こえるかを五段階で判断するように指示された．実験参加者はライマンの法則に違反した連濁の適用は，そうでないものよりも自然ではないと判断した．この実験ではライマンの法則に違反した第二要素の語中の有声阻害音の位置は問題ではなかった．そして，距離効果が時間の経過とともに少なくなっていったため，2011 年に実験を行った時点では距離効果の目に見える影響はなかったと推測した．Kawahara & Sano (2014b) で報告されている 2013 年に実施した実験でも，距離効果がないことを報告しており，この推測を支持するものである．

　Kawahara & Sano (2014c) に基づき，Kawahara & Sano (2014b) は同一性の回避の制約とライマンの法則を同時に違反した場合（例 第二要素が だだぬ）は，ライマンの法則のみに違反した場合（例 第二要素が だぐた）よりもさらに不自然とみなされるかどうかについて調べている．そして，違反が隣接する音節同士で起こる限り，日本語母語話者は両方の制約に同時に違反することを避けることが明らかとなった．実在する日本語の語彙ではライマンの法則に違反するという例外はわずかしかないので，この結果は，連濁やライマンの法則が語彙的パターンに基づく推論だとすると説明しきれない．

　Kawahara & Sano (2014a) は拡張版のライマンの法則について実験を行っている．拡張版のライマンの法則とは，複合語の第一要素あるいは第二要素のどちらかに有声阻害音がある場合に連濁が阻止されるというものである．拡張版のライマンの法則は上代日本語にはあったと思われるが，共時的には第一要素の有声阻害音の阻止的効果は弱いようである (Ito & Mester 2003a: 108-111)．Kawahara & Sano (2014a) は wug 実験を行ったが，第一要素にある有声阻害音が連濁を阻止するような影響は見られなかった．

　Fukuda & Fukuda (1999) の実験では，特異的言語障害 (specific language impairment (SLI)) のグループと統制グループの間にライマンの法則について，明らかな違いは見られなかった．どちらのグループも，意外にも，連濁がライマンの法則に違反する（すなわち，第二要素にすでに有声阻害音がある）場合にも高い連濁率を示していた．このことは，つまり，どちらのグループもライマンの法則を内在化させていないということを示唆している．Kawahara (2008: 324-326) は Ohala (1993: 253-254) の異化の理論に基づいて，ライマンの法則は自然でも，先天的でも，普遍的でもなく，むしろ不自然で，後天

的で，かつ個別言語的な制約であると議論している．Fukuda & Fukuda (1999) の結果はこの仮説を支持していると言えるかもしれない．

　ライマンの法則は必異原理 (Obligatory Contour Principle; OCP)（川原・三間 本巻）が表出したものとして解釈されてきた．そして，Nishimura (2003) はこのような形で解釈されるライマンの法則は，外来語における有声阻害音の促音の無声化を促進すると指摘している（例「ドッグ」が「ドック」と発音される）．この無声化のパターンの生産性をテストするために行われた自然さを判断する実験で，Kawahara (2011b) は同じ語の中のどこかに有声阻害音あると，促音の無声化がより自然に聞こえるとする結果を得ている．そして，Kawahara (2011a, 2012, 2013) は，重子音の有声阻害音の無声化が，単子音の無声化よりもより自然であることも明らかにした．つまり，単一要素内で重複する有声阻害音に対する制約として解釈されたライマンの法則は，連濁を阻止するだけではなく，無声化を引き起こすという形でも作用しているようである．興味深いことに，連濁と複合語の第二要素における有声阻害音では距離効果がないのに対し，外来語における有声阻害音の重子音（促音化した有声阻害音）の無声化研究 (Kawahara & Sano 2013: 302–303) では距離効果があるという報告もある．

5.　今後の課題

　連濁に関して，これまで数多くの実験がなされてきたが，今後，取り組むべき課題がいくつかある．最初の課題は，実験時の指示方法に関するものである．連濁は，非和語の語彙層よりも，和語に適用されることがはるかに多い (Otsu 1980: 208–210; Ito & Mester 2003a: 148; 2008: 85–86)．しかし，日本語母語話者にとって，無意味語は大抵，外来語として扱われる．そうすると，連濁の実験で無意味語を使って良いのかどうかという問題が出てくる．この問題については，Vance (1979, 1980) は，被験者に無意味語を古い和語として扱うように指示している．Kawahara (2012) は，同じ実験を別々の指示の下で行っている．ある一方の被験者には無意味語を古い和語として扱うように指示し，もう一方の被験者には無意味語をそのまま無意味語として扱うように指示をしている．その結果，両者には特に大きな差がないことが明らかになった．この問題は，連濁に関する研究をする上で，無意味語を使うことが本

当に良いのかどうか，また無意味語を使って良いとすればどのように行うのが良いのかといった問題に関連してくるので，心に留めておく必要があるであろう．

　この「どのように」無意味語を使った実験を行うべきなのかという問題をもう少し掘り下げてみる．Kozman (1998) と Nakamura & Vance (2002) は複合語の第二要素に対する第一要素の意味役割の影響について実験を行ったが，各研究で相反する結果を得ている．前者は意味を述べるタスクで，後者は産出するタスクであった．この比較結果に鑑みると，どのような実験方法が日本語母語話者の連濁に関する言語的知識を抽出するために一番良い方法なのかということを常に探求していくことが重要であるように思われる（言語実験におけるタスク別の効果についての議論は Kawahara 2013 を参照のこと）．

　先行研究における他の欠点は，実験方法が，反応する前にじっくり考えることができる判断タスク（オフラインタスク）に限られていることが挙げられる．例えば，wug 実験（これまでみてきた実験の多くがこれに当たる），自然さ度合いを尋ねる実験（Kawahara 2012 他），意味を尋ねる実験（Kozman 1998）などである．考える前に無意識に反応するオンラインの実験をすることで，知覚という観点から連濁の心理的実在性を示す証拠が出てくるかもしれない．例えば，無声音から有声音へ連続して徐々に変化する音声刺激を作成し，日本語母語話者が連濁を期待される環境とされない環境で，有声音だと判断する基準が変わる境界シフトのような反応を示すかどうかを調べることも可能であろう．また，ライマンの法則に違反した連濁では，逆に無声音寄りの境界シフトを示すかどうかを調べることも面白いであろう．このような実験方法は，オフラインの判断タスクよりも直接的にライマンの法則や連濁の心理的実在性の問題を扱うのに役立つと思われる（オフラインタスクに関する批判的議論は Goldrick 2011 を参照のこと）．

　最後に，連濁について未解明の側面があることを述べておきたい．その中の一つに，少なくとも特定の語彙では，連濁が生起する複合語のアクセントは平板化する傾向があるということが挙げられる（Kawahara 2015a; 太田・玉岡本巻）．他の傾向としては，並列複合語は連濁しにくいという傾向が挙げられる．例えば，「山川」は「山と川」という並列複合語（dvandva/coordinate compound）で，これは **やまかわ** と発音され，**やまがわ** とは発音されない．その他，複合語の構成要素の品詞によって連濁の生起度合いが異なる点が挙げ

られる．例えば，複合語でも動詞や形容詞の複合語，あるいは動詞由来，形容
詞由来の複合語よりも，名詞の複合語の方が連濁しやすいという傾向がある．
上記に示したような連濁の側面はまだ調査されていないが，調査をされて然る
べきである．

参照文献

Berko, Jean (1958) "The Child's Learning of English Morphology," *Word* 14, 150–177.

Clahsen, Harald (1999) "Lexical Entries and Rules of Language: A Multidisciplinary Study of German Inflection," *Behavioral and Brain Sciences* 22, 991–1013.

Fukazawa, Haruka, Mafuyu Kitahara, and Mitsuhiko Ota (2002) "Acquisition of Phonological Sublexica in Japanese: An OT Account," *Proceedings of the Third Tokyo Conference on Psycholinguistics*, ed. by Yukio Otsu, 97–114, Hituzi Syobo, Tokyo.

Fukuda, Suzy E., and Shinji Fukuda (1999) "The Operation of Rendaku in the Japanese Specifically Language-impaired," *Folia Phoniatrica et Logopaedica* 51, 36–54.

Gelbart, Ben (2005) *Perception of Foreignness*, Doctoral dissertation, University of Massachusetts, Amherst.

Gelbart, Ben, and Shigeto Kawahara (2007) "Lexical Cues to Foreignness in Japanese," *Formal Approaches to Japanese Linguistics (FALJ 4) (MIT Working Papers in Linguistics* 55), ed. by Yoichi Miyamoto and Masao Ochi, 49–60, MIT, Cambridge.

Goldrick, Matthew (2011) "Utilizing Psychological Realism to Advance Phonological Theory," *The Handbook of Phonological Theory*, 2nd ed., ed. by John A. Goldsmith, Jason Riggle, and Alan Yu, 631–660, Wiley-Blackwell.

Hayes, Bruce, and Donca Steriade (2004) "Introduction: The Phonetic Bases of Phonological Markedness," *Phonetically Based Phonology*, ed. by Bruce Hayes, Robert Kirchner, and Donca Steriade, 1–33, Cambridge University Press, Cambridge.

伊原睦子・村田忠男 (2006)「日本語の連濁に関するいくつかの実験」『音韻研究』9, 17–24.

Ihara, Mutsuko, Katsuo Tamaoka, and Tadao Murata (2009) "Lyman's Law Effect in Japanese Sequential Voicing: Questionnaire-based Nonword Experiments," *Current Issues in Unity and Diversity of Languages: Collection of the Papers Selected from the 18th International Congress of Linguists*, ed. by the Linguistic Society

142

of Korea, 1007–1018, Dongam Publishing, Republic of Korea.

Ihara, Mutsuko, Katsuo Tamaoka, and Hyunjung Lim (2011) "Rendaku and Markedness: Phonetic and Phonological Effects," Paper presented at the July meeting of the Tokyo Circle of Phonologists, Tokyo.

Irwin, Mark (2014)「同一モーラの連続における連濁 (Rendaku across Duplicate Moras)」『国立国語研究所論集 (NINJAL Research Papers)』7, 93–109.

Ito, Junko, and Armin Mester (1986) "The Phonology of Voicing in Japanese: Theoretical Consequences for Morphological Accessibility," Linguistic Inquiry 17, 49–73.

Ito, Junko, and Armin Mester (1995) "Japanese Phonology," The Handbook of Phonological Theory, ed. by John Goldsmith, 817–838, Blackwell, Oxford.

Ito, Junko, and Armin Mester (1999) "The Phonological Lexicon," The Handbook of Japanese Linguistics, ed. by Natsuko Tsujimura, 62–100, Blackwell, Oxford.

Ito, Junko, and Armin Mester (2003a) Japanese Morphophonemics, MIT Press, Cambridge, MA.

Ito, Junko, and Armin Mester (2003b) "Lexical and Postlexical Phonology in Optimality Theory: Evidence from Japanese," Linguistische Berichte 11, 183–207.

Ito, Junko, and Armin Mester (2008) "Lexical Classes in Phonology," The Oxford Handbook of Japanese Linguistics, ed. by Shigeru Miyagawa and Mamoru Saito, 84–106, Oxford University Press, Oxford.

Katayama, Motoko (1998) Optimality Theory and Japanese Loanword Phonology, Doctoral dissertation, University of California, Santa Cruz.

Kawahara, Shigeto (2008) "Phonetic Naturalness and Unnaturalness in Japanese Loanword Phonology," Journal of East Asian Linguistics 17(4), 317–330.

Kawahara, Shigeto (2011a) "Aspects of Japanese Loanword Devoicing," Journal of East Asian Linguistics 20, 169–194.

Kawahara, Shigeto (2011b) "Japanese Loanword Devoicing Revisited: A Rating Study," Natural Language and Linguistic Theory 29, 705–723.

Kawahara, Shigeto (2012) "Lyman's Law is Active in Loanwords and Nonce Words: Evidence from Naturalness Judgment Experiments," Lingua 122(11), 1193–1206.

Kawahara, Shigeto (2013) "Testing Japanese Loanword Devoicing: Addressing Task Effects," Linguistics 51, 1271–1299.

Kawahara, Shigeto (2015a) "The Phonology of Japanese Accent," The Handbook of Japanese Phonetics and Phonology, ed. by Haruo Kubozono, 445–492, Mouton de Gruyter, Berlin.

Kawahara, Shigeto (2015b) "Can We Use Rendaku for Phonological Argumentation?" Linguistics Vanguard 1, 3–14.

Kawahara, Shigeto (2016) "Psycholinguistic Studies of Rendaku", Sequeutial Voicing *in Japanese: Papers from the NINJAL Rendaku Project*, ed by Timothy J. Vance and Mark Irwin, 35-46, John Benjamins, Amsterdam.

Kawahara, Shigeto, and Shin-ichiro Sano (2013) "A Corpus-Based Study of Geminate Devoicing in Japanese: Linguistic Factors," *Language Sciences* 40, 300-307.

Kawahara, Shigeto, and Shin-ichiro Sano (2014a)「ローゼンの法則と強いライマンの法則の心理的実在に関する実験 (Testing Rosen's Rule and Strong Lyman's Law)」『国立国語研究所論集 (*NINJAL research paper*)』7, 111-120.

Kawahara, Shigeto, and Shin-ichiro Sano (2014b) "Identity Avoidance and Lyman's Law," *Lingua* 150, 71-77.

Kawahara, Shigeto, and Shin-ichiro Sano (2014c) "Identity Avoidance and Rendaku," *Proceedings of the 2013 Meeting on Phonology*, ed. by Claire Moore-Cantwell, Joe Pater, and Robert Staubs. (http://journals.linguisticsociety.org/proceedings/index.php/amphonology)

Kawahara, Shigeto, and Shin-ichiro Sano (2016) "Rendaku and Identity Avoidance: Consonantal Identity and Moraic Identity," *Sequential Voicing in Japanese Compounds: Papers from the NINJAL Rendaku Project*, ed. by Timothy Vance and Mark Irwin, 47-55, John Benjamins, Amsterdam.

Kawahara, Shigeto, Kohei Nishimura, and Hajime Ono (2002) "Unveiling the Unmarkedness of Sino-Japanese," *Japanese/Korean Linguistics 12*, ed. by William McClure, 140-151, CSLI, Stanford.

小林由紀・杉岡洋子・伊藤たかね (2013)「規則適用としての連濁：事象関連電位計測実験の結果から」日本言語学会第 147 回大会口頭発表, 於神戸大学.

Kobayashi Yuki, Sugioka Yōko, and Itō Takane (2014) "Renaku (Japanese Sequential Voicing) as Rule Application: An ERP Study," *NeuroReport* 25(16), 1296-1301.

Kozman, Tam (1998) "The Psychological Status of Syntactic Constraints on *Rendaku*," *Japanese/Korean Linguistics 8*, ed. by David Silva, 107-120, CSLI, Stanford.

Kubozono, Haruo (2005) "Rendaku: Its Domain and Linguistic Conditions," *Voicing in Japanese*, ed. by Jeroen van der Weijer, Kensuke Nanjo, and Tetsuo Nishihara, 5-24, Mouton de Gruyter, Berlin & New York.

Kumagai, Gakuji (2009) *How Do Japanese Speakers Produce Rendaku? The Psychological Reality of the Branching Constraint Regarding Rendaku in Japanese Phonology*, Unpublished manuscript.

Kumagai, Gakuji (2014) "The Psychological Status of the Right-Branch Condition on Rendaku: An Experiment with Specific Contexts," *Studies in Language Sciences* 13, 124-145.

Kurisu, Kazutaka (2007) "Asymmetric Voicing and Relativized Markedness," *Proceedings of Formal Approaches to Japanese Linguistics* 4, ed. by Yoichi Miyamoto and Masao Ochi, 161-172, MIT, Cambridge.

144

Kuroda, S. Y. (2002) "Rendaku," *Japanese/Korean Linguistics 10*, ed. by Noriko Akatsuka and Susan Strauss, 337–350, CSLI, Stanford.

MacMillan, Neil A., and Creelman Douglas (2005) *Detection Theory: A User's Guide*, 2nd edition, Lawrence Erlbaum Associates Publishers, Mahwah.

McCawley, James D. (1968) *The Phonological Component of a Grammar of Japanese*, Mouton, The Hague.

Mester, Armin, and Junko Ito (1989) "Feature Predictability and Underspecification: Palatal Prosody in Japanese Mimetics," *Language* 65, 258–293.

Moreton, Elliot, and Shigeaki Amano (1999) "Phonotactics in the Perception of Japanese Vowel Length: Evidence for Long Distance Dependencies," Paper presented at the 6th European Conference on Speech Communication and Technology, Budapest.

村田忠男 (1984)「日本語の連濁について」福岡言語学会口頭発表, 福岡. (Paper presented at the meeting of the Fukuoka Linguistic Society, Fukuoka)

Nakamura, Kumiko, and Timothy J. Vance (2002) "Rendaku in Noun + Verb-stem Compounds: A Production Task," Paper presented at LP'2002, Urayasu, Chiba.

Nishimura, Kohei (2003) *Lyman's Law in Loanwords*, 修士論文, 名古屋大学.

Ohala, John J. (1983) "The Origin of Sound Patterns in Vocal Tract Constraints," *The Production of Speech*, ed. by Peter MacNeilage, 189–216, Springer, New York.

Ohala, John J. (1993) "The Phonetics of Sound Change," *Historical Linguistics: Problems and Perspectives,* ed. by C. Jones, 237–278, Longman Academic, London.

Ohala, John J., and Carol J. Riordan (1979) "Passive Vocal Tract Enlargement during Voiced Stops," *Speech Communication Papers*, ed. by Jared J. Wolf and Dennis H. Klatt, 89–92, Acoustical Society of America.

Ohno, Kazutoshi (2000) "The Lexical Nature of Rendaku in Japanese," *Japanese/Korean Linguistics 9*, ed. by Mineharu Nakayama and Charles J. Quinn, Jr., 151–164, CSLI, Stanford.

Ota, Mitsuhiko (2004) "The Learnability of the Stratified Phonological Lexicon," *Journal of Japanese Linguistics* 20, 19–40.

Otsu, Yukio (1980) "Some Aspects of Rendaku in Japanese and Related Problems," *MIT Working Papers in Linguistics*, ed. by Ann Farmer and Yukio Otsu, Vol. 2, 207–228, Department of Linguistics and Philosophy, MIT, Cambridge.

Paradis, Michel, and Myrna Gopnik (1997) "Compensatory Strategies in Genetic Dysphasia: Declarative Memory," *Journal of Neurolinguistics* 10, 173–185.

Pinker, Steven (1999) *Words and Rules*, Basic Books, New York.

Pinker, Steven, and Alan Prince (1998) "On Language and Connectionism: Analysis of a Parallel Distributed Processing Model of Language Acquisition," *Cognition*

28, 73-193.

Sano, Shin-ichiro (2013) "Violable and Inviolable OCP Effects on Linguistic Changes: Evidence from Verbal Inflections in Japanese," *Formal Approaches to Japanese Linguistics (FALJ 6) (MIT Working Papers in Linguistics* 55), ed. by Kazuko Yatsushiro and Uli Sauerland, 145-156, MIT, Cambridge.

佐藤大和 (1989)「複合語におけるアクセント規則と連濁規則」『講座日本語と日本語教育——日本語の音声・音韻』2, 杉藤美代子(編), 233-265, 明治書院, 東京.

Suzuki, Keiichiro, Jessica Maye, and Kazutoshi Ohno (2000) "On the Productivity of Lexical Stratification in Japanese," Paper presented at the 74th annual meeting of the Linguistic Society of America, Chicago.

Takayama, Tomoaki (2005) "A Survey of Rendaku in Loanwords," *Voicing in Japanese*, ed. by Jeroen Van de Weijer, Kensuke Nanjo, and Tetsuo Nishihara, 177-190, Mouton de Gruyter, Berlin.

Tamaoka, Katsuo, Mutsuko Ihara, Tadao Murata, and Hyunjung Lim (2009) "Effects of First-element Phonological-length and Etymological-type Features on Sequential Voicing (*Rendaku*) of Second Elements," *Journal of Japanese Linguistics* 25, 17-38.

Tamaoka, Katsuo, and Fumiko Ikeda (2010) "Whiskey or Bhiskey? Influence of First Element and Dialect Region on Sequential Voicing of *Shoochuu*," *Gengo Kenkyu* 137, 65-79.

Tanaka, Yu, and Jun Yashima (2013) "Deliberate Markedness in Japanese Hypocoristics," *Proceedings of GLOW in Asia IX 2012: The Main Session*, ed. by Nobu Goto, Koichi Otaki, Atsushi Sato, and Kensuke Takita, 283-297, Mie University.

Vance, Timothy J. (1979) "Nonsense-word Experiments in Phonology and Their Application to *Rendaku* in Japanese," Ph.D. dissertation, University of Chicago.

Vance, Timothy J. (1980) "The Psychological Status of a Constraint on Japanese Consonant Alternation," *Linguistics* 18, 245-267.

Vance, Timothy J. (2014) "If Rendaku Isn't a Rule, What in the World Is It?" *Usage-based Approaches to Japanese Grammar: Towards the Understanding of Human Language*, ed. by Kaori Kabata and Tsuyoshi Ono, 137-152, John Benjamins, Amsterdam.

Vance, Timothy J. (2015)「連濁の不規則性とローゼンの法則」『国立国語研究所論集』9, 207-214.

第 7 章

姓に見られる杉藤の法則と拡張版ライマンの法則に関する形態的・音韻的考察*

三間英樹 ・ 浅井 淳

神戸市外国語大学　大同大学

1. はじめに

　本論の目的は，日本人の姓の読みに現れるとしばしば指摘される連濁とアクセントの関係性（杉藤 1965）と，ライマンの法則の適用範囲を合成語の後部要素内から前部要素に拡張したときの連濁傾向を調査・考察することにある．次の第 2 節で先行研究を概観したのち，第 3 節で形態素に基づく分析，第 4 節で音韻的な条件に関する分析を行う．

2. 先行研究

　姓におけるアクセントと連濁の関係は，杉藤（1965）を始めいくつかの研究において指摘されている（佐藤 1989; Kubozono 2005; Zamma 2005; Ota 2012 など）．本稿では下記の（1）の傾向を杉藤の法則と呼ぶことにする．ここでは，形態素の区切りを＋印，アクセント核の位置を⌐印で，そして阻害音

---

　* 本稿は国立国語研究所共同研究プロジェクト「日本語レキシコン ── 連濁辞典の編纂」（リーダー：ティモシー・J・バンス教授）の研究成果である．この研究は第一著者による国立国語研究所共同研究プロジェクト研究成果発表会（山形テルサ，2014 年 11 月 1 日）における口頭発表，および第一・第二両筆者によるレキシコンフェスタ 3（国立国語研究所，2015 年 2 月 1 日）におけるポスター発表に基づいている．有益なコメントを与えてくれた聴衆の方々に感謝を表したい．データの利用を快諾してくれたウェイン・ローレンス氏に感謝する．また，第一筆者は，科学研究費基盤研究（B）「データベースと音声実験に基づく音韻知識の計量的・実証的研究」（研究代表者：本間猛，課題番号：26284059）の援助を受けた．本稿を 2015 年 4 月に提出し，その後，第二著者が校正した．国立国語研究所の関係諸氏に感謝したい．

が有声阻害音に替わった音素またはそれを含むモーラに _ 印を付して示す.

(1) 杉藤の法則
  a. アクセントのある姓は連濁しない（例：「柴田」し↓ば＋た）
  b. アクセントのない姓は連濁する（例：「吉田」よし＋だ）

同時に，杉藤（1965）は，連濁の適用の有無は前部要素の最後の頭子音の有声性に左右されるという傾向を指摘している．（1）の例では，し↓ば＋た においては問題箇所の子音が有声阻害音 [b] であるため「田」/ta/ は連濁せず，よし＋だ においては無声阻害音 [ʃ] であるため連濁する，というわけである.[1] これは，いわゆる拡張版ライマンの法則が姓においても働いているとする観察である（Martin 1952）．本稿ではこれを単にライマンの法則と呼ぶことにする.

(2) （拡張版）ライマンの法則
    前部要素の最後の頭子音が有声阻害音のとき，後部要素は連濁しない

杉藤（1965）は，これらの傾向を形態素「田」を後部要素とする姓に対してのみ観察していたが，同様の傾向が他の形態素にも観察されることがその後の研究によって指摘されている（佐藤 1989; Ota 2012 など）.[2] 中でも，Zamma（2005）は上記の傾向が後部の形態素によって決定されると主張し，浅井（2014）は前部・後部のさまざまな音韻的な条件が関与すると主張している．しかしこれらの調査はいずれも限られた量のデータに基づいており，主張の根拠に脆弱な点が残されていた.[3]

一方で，ローレンス（2011）は 13,610 もの姓を含む膨大なデータに基づいた調査を行っている．彼は上記二つの法則についての考察は行っていないが，アクセントの有無が母音などの音韻的な条件だけで決定されると主張している．すなわち，前部要素・後部要素それぞれのモーラ数，前部要素末音節の頭子音や母音，後部要素の最初の頭子音などによってアクセントが決定されると

---

[1] 杉藤（1965）は，この有声性にはさまざまな特別な条件が関与すると指摘している．例えば /k/ は有声として振る舞い，鼻音は無声として振る舞う．これらに加え，接近音は有声として振る舞うことが，Zamma（2005）によって指摘されている．しかし，本稿ではこれらの有声性の条件については取り上げない.

[2] この拡張版ライマンの法則は，現代語では成り立たないという考えもある．例えば，Irwin（2014）を参照されたい.

[3] Zamma（2005）のデータベースは，頻度の高い 347 姓に基づいている.

するのである．しかし，これらのアクセント決定規則は非常に複雑な上，後部
要素の最初の頭子音は基底から有声だと考えられ，連濁は想定されていない．
また，浅井（2014）も通常の連濁においてさまざまな音韻条件が影響している
ことを示唆しているが，これらの条件が姓においても影響するかどうかはまだ
明らかでない．

　そこで本稿では，（1）と（2）の法則が姓においてどれぐらい観察されるか
を調査する．まず，次の第3節でローレンス（2011）のデータを基に後部要素
ごとの傾向を分析・考察し，第4節でデータを拡張して音韻的環境ごとの分
析・考察を行う．

3.　形態素に基づく分析

3.1.　形態素の選抜

　ローレンス（2011）のデータベースは姓におけるアクセントの傾向を調査し
たものであるので，連濁と関係のない姓（後部要素が無声阻害音以外で始まる
もの）も含まれている．また，生産性の低い形態素が後部要素になっているも
のも多数ある．ここでは，連濁の可能性のある形態素のうち，10種類以上の
姓を形成する漢字1字で表記される形態素のみを対象として分析を行う．[4] さ
らに，3モーラ以上の形態素は複合アクセント規則（秋永 2003）に従うとい
う上野（1997）による指摘に基づき，2モーラ以下の形態素のみを対象とする．
また，基本的に，異体字とみなせる形態素（「島」と「嶋」など）は1種類にま
とめることとする．[5] このようにして対象としたのは，表3.1の116形態素で
ある．

---

　[4] 後部要素は，和語と漢語の両方を含む．従って，「久」/ひさ/，/く/のように訓読みと音読
みの両方が独立して含まれる形態素がある．
　[5] ただし，以下のものはそれぞれ独立したものとして扱う：川・河，木・樹，方・形，戸・
門，畠・畑，倉・蔵，汐・潮，舟・船，所・處，辺・邊，庭・場，子・児，滝・瀧，当・當，
広・弘．

表 3.1　調査対象形態素（形態素分析）

田 た	多 た	高 たか	竹 たけ	武 たけ	滝 たき	谷 たに	舘 たて	手 て	寺 てら	地 ち	近 ちか	渡 と	戸 と	床 とこ
徳 とく	留 とめ	富 とみ	友 とも	殿 との	頭 とう	鳥 とり	取 とり	東 とう	藤 とう	津 つ	塚 つか	妻 つま	爪 つめ
鶴 つる	海 かい	貝 かい	垣 かき	釜 かま	亀 かめ	上 かみ	神 かみ	金 かね	刈 かり	笠 かさ	形 かた	方 かた	河 かわ	川 かわ
家 け	城 き	木 き	切 きり	岸 きし	北 きた	子 こ	古 こ	越 こえ	越 こし	腰 こし	久 くま	熊 くま	隈 くま	国 くに
倉 くら	蔵 くら	栗 くり	黒 くろ	草 くさ	口 くち	佐 さ	坂 さか	崎 さき	迫 さこ	里 さと	沢 さわ	瀬 せ	関 せき	所 しょ
司 し	志 し	敷 しき	島 しま	科 しな	塩 しお	尻 しり	代 しろ	城 しろ	下 した	曽 そ	添 そえ	園 その	須 す	末 すえ
住 すみ	角 すみ	葉 は	羽 は	波 は	浜 はま	花 はな	原 はら	張 はり	橋 はし	畑 はた	幡 はた	端 はた	辺 へ	平 ひら
広 ひろ	久 ひさ	保 ほ	宝 ほう	堀 ほり	星 ほし	吹 ふき	福 ふく	船 ふね	伏 ふせ	渕 ふち

　なお，ここでは，ローレンス（2011）のデータベースを用いているため，その作成手順により，「達川」たつ＋かわ，たち＋かわ，「橘川」たち＋かわ，たち＋がわ のように2つ以上の読み方がある姓はそれぞれ別の姓として扱われる．また，前部要素については，意味が異なっても音が同じであれば一種類にまとめた（例：「立川」，「館川」，「達川」，「橘川」，「太刀川」，「多知川」をまとめて たち＋かわ として扱う）．こうして対象とした姓は，合計5,637種類である．

3.2.　杉藤の法則

　まずは，形態素によらない，本節における調査語全体の傾向を観察してみよう．5,637姓におけるアクセントと連濁の生起の関係は以下の通りである．

表 3.2　全体におけるアクセントと連濁の関係

		アクセント		計
		有	無	（割合）
連濁	有	1,278（22.7%）	954（16.9%）	2,232（39.6%）
	無	2,427（43.1%）	978（17.3%）	3,405（60.4%）
計	（割合）	3,705（65.8%）	1,932（34.2%）	5,637（100%）

　これらの性質がランダムに形態素に与えられているとすると，5,637/4 = 1,489.25語ずつになるはずであるので，明らかに分布に偏りがあることがわかる（アクセント率65.8%，連濁率39.6%，$\chi^2 = 118$, df = 1, $p < 0.001$***）．

杉藤の法則に従っている性質を持つ語は，そのセルを太枠で示すように合計 3,381 姓となった．半数の 2,818.5 を上まっているものの，割合としては 60.0％にとどまっており，姓全体に観察される法則とは言えない．そこで，形態素ごとの生起傾向を分析してみよう．まずは，後部要素ごとに「アクセント率（A Rate）」と「連濁率（R Rate）」を算出する．

(3) a.　A Rate:　その後部要素を含む姓全体の中でアクセントのある姓の割合

　　 b.　R Rate:　その後部要素を含む姓全体の中で連濁が生起する姓の割合

　形態素ごとに得られたこれらの値を表 3.3 から表 3.6 に挙げる．形態素ごとのアクセントと連濁が生起する率の平均値（標準偏差）は，表 3.2 の値に近く，それぞれ 0.65（0.35），0.39（0.30）である．

　続いて，この二つの値を，アクセント率を X 軸（A rate），連濁率を Y 軸（R rate）に取った二次元グラフにプロットしてみよう．もし杉藤の法則が形態素の間に広く強く作用するのであれば，アクセント率が高くて連濁率が低い右下領域と，アクセント率が低くて連濁率が高い左上に分布が集中するはずである．あるいは，杉藤の法則がもう少し緩やかなアクセントと連濁の対立関係に基づくものであれば，アクセント率が高ければ連濁率が低くなる，というような負の相関（すなわち右下がりの分布）が観察されるはずである．結果は図 3.1 のようなものとなった．アクセント率と連濁率との間の相関係数 r は −0.01 であった（図中の破線が回帰直線を示す）．

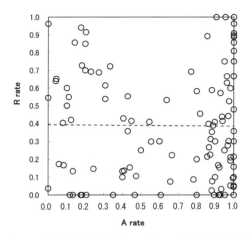

図 3.1　全ての形態素におけるアクセント率と連濁率の関係

　表 3.2 で見たようにアクセント有の形態素が多く観察されるが，その中でも Y 軸に示す連濁率は高いものから低いものの間でほぼ一様に近い分布をしている．すなわち，杉藤の法則は形態素全体には観察されない．

　ここで，アクセント率や連濁率が，杉藤の法則に従わないものも含めて計算されていることに注意が必要である．例えば，アクセントがあって連濁が生起している姓も，その形態素のアクセント率を高めることに貢献しているのである．そこで同時に「杉藤率 (S Rate)」も計算し，検討することにする．

　(4)　S Rate:　その後部要素を含む姓全体の中で，(1) 杉藤の法則に従う姓（すなわちアクセント有・連濁無およびアクセント無・連濁有の姓）の割合

　表 3.1 の 116 形態素について，この杉藤率の値のヒストグラムを作成する．もし杉藤の法則が広汎に適用しているのならば，杉藤率の高い値のバーが高く，低い値のバーは低くなるような分布，すなわち右から左に向かって減少していくような分布になるはずである．実際には図 3.2 に示すような結果となった．横軸の杉藤率は階級幅 0.05 で区切られ，例えば 0.50- と表示してある区間は 0.50 以上 0.55 未満である．縦軸は，それぞれの階級に該当する形態素数である．形態素ごとの杉藤率の平均値は 0.54 であった．

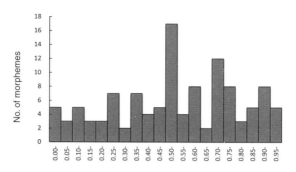

図 3.2　全ての形態素についての杉藤率のヒストグラム

　杉藤の法則に従う場合と従わない場合が半々であるということを示す杉藤率
0.5 の形態素が最も多く，それ以外の率を示す形態素は，杉藤率の高低にかか
わらず，まんべんなく存在することがわかる．つまり，杉藤の法則は姓全般に
観察されるわけではない．
　第 2 節で触れたように，アクセントの型や連濁の適用・不適用などは，後
部要素の形態素によって異なる振る舞いを示す．すなわち，後部要素が個別の
性質を持つのである．図 3.1，3.2 で示した分布には，そもそも杉藤の法則と
反対の性質を持っているような形態素も含まれていることが考えられる．そこ
で，このような形態素ごとの性質を同定することにする．ここでは，アクセン
ト率・連濁率ともに 0.85 以上の率になった形態素を「アクセント傾向有」（[+
A]）/「連濁傾向有」（[+ R]），0.15 以下になったものを「アクセント傾向無」
（[- A]）/「連濁傾向無」（[- R]）とみなすことにし，形態素を分類する．その
結果，116 形態素のうち 32 形態素がこれら二つの性質について特定の振る舞
いを示すことがわかった．表 3.3 は杉藤の法則に従うような性質を持つ形態素
であり，表 3.4 は杉藤の法則に反するような性質を持つ形態素である．

表 3.3　杉藤の法則に従う性質を持つ形態素（18 形態素）

a.　[＋A，－R]: 16 形態素

形態素		A rate	R rate	S rate
東	とう	0.90	0.10	0.80
瀬	せ	0.88	0.03	0.87
北	きた	0.88	0.08	0.88
滝	たき	0.89	0.00	0.89
竹	たけ	0.93	0.03	0.90
宝	ほう	1.00	0.10	0.90
谷	たに	1.00	0.09	0.90
武	たけ	0.92	0.00	0.92

近	ちか	0.92	0.15	0.92
志	し	0.93	0.00	0.93
平	ひら	0.98	0.05	0.93
海	かい	1.00	0.05	0.95
久	ひさ	0.95	0.00	0.95
福	ふく	1.00	0.05	0.95
下	した	1.00	0.00	1.00
徳	とく	1.00	0.00	1.00

b.　[－A，＋R]: 2 形態素

殿	との	0.14	0.86	0.71
添	そえ	0.00	0.96	0.96

表 3.4　杉藤の法則に反する性質を持つ形態素（14 形態素）

a.　[－A，－R]: 5 形態素

形態素		A rate	R rate	S rate
船	ふね	0.13	0.13	0.00
須	す	0.00	0.04	0.04

友	とも	0.12	0.00	0.12
塩	しお	0.13	0.00	0.13
床	とこ	0.13	0.13	0.27

b.　[＋A，＋R]: 9 形態素

吹	ふき	1.00	1.00	0.00
口	くち	1.00	0.96	0.04
岸	きし	0.95	1.00	0.05
垣	かき	1.00	0.91	0.09
辺	へ	0.91	1.00	0.09

尻	しり	1.00	0.90	0.10
渕	ふち	1.00	0.89	0.11
貝	かい	1.00	0.86	0.14
舘	たて	0.86	0.89	0.25

なお，表 3.3 の「東」とう と「殿」との はアクセント率と連濁率の値からは杉藤の法則に従っていると分類されるが，杉藤率は 0.85 未満でそれほど高くない．逆に，表 3.4 の「床」とこ と「舘」たて はアクセント率と連濁率からは

杉藤の法則に反しているが，杉藤率は 0.15 より大きく，それほど低くない．これは図 3.2 に関して先述したように，アクセント率と連濁率は杉藤の法則の例外となるものも含めて計算されているからである．

　これら 32 形態素は語彙的な性質によって杉藤の法則と同じ，または反対の傾向を示している可能性があるので，これらを除いた 84 の形態素について図3.1，3.2 と同様のグラフを作成してみる．

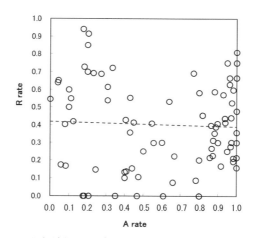

図 3.3　アクセントと連濁の両方に個別指定を持つ形態素を除いた分布

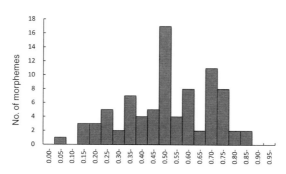

図 3.4　個別指定を持つ形態素を除いた杉藤率のヒストグラム

　図 3.3 の分布は図 3.1 と大きく変わらない．ただし，図 3.1 の四隅に位置するものは，図 3.3 では除かれる．連濁率とアクセント率の間の相関係数 r は−0.04 である．なお，図 3.4 の左端に位置する，杉藤率が 0.08 と低い値を示

156

す形態素は「花」**はな** であるが，これは表 3.4 に示す杉藤の法則に反する性質
を持つ形態素には含まれていない．図 3.2 に関して先述した通り，杉藤率とこ
れらの性質が一致するわけではないのである．

　形態素の中にはアクセント率と連濁率の片方だけに決まった性質を持つもの
も多い．アクセント・連濁のいずれかの率が 0.85 以上または 0.15 以下という
上述の基準で分類したものが表 3.5 である．なお，これらは図 3.3 で右端（[＋
A]），左端（[－A]），上部（[＋R]），下部（[－R]）に分布している形態素であ
る．

表 3.5　アクセント・連濁のいずれかに決まった性質を持つ形態素（63 形態素）
　a.　[＋A]: 35 形態素

形態素		A rate	R rate	S rate	藤	とう	0.94	0.41	0.55
形	かた	1.00	0.81	0.19	越	こし	0.97	0.44	0.56
住	すみ	0.95	0.75	0.20	頭	とう	0.88	0.31	0.56
寺	てら	1.00	0.75	0.25	張	はり	0.90	0.30	0.60
伏	ふせ	1.00	0.75	0.25	地	ち	0.86	0.40	0.60
月	つき	0.96	0.67	0.30	切	きり	1.00	0.36	0.64
笠	かさ	1.00	0.67	0.33	取	とり	0.86	0.21	0.64
司	し	1.00	0.67	0.33	迫	さこ	0.87	0.23	0.65
崎	さき	0.98	0.60	0.38	畑	はた	0.97	0.30	0.70
端	はた	0.96	0.63	0.41	腰	こし	1.00	0.30	0.70
堀	ほり	0.98	0.53	0.45	河	かわ	0.87	0.27	0.73
草	くさ	0.94	0.44	0.50	橋	はし	0.97	0.28	0.73
星	ほし	0.93	0.57	0.50	高	たか	0.95	0.25	0.75
角	すみ	0.89	0.39	0.50	幡	はた	0.92	0.17	0.75
関	せき	1.00	0.48	0.52	敷	しき	1.00	0.21	0.79
鳥	とり	0.88	0.35	0.53	坂	さか	0.98	0.21	0.79
栗	くり	0.88	0.59	0.53	原	はら	0.98	0.19	0.79
里	さと	0.90	0.41	0.53	方	かた	1.00	0.16	0.84

b.　[−A]: 10 形態素

形態素		A rate	R rate	S rate
子	こ	0.06	0.17	0.23
隈	くま	0.08	0.17	0.25
妻	つま	0.10	0.50	0.40
島	しま	0.08	0.40	0.45
戸	と	0.12	0.42	0.49

沢	さわ	0.11	0.55	0.51
爪	つめ	0.00	0.55	0.55
羽	は	0.04	0.64	0.60
留	とめ	0.04	0.65	0.70
多	た	0.10	0.60	0.70

c.　[+R]: 3 形態素

園	その	0.20	0.92	0.75
葉	は	0.20	0.85	0.75

越	こえ	0.18	0.94	0.76

d.　[−R]: 15 形態素

広	ひろ	0.18	0.00	0.18
曽	そ	0.18	0.00	0.18
浜	はま	0.21	0.00	0.21
城	しろ	0.35	0.00	0.35
古	こ	0.41	0.14	0.36
富	とみ	0.24	0.15	0.39
津	つ	0.44	0.15	0.40
久	く	0.47	0.00	0.47

科	しな	0.40	0.10	0.50
手	て	0.40	0.13	0.53
代	しろ	0.47	0.11	0.58
佐	さ	0.61	0.00	0.61
倉	くら	0.66	0.08	0.70
家	け	0.80	0.00	0.80
末	すえ	0.78	0.09	0.87

　これらだけを杉藤率に基づいてヒストグラムにすると, 図 3.5 に示すように, やはり個別指定を持つ形態素を除いた図 3.4 とさほど変わらない分布が得られる.

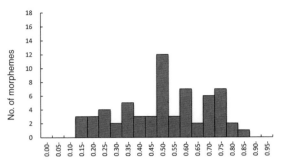

図 3.5　部分的に指定のある形態素についての杉藤率のヒストグラム

　杉藤の法則が常に働いているとすると，これらの片方の性質に指定がある形態素にはもう一方の性質が自動的に決まるはずである．つまり，(5) 各項の左側の性質は矢印の先の右側の性質を導くことが予想される．

(5) a.　[+ A] → [− R]　　　　c.　[+ R] → [− A]

　　 b.　[− A] → [+ R]　　　　d.　[− R] → [+ A]

　実際にはそのような関係は見られず，これらの杉藤率は図 3.5 で見るように，0.5 を中心とした山型の分布を示している．つまり，これらのデータも，やはり，杉藤の法則が姓の形態素全体に見られる傾向を表すものではないことを示している．

　しかし，アクセント率や連濁率に関してあらかじめ決まった性質を持たない形態素の間では，また別の傾向が見られる．そこで，これらの形態素の各率のデータを表 3.6 に示す．

表 3.6　あらかじめ決まった性質を持たない形態素（21 形態素）

形態素		A rate	R rate	S rate
花	はな	0.77	0.69	0.08
所	しょ	0.50	0.25	0.25
熊	くま	0.45	0.41	0.38
波	は	0.31	0.54	0.38
塚	つか	0.80	0.58	0.44
渡	と	0.23	0.69	0.46
亀	かめ	0.31	0.62	0.46
城	き	0.43	0.36	0.50
保	ほ	0.40	0.43	0.50
神	かみ	0.33	0.72	0.50

形態素		A rate	R rate	S rate
黒	くろ	0.20	0.70	0.50
鶴	つる	0.82	0.45	0.55
上	かみ	0.27	0.69	0.57
刈	かり	0.80	0.20	0.60
蔵	くら	0.60	0.30	0.70
田	た	0.43	0.55	0.72
釜	かま	0.18	0.73	0.73
木	き	0.55	0.30	0.74
国	くに	0.67	0.22	0.74
川	かわ	0.64	0.53	0.79
金	かね	0.55	0.41	0.86

　これら 21 形態素だけをグラフにプロットすると，図 3.6 のように今度はアクセント率と連濁率との間に負の相関（r = − 0.52）を示すような分布が観察される（破線が回帰直線を示す）．

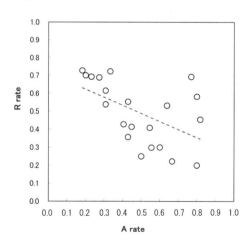

図 3.6　指定を持たない形態素についてのアクセント率と連濁率の分布

　だが，先述のように，これらの割合には杉藤の法則の例外となるものも反映されているので，これだけで杉藤の法則が観察されたとは結論付けられない．

160

そこで次に，アクセントにも連濁にも指定のない形態素について，図3.4, 3.5
のように，杉藤率のヒストグラムを作成してみる．

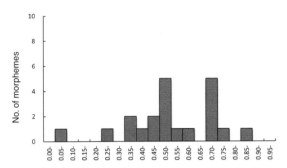

図3.7　指定を持たない形態素についての杉藤率のヒストグラム

図3.7では二つの傾向が見て取れる．すなわち，(6) に挙げた2点である．

(6) a.　図3.4, 3.5と同様の，杉藤率0.5を中心とした山型の分布
    b.　0.70以上の高い杉藤率を示す形態素の存在（7形態素：「田」た，
       「釜」かま，「金」かね，「川」かわ，「木」き，「国」くに，「蔵」くら）[6]

図3.6では全体として相関があるように見えるが，図3.7の分布に基づき選
ぶと，杉藤の法則に従っているとみなせる形態素は (6b) の7つと考えられる．
これらは表3.6の最後に挙げられているものである．

　この高い杉藤率の形態素の中に，「田」，「川」，「木」という生産性の高い形
態素が含まれていることが興味深い．これは仮説であるが，使用において卓立
したこれらの形態素の振る舞いが話者の語彙知識に影響を及ぼし，姓に広く杉
藤の法則が働いているような印象を与えているのではないかと考えられる．

　ここでわかったことをまとめる．

(7) a.　形態素はアクセントと連濁に関してそれぞれ特定の振る舞いを示
       す．（表3.3〜3.6）
    b.　杉藤の法則は全ての形態素に一律に観察されるわけではない．（図
       3.2）

---

[6] 杉藤率0.70以上を高い値とみなしたが，基準については今後の課題である．なお，第2
音節の頭子音は無声阻害音ではないようである．

c.　杉藤の法則はアクセントと連濁に関して特定の指定のない形態素の一部にのみ観察される．（表 3.6，図 3.7）

3.3.　ライマンの法則

次に，（2）ライマンの法則（拡張版ライマンの法則）について考察する．対象は表 3.1 の 116 形態素から次に挙げる形態素を除いた 28 形態素である．

(8) a.　表 3.3，3.4 を得るにあたって設定した基準で [−R] である 36 形態素．これらは形態音韻条件に関わらず連濁しない．[7]

b.　[+R] である 14 形態素．上記 a. 同様，これらは形態音韻条件に関わらず連濁する．[8]

c.　前部要素の最後の頭子音に有声阻害音を持つ姓が，その形態素を含む姓全体の中で 1 割未満と少ない 44 形態素．[9]

この重複を除いた残りの 28 形態素について，ライマン率（L Rate）を算出して考察する．

(9)　L rate:　その形態素を後部要素とし，かつ前部要素の最後の頭子音に有声阻害音を持つ姓の中で，連濁が生起していない姓の割合

これら 28 形態素全体のライマン率の平均値は 0.78 であった．表 3.7 に個々の形態素のライマン率を示す．

---

[7] これらのうち 25 形態素がライマン率（後述）100％を示す．

[8] うち 8 形態素がライマン率 0％である．

[9] 有声阻害音を持つ例がごく少数しかない場合，精度が不十分で，偶然なのか，その形態素の性質なのか判断に課題がある．

表 3.7　対象 28 形態素のライマン率

形態素		L rate
畑	はた	1.00
高	たか	1.00
鳥	とり	1.00
草	くさ	1.00
城	き	1.00
子	こ	1.00
花	はな	1.00
妻	つま	1.00
木	き	0.95

原	はら	0.93
戸	と	0.92
坂	さか	0.88
田	た	0.83
方	かた	0.80
島	しま	0.80
迫	さこ	0.80
沢	さわ	0.78
堀	ほり	0.75
橋	はし	0.75

川	かわ	0.74
関	せき	0.67
張	はり	0.67
腰	こし	0.67
寺	てら	0.50
蔵	くら	0.50
上	かみ	0.42
切	きり	0.33
端	はた	0.20

次に，この値に基づきヒストグラムを作成する．もしライマンの法則が姓に
あてはまっているなら，高いライマン率を示すものが多数を占め，低い率にな
るに従って形態素の数が減少していくはずである．結果は図 3.8 のようになり，
この予測通りとなった．

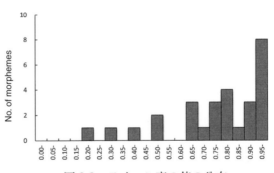

図 3.8　ライマン率の値の分布

ここでは，高い率から低い率へ減少していくような分布をしている．ただ
し，該当数が 28 形態素と多くなく，杉藤（1965）などで指摘されているよう
な，音素固有の特性を考慮すると違った結果が出る可能性もある．しかし，図
3.8 の分布から，(8) のような連濁に関して特定の指定のない形態素を後部要
素とするいくつかの姓における連濁はライマンの法則の影響を受けていると判
断される．

4.　音韻的条件に基づく分析

4.1.　形態素の再選抜

　ローレンス（2011）のデータは，姓として比較的生産性が高い後部要素を扱っているといえるが，本論では前節の通り，杉藤率で 21 形態素，ライマン率で 28 形態素と少ないデータで形態的に考察した．音韻特性などと連濁との関わりについてさらに知るためには，量を増やして議論したい．そこで，本節では，より多くの姓を対象とするために電話帳などに基づいて，ローレンス（2011）にデータを足して分析する．後部要素が国立国語研究所（2006）のデータに現れることを使用頻度の目安として，第 3 節の分析と同様に，10 種類以上の姓が知られている姓に絞った．さらに条件を統制するために，2 モーラの和語を選抜した．同様に，前部要素の意味が異なっても，「立川」，「館川」，「太刀川」，「多知川」のように字数に関わらず音 たち＋かわ が同じであれば 1 種類としたため，異体字，旧字・新字，いわゆる当て字も 1 種類にまとまる．ただし，前節とは異なり，「達川」たつ＋かわ，たち＋かわ，「橘川」たち＋が わ，たち＋かわ のように二つ以上の読み方がある姓は多数派と考えられる一つの読みを採った．[10]

　表 4.1 に示すように，姓の構成形態素としてやや珍しいものも含まれるが，一定の使用度があるとみなして，合計 161 種類の形態素を考察の対象とする．上から 7 行目から 11 行目までと最も下の行の形態素が，再選抜により，ローレンス（2011）に追加されたものである．

---

[10]　報道や名簿など各種情報媒体で見聞きした姓を電話帳から抽出した姓に追加して，姓の並び順，言語生活経験から判断して多数派と思われる読みを採用した．人口の多い姓も少ない姓も 1 つの読みで集計する．

表4.1　調査対象形態素（音韻分析）

高たか	竹たけ	武たけ	滝たき	谷たに	舘たて	寺てら	床とこ	留とめ	富とみ	友とも	殿との	鳥とり	取とり
近ちか	塚つか	月つき	妻つま	爪つめ	鶴つる	垣かき	釜かま	亀かめ	神かみ	上かみ	金かね	刈かり	笠かさ
形かた	方かた	川かわ	河かわ	切きり	岸きし	北きた	腰こし	越こし	口くち	熊くま	隈くま	国くに	倉くら
蔵くら	栗くり	黒くろ	草くさ	坂さか	崎さき	迫さこ	里さと	沢さわ	関せき	敷しき	島しま	科しな	尻しり
代しろ	城しろ	下した	園その	住すみ	角すみ	浜はま	花はな	原はら	張はり	橋はし	畑はた	端はた	幡はた
平ひら	広ひろ	久ひさ	堀ほり	星ほし	淵ふち	吹ふき	船ふね	伏ふせ					
建たて	立たて	立たち	辰たつ	鷹たか	岳たけ	玉たま	棚たな	種たね	時とき	年とし	虎とら	土つち	槌つち
束つか	付つけ	付つき	槻つき	積つみ	詰つめ	綱つな	常つね	面つら	潟かた	県かた	片かた	掛かけ	懸かけ
柿かき	勝かつ	樫かし	紙かみ	兼かね	狩かり	萱かや	桐きり	際きわ	駒こま	米こめ	込こめ	込こみ	串くし
組くみ	雲くも	鞍くら	桑くわ	酒さけ	先さき	咲さき	指さし	実さね	堰せき	鹿しか	品しな	白しろ	染そめ
空そら	隅すみ	墨すみ	砂すな	箸はし	鼻はな	針はり	春はる	引ひき	彦ひこ	菱ひし	鉾ほこ	蓋ふた	深ふか
房ふさ	文ふみ												
貝かい	越こえ	塩しお	添そえ	末すえ									
遠とお	飼かい	替かえ	竿さお	潮しお									

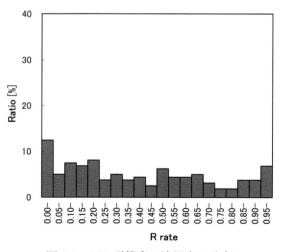

図4.1　161形態素の連濁率の分布

　その 161 種類の後部要素に対する連濁率（R rate）を図 4.1 に階級幅 0.05 ごとの割合で示す．縦軸は全体に占める構成比を％単位で示す．連濁率の平均値（標準偏差）は 0.41（0.31）である．値も分布も，前述 3.2 で得た値 0.39（0.30）および図 3.1 縦軸方向の分布と比べて，大きく変わらない．従って，本節の分析では，前節のデータから量が増えたものとして，この拡張したデータを用いる．

4.2.　後部要素構造と連濁

　後部要素の構造に関する音韻条件による連濁の様子を調べる．表 4.2 に後部要素の構造および二つの子音の調音位置の異同による連濁率を示す．「ローレンス」と記してある列は，ローレンス（2011）に電話帳から抽出した姓を足して拡張したデータに対する連濁率で，「国語研」の列は国立国語研究所（2006）に現れた姓，すなわち現代の言語生活上の使用頻度が高いとみなせる姓に関する連濁率である．「ローレンス」の連濁率は後部要素ごとの値の平均である．「国語研」の連濁率は，後部要素ごとの算出ではなく，調音位置ごとの生起数から求めた平均値である．調音位置はサ行，タ行，ザ行，ダ行の異音の観点から唇音，歯茎音・硬口蓋音，軟口蓋音，声門音の四つ（福盛 2011；浅井 2014）に分けた．この結果からは，「垣」・「柿」かき /kaki/，「舘」・「建」たて /tate/ のように後部要素の二つの子音が同じ音素の場合に連濁率が高い．

表 4.2　後部要素構造と子音調音位置による連濁率

後部要素構造	後部要素子音	形態素数	連濁率	
			ローレンス	国語研
CVV 構造	（第 2 音節に子音なし）	10	0.58	0.75
CVCV 構造	異なる調音位置	111	0.41	0.44
	同じ調音位置で異なる調音法	27	0.33	0.43
	同じ音素	13	0.55	0.93

　CVV 構造に該当する数ならびに CVCV 構造で同じ音素に該当する数が少ないため精度が低いが，表 4.2 からわかることをまとめると（10）の通りである．

(10)　後部要素となる形態素について
　　a.　CVCV 構造より CVV 構造の方が連濁しやすい．
　　b.　同一子音が連続するとき，連濁しやすい．
　　　　例：「石垣」いし＋がき＜かき /kaki/，「内館」うち＋だて＜たて /tate/

　このように，連濁には，後部要素の構造や分節音の音韻的特性が関与していることが示唆される．

4.3.　前部要素音韻条件と連濁：ライマンの法則

　前部要素の音韻条件による連濁の様子を調べる．4.1 で形態素を増やしたが，前節との関連のため，いったんローレンス（2011）のデータに戻り，その 116 種類の形態素による姓に基づき，前部要素の最後の頭子音をその有無ならびに音韻素性で大きく六つに分けた場合の連濁率を表 4.3 に示す．〈　〉内の値は前部要素末が特殊拍の場合を除いた値である．下行の整数値は該当する姓の種類数である．特殊拍のうち撥音に後接する場合の連濁率は 0.69 と高い．そして，拗音に後接する場合も 0.50 とやや高い．

表 4.3　前部要素の最後の頭子音の音韻素性による連濁率

全体	無声阻害音	有声阻害音	/r/	鼻音	接近音	φ（母音）
0.41 〈0.40〉	0.46	0.23	0.26	0.40	0.39	0.46
5,637	2,076	568	645	1,163	364	821

　この音韻素性 6 区分において，特殊拍と拗音を含むモーラに後接する場合を除いた平均連濁率（0.3963 から，表 4.3 では小数点以下 2 桁まで表示して 0.40）から期待される生起数（例えば無声阻害音の場合 2,076 × 0.3963 = 823）と実際の出現数（ここででは 952）との分布には差がある（N = 5,637，χ^2 = 58.4，df = 5，$p < 0.001$***）．表 4.3 のデータは姓の後部要素種類に関わらず前部要素の最後の頭子音の音韻素性のまとまりごとの連濁生起の様子を示したものであるが，前部要素の最後の頭子音が有声阻害音のときに連濁率が低い．これは前述 3.3 の図 3.8 で見た結果と同じであり，（2）ライマンの法則の影響であると考えられる．また，興味深いことに，前部要素の最後の頭子音が /r/ のときにも連濁率が低い（Zamma 2005）．

　続いて，4.1 で選んだ 161 形態素のうち，後部要素が「川」**かわ** や「谷」**た に** のように CVCV 構造で単独の名詞として使われることがあり，合成語の姓が 100 種類以上と多くあるものに絞り，分析・考察する．前部要素の長さごとの連濁率を表 4.4 に示す．これには前部要素が二つ以上の形態素からなる

いわゆる左枝構造の場合が含まれる（例：「小田川」{お＋だ}＋**がわ**，「江戸川」
{え＋ど}＋**がわ**）．ここでは，「谷川」**たに**＋**がわ**，**たに**＋**かわ** のように連濁・
非連濁の両形があり，使用度が話者認知上，拮抗していると判断した場合，そ
れぞれ 0.5 件として数えた．データ数が 3 以下の場合は一印を付けて値を示
していない．{　}内の値は，「藤原」**ふじ**＋**わら** のように /h/ から /w/ への変
化を含む有声化率である．

　全体として前部要素が 2 モーラのときに連濁率が低い．前部要素が 2 モーラ
のとき，および後部要素が 2 モーラのときは連濁率が低く（浅井 2014），アク
セントも平板型になりやすいため（佐藤 1989），連濁もアクセントも生起しに
くい構造条件と考えられる．しかし，「谷」のように前部要素が 1 モーラのと
き，「里」**さと** のように 3 モーラのときにも連濁率が低いものもあり，後部要
素の種類に依るようである．

表 4.4　前部要素長による姓の種類が多い形態素の連濁率

後部要素	姓種類数	前部要素長［モーラ数］			
		1	2	3	4 以上
谷 たに	709	0.03	0.02	0.44	0.42
塚 つか	290	0.93	0.62	0.72	1.00
川 かわ	913	0.64	0.28	0.74	0.46
国 くに	127	0.93	0.38	—	—
島 しま	558	0.62	0.31	0.50	0.60
坂 さか	307	0.08	0.07	0.39	—
里 さと	174	0.47	0.31	0.29	0.63
沢 さわ	444	0.93	0.61	0.67	1.00
畑 はた	314	0.71	0.06	0.23	0.57
橋 はし	296	0.56	0.07	0.77	0.83
花 はな	109	0.87	0.03	0.27	—
原 はら	925	0.19	0.05 {0.07}	0.11 {0.25}	0.26 {0.32}
堀 ほり	132	0.75	0.43	0.74	—

　このように，連濁の生起は前部要素の長さに依存するため，前部要素を和語
の数が多い 2 モーラの長さに絞り，表 4.3 のように前部要素の最後の頭子音を
その有無ならびに音韻素性で大きく六つに分けた場合の連濁率を表 4.5 に示

す.[11] 〈 〉内の値は前部要素末が特殊拍の場合を除いた値である.（ ）内の値は前部要素の最後の頭子音と後部要素の先頭子音が有声性を除いて同一の場合である（例：「中川」**なか**＋**がわ**，「助川」**すけ**＋**がわ**，および「永川」**なが**＋**かわ**，「菅川」**すげ**＋**かわ**）.後者の例のように前部要素の最後の頭子音が有声阻害音の場合，後部要素の先頭子音が有声化した場合に同一の音素になる.データ数が3以下の場合は─印を付けて値を示していない.

表4.5　前部要素の最後の頭子音の音韻素性による連濁率（前部要素2モーラ）

後部要素	姓種類数	全体	無声阻害音	有声阻害音	/r/	鼻音	接近音	Ø（母音）
谷たに	462	0.02 〈0.02〉	0.04 (0.11)	0.00 (0.00)	0.00	0.01	0.07	0.00
塚つか	242	0.62 〈0.62〉	0.74 (0.84)	0.35 (0.63)	0.56	0.63	0.31	0.68
川かわ	589	0.28 〈0.29〉	0.48 (0.70)	0.24 (0.08)	0.02	0.26	0.26	0.03
国くに	101	0.38 〈0.38〉	0.47 (0.57)	0.14 (─)	0.39	0.35	0.40	0.43
沢さわ	353	0.61 〈0.60〉	0.91 (1.00)	0.09 (0.00)	0.09	0.75	0.46	0.68
坂さか	248	0.07 〈0.08〉	0.12 (0.44)	0.00 (0.00)	0.00	0.00	0.00	0.01
里さと	134	0.31 〈0.30〉	0.44 (0.75)	0.00 (0.00)	0.05	0.27	0.38	0.44
島しま	411	0.31 〈0.43〉	0.46 (0.93)	0.07 (0.00)	0.02	0.22	0.32	0.58
畑はた	233	0.06 〈0.06〉	0.03 (─)	0.03 (0.00)	0.00	0.02	0.20	0.03

---

[11] 本節では音韻環境の影響のみ分析するため，前部要素の意味とアクセント，および後部要素との統語関係などが考慮されない.

橋 はし	218	0.07 〈0.04〉	0.03 （—）	0.05 （0.00）	0.00	0.00	0.07	0.24
花 はな	78	0.06 〈0.06〉	0.09 （—）	0.08 （—）	0.09	0.00	0.00	0.00
原 はら	530	0.05 〈0.02〉	0.01 （—）	0.00 （0.00）	0.00	0.01	0.11	0.07
堀 ほり	95	0.44 〈0.41〉	0.61 （—）	0.27 （—）	0.18	0.25	0.33	0.41

　「塚」は音韻素性 6 区分間の連濁率の分布に差がそれほど大きくなく，「沢」はかなり大きいというように，後部要素により差があるものの，おおむね前部要素の最後の頭子音が無声阻害音のとき連濁率が高く，有声阻害音および /r/ のとき連濁率が低い．また，前部要素の最後の頭子音が後部要素の先頭子音と同一の無声阻害音の場合（丸括弧内の数値参照），連濁率が高く，有声阻害音および /r/ の場合，連濁率が低い．これは第 3 節の形態素による分析で考察したような (2) ライマンの法則の作用が示唆される．該当数が少なく明確ではないが，前部要素の最後の頭子音が /z/ で後部要素の先頭子音が /s/ のとき（「沢」姓の場合，連濁 0，非連濁 9 種類，「坂」姓の場合，連濁 0，非連濁 9 種類），同じように境界をまたぐ /d/-/t/ や /g/-/k/ の有声–無声阻害音ペアの場合（「塚」姓の場合，連濁 2，両形 1，非連濁 2 種類，「川」姓の場合，連濁 1，非連濁 12 種類）に比べて，連濁率が低いようである．

　次に，姓の種類数が多く連濁率が低くない，後部要素が「塚」および「川」および「沢」の場合の前部要素の最後の頭子音と母音の音素ごとの連濁率を表 4.6，4.7 にそれぞれ示す．ここで，子音はモーラ頭子音を示す．前部要素は 2 モーラ長で，語彙層を制限せず，特殊拍で終わる場合を除く．「川」の場合，前部要素の最後の頭子音が /d/ の場合に連濁率が高く，/m/ の場合に低い，狭母音の場合に低いなどの傾向が観られる．それに対して，「塚」の場合は，前部要素の最後の頭子音の影響が小さく，狭母音のときにやや連濁しやすい．このように，後部要素によって連濁の様子が異なるようである．このような形態素ごとの差異は，前節で見た連濁傾向の固有性と同様である．

170

表4.6　後部要素「塚」「川」「沢」における前部要素の最後の頭子音ごとの連濁率

後部要素	「塚」		「川」		「沢」	
前部要素末子音	姓種類数	連濁率	姓種類数	連濁率	姓種類数	連濁率
ɸ	0	—	1	—	0	—
t	25	0.84	64	0.31	36	0.89
s	28	0.84	70	0.44	31	1.00
k	29	0.54	64	0.70	50	0.86
h	0	—	4	0.50	0	—
b	12	0.46	30	0.05	15	0.07
d	4	0.63	34	0.62	5	0.40
z	4	0.38	28	0.07	9	0.00
g	7	0.00	13	0.08	15	0.07
m	24	0.56	58	0.14	42	0.76
n	26	0.69	58	0.39	31	0.74
r	27	0.56	63	0.02	54	0.09
w	5	0.20	8	0.25	5	0.50
y	8	0.38	19	0.26	7	0.43
Ø（母音）	37	0.68	55	0.03	34	0.68

表4.7　後部要素「塚」「川」「沢」における前部要素末の母音ごとの連濁率

後部要素	「塚」		「川」		「沢」	
前部要素末母音	姓種類数	連濁率	姓種類数	連濁率	姓種類数	連濁率
i	77	0.75	148	0.08	100	0.55
e	30	0.73	90	0.39	45	0.63
a	53	0.30	121	0.57	84	0.67
o	38	0.59	101	0.36	41	0.51
u	35	0.71	109	0.11	63	0.59

　ここでわかったことをまとめると，連濁には前部要素の音韻条件が関与していると言えそうである．具体的には以下のような条件が関与していると考えられる．(11b) は (2) ライマンの法則の働きである．

(11)　姓の種類が多い後部要素について
　　　a.　前部要素の最後の頭子音が無声阻害音のとき，連濁しやすい．(表 4.3，4.5，4.6)

例：「石塚」いし＋**づか**，「北川」きた＋**がわ**，「高沢」たか＋**ざわ**

b.　前部要素の最後の頭子音が有声阻害音および /r/ のとき，連濁しにくい．（表 4.5，4.6）

例：「長塚」なが＋**つか**，「平塚」ひら＋**つか**，「藤川」ふじ＋**かわ**，「荒川」あら＋**かわ**，「水沢」みず＋**さわ**，「村沢」むら＋**さわ**

c.　後部要素の先頭子音は，前部要素の最後の頭子音と有声性のペアになりやすい．つまり，前部要素の最後の頭子音が /k/ の場合，後部要素の先頭子音が /k/ のときには連濁して /g/ に交替しやすく（例：「滝川」たき＋**がわ**，「赤川」あか＋**がわ**），前者が /g/ の場合，後者は /k/ のままで連濁しにくい（例：「杉川」すぎ＋**かわ**，「重川」しげ＋**かわ**）．（表 4.6）

4.4.　アクセントと連濁の関係の分析

アクセントと連濁との関係について考察する前に，後部要素のアクセント型と連濁との関わりを量的に眺める．後部要素の語としてのアクセントについては秋永（2003），森岡ら（2012），NHK 放送文化研究所（1998），山田ら（2012）に基づき，複数の型が掲載されている場合は本稿著者が現在優勢と判断したものを採用した．「久」ひさ　のように見出しにない形態素については，アクセント生起の性質を考察するために，普通名詞または姓に使われると仮定した場合の型を仮に決めた．姓に関しては，ローレンス（2011）に記された姓はそのアクセントを採用し，追加した姓については本稿著者がアクセントを判断した．[12] 従って，後部要素間の比較はアクセント率では可能だが生起数ではできない．ここで，姓の前部要素については語彙層による差異があってもごく小さいとして語彙層を制限しない．

図 4.2 に 161 種類の後部要素に対するアクセントがある率（A rate）を，図 4.1 の連濁率と同様に，形態素数の割合のヒストグラムで示す．平均値（標準偏差）は 0.67（0.33）である．この値と分布は，前述 3.2 の 0.65（0.30）および，図 3.1 縦軸方向の分布と大きく変わらない．

---

[12] アクセントの判断は両著者の出身である東海地区（美濃・尾張）の方言，および習得した共通東京方言に基づくため，東京式アクセントである（秋永 2003）.

172

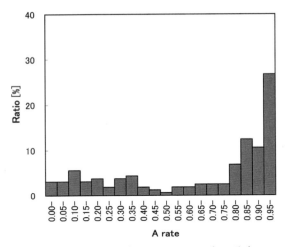

図 4.2　161 形態素のアクセント率の分布

　次に，試みとして，全ての後部要素のアクセント型ごとの姓のアクセント
率，連濁率を求める．「谷」のアクセントが普通名詞のとき平板型，姓のとき
頭高型というように使い分けられることに着目して，後部要素のアクセント型
を普通名詞のときと姓のときとに分ける．表 4.8（a）は，4.1 においてローレ
ンス（2011）を拡張したデータに基づき，6 通りのアクセント型の組み合わせ
に対する後部要素ごとの値の平均であり，[13] 全ての後部要素が等しい重みを持
つ．[14] 形態素が普通名詞でも姓でも平板型の場合，他の組み合わせよりやや連
濁しにくいようである．また普通名詞で平板型，姓で頭高型の場合，他の組み
合わせよりアクセント率がやや低い．
　表 4.8（b）は，国立国語研究所（2006）に基づいた後部要素の違いに関わら
ずアクセント型の組み合わせごとの生起数の和から求めた平均値で，多くの種
類の姓を持つ後部要素の影響が大きくなる．後部要素種類数は二つの表で共通
である．上から 2 行目の姓のアクセント型を優先して，左から平板，尾高，頭

---

[13] ここで対象とする後部要素は 2 モーラなので，中高は存在しない．頭高，尾高，平板の
3 種類から二つ取る組み合わせ方は 9 通りあるが，平板-尾高，尾高-平板，頭高-平板の組み
合わせは，頭高-平板の「樋」とい のように姓の種類数が少なく，今回の集計対象に入らない．
[14] 形態素の使用頻度，つまりなじみ度が考慮されないという意味である．前部要素の意味
とアクセント，および前部要素と後部要素の統語関係なども，未検討の課題である．

高型の順で記してある．なお，この項目に対してはアクセント判定をしていないため，表には記載していない．該当する後部要素が一つしかない頭高型–尾高型の場合は連濁率の記載を省いた．出現頻度が高い姓の集計とみなせる国立国語研究所（2006）に基づく値を用いて，「沢」のように普通名詞（尾高型）と姓（頭高型）との間の後部要素アクセント型の異同（すなわち，平板–平板のように同じか，平板–頭高のように変化するか）による連濁率を調べると，表 4.8（b）の（異同別）の行に示すように，アクセント型が異なる後部要素は 45 種類で連濁率平均値は 0.35，アクセント型が同じ後部要素は 116 種類で 0.50 であり，[15] 2 群の平均値の間に差がある（$z_0 = 2.70 > z_{0.01}$ (2.58)，$p < 0.01$**）．つまり，後部要素の音韻的な性質ごとにアクセントと連濁の生起が異なることが推定される．[16]

表 4.8（a）　アクセント型ごとのアクセント率および連濁率の平均値

アクセント型 　　普通名詞 　　　　　姓	平板 平板	尾高 尾高	頭高 尾高	平板 頭高	尾高 頭高	頭高 頭高
後部要素種類数	26	43	1	17	27	47
アクセント率	0.72	0.70	—	0.57	0.73	0.64
連濁率	0.28	0.46	—	0.49	0.37	0.43

表 4.8（b）　アクセント型ごとの平均連濁率

アクセント型 　　普通名詞 　　　　　姓	平板 平板	尾高 尾高	頭高 尾高	平板 頭高	尾高 頭高	頭高 頭高
連濁率	0.43	0.60	—	0.42	0.34	0.44
（異同別）	0.50			0.35		←注 15
連濁数／和	242/481			100/284		←注 15

図 4.3（a），（b），（c），（d），（e）にアクセント率（横軸）と連濁率（縦軸）の関係を散布図で示す．図中に入るだけの後部要素名を記す．

---

[15] 頭高–頭高型については平板–平板型，尾高–尾高型と一つの分類をなし，連濁率 0.50 になる．

[16] アクセントについては，複数の型がある形態素があり，個人差・地域差がある上，平板–平板型，尾高–尾高型は比較的稀な姓であるため，さらに検討が必要である．

174

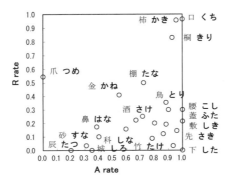

図4.3（a） アクセント率と連濁率――普通名詞：平板型，姓：平板型

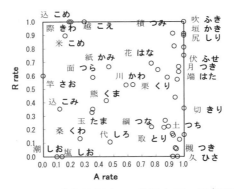

図4.3（b） アクセント率と連濁率――普通名詞：尾高型，姓：尾高型

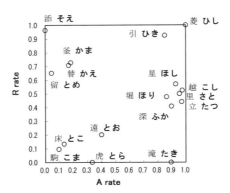

図4.3（c） アクセント率と連濁率――普通名詞：平板型，姓：頭高型

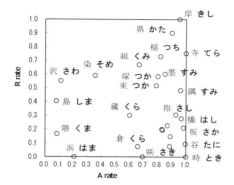

図 4.3（d）　アクセント率と連濁率 — 普通名詞：尾高型，姓：頭高型

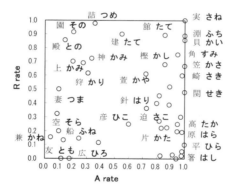

図 4.3（e）　アクセント率と連濁率 — 普通名詞：頭高型，姓：頭高型

　図 4.3（a）に示すようにアクセントが普通名詞でも姓でも平板型とした場合に，アクセント率が小さく，かつ連濁率が高い形態素が少ない．図 4.3（d）に示すようなアクセントが普通名詞のとき尾高型で姓のとき頭高型の場合も同様のわずかな偏りがある．図 4.3（c）に示すようなアクセントが普通名詞のとき平板型で姓のとき頭高型の場合は，アクセント率と連濁率の両方が中程度の形態素がやや少ない．

　ここでの試みで得られたことをまとめると，次のようになる．

（12）　後部要素のアクセントが単独の姓で平板型のとき，姓はやや連濁しにくい．

　表4.8（a）に見るように平板-頭高の組み合わせでは頭高-頭高と比べて連濁
のしやすさに差がないので，これは単独の姓のアクセントと連濁との関係であ
ると思われる．ただし，この要因の音韻的な作用は小さいために，その影響が
現れない状態となっている可能性がある．すなわち，アクセントが生起する率
も高いために，「アクセントがあれば連濁しない」という杉藤の法則が働いて
いるとすると，この要因の働きが見えにくくなっている可能性がある．

4.5. 杉藤の法則

　アクセントと連濁との関係について，第1，2節で説明した（1）杉藤の法則
の適用性を調べる．第3節（6）bのような高い杉藤率を示す形態素は先頭子
音が /t/ または /k/ である．[17] そのうち，「田」，「川」を後部要素とする姓の中
で国立国語研究所（2006）に現れた姓は一定の出現頻度があるとみなして，前
部要素が2モーラの場合について表4.3および表4.5と同様に前部要素の最後
の頭子音を音韻素性で大きく六つに分けた場合の連濁率を表4.9に示す．アク
セントは本稿著者が判断して，ここでは詳しく検討するためにアクセント有・
無の両形がある場合，それぞれ0.5件と数えた．[18]

表4.9（a）　前部要素の最後の頭子音の音韻素性によるアクセント生起数と連
　　　　　　濁生起数 —— 後部要素「田」

アクセント	連濁	計	無声阻害音	有声阻害音	/r/	鼻音	接近音	Ø（母音）
有	有	25	11	0	2	10	2	0
	無	50.5	16	13	15.5	3	2	1
無	有	47	28	0	1	10	1	7
	無	11.5	0	1	4.5	1	3	2

---

[17] 形態素数を表3.1の116種類，表4.1の161種類から，選抜条件を緩和してさらに増や
しても，すなわち見聞きすることがより少ない形態素を含めても，特定の指定のない形態素は
頻用されるものであるから，その先頭子音が /t/, /k/ であることが多いという傾向は変わらな
い．とりわけ，/k/ で始まる形態素が集団の中で占める割合は，ローレンス（2011）では27%
だが，表3.1の形態素中で35%，表3.6中で62%，（6）b中では86%と，指定が緩い条件に
なるほど高くなる．
[18] ここでは，読みは国立国語研究所（2006）を利用したため，連濁するか，連濁しないか
のどちらか一方である．

表4.9（b）　前部要素の最後の頭子音の音韻素性によるアクセント生起数と連
　　　　　　濁生起数 —— 後部要素「川」

アクセント	連濁	計	無声阻害音	有声阻害音	/r/	鼻音	接近音	Ø（母音）
有	有	7	5.5	0	0	1.5	0	0
	無	46	18	5	8	7	3	5
無	有	16	9.5	0	0	5.5	1	0
	無	6	1	4	1	0	0	0

　前部要素の最後の頭子音が有声阻害音のときは，「田」の姓でも「川」の姓で
も（2）ライマンの法則に従って連濁しにくい．そして，この条件では，「田」
を後部要素とする姓の場合，アクセントが生起しやすく（例：「藤田」ふ˥じ＋
た，「杉田」す˥ぎ＋た，「柴田」し˥ば＋た，「坪田」つ˥ぼ＋た，「窪田，久保
田」く˥ぼ＋た，「門田」か˥ど＋た），杉藤の法則に従っていると言えるが，
「川」の場合は必ずしもそうとは言えないようである．

　同様に，前部要素の最後の頭子音が /r/ のときも連濁しにくく（前述 4.2 で
の結果と同様），さらに，この条件では「田」の姓でも「川」の姓でもアクセン
トが生起しやすい（例：「成田」な˥り＋た，「広田」ひ˥ろ＋た，「鶴田」つ˥る
＋た，「森川」もり˥＋かわ，「黒川」くろ˥＋かわ，「古川」ふる˥＋かわ）．/r/ を
有声阻害音と同じに扱うならば，これらも杉藤の法則に従っていると言える．

　一方，前部要素が無声阻害音のときは，「田」の姓は連濁しやすいが，「川」
はそうとは言えない．連濁しないときは，後部要素が「田」の姓でも「川」の
姓でもアクセントが生起しやすい（例：「牧田」ま˥き＋た，「坂田，酒田」さ˥
か＋た，「横田」よ˥こ＋た，「西川」にし˥＋かわ，「関川」せき˥＋かわ，「細
川」ほそ˥＋かわ）．つまり，表 3.2 に全体像を示した，いわゆる杉藤の法則
（1）が現れている．

　このように，「田」と「川」では，多少の差異が認められるものの，おおむね
杉藤の法則が観察された．これは前述 3.2 と同様の結果である．「田」や「川」
は（6）bアクセント・連濁ともに性質が唯一に決まっておらず，かつ生産性
や使用頻度が高い形態素である．ここでの考察をもとにすると，杉藤の法則は
次のように言い換えることができる．

　（1′）　アクセントおよび連濁が生起・不生起に偏在しない形態素を後部要素
　　　　とする姓において，アクセントと連濁は択一的な関係になることがあ

る．それらは主に /t/, /k/ で始まる形態素であり，多くの種類がある姓である．

5．まとめ

　本論では先行研究に比べてデータを増やし，姓に関する連濁について分析・考察した．今回のデータおよび方法によると，限られた範囲で姓の連濁はアクセントと関連があると考えられる．形態素はアクセントと連濁に関してそれぞれ特定の振る舞いを示す．アクセントのある合成語の姓は連濁して，アクセントのない姓は連濁しないという，いわゆる杉藤の法則は全ての形態素に一律に観察されるわけではない．杉藤の法則はアクセントと連濁に関して特定の指定のない形態素の一部に観察される．

　また，連濁しやすさは音素配列に関わる可能性があり，よく知られている姓の全体，および種類が多い後部要素から成る姓については，前部要素の最後の頭子音が無声阻害音のとき連濁率が高く，有声阻害音および /r/ のとき連濁率が低い．つまり，ライマンの法則の適用範囲が前部要素の最後の頭子音まで拡張された，いわゆる拡張版ライマンの法則が観察される．

参照文献

秋永一枝（編）(2003)『新明解アクセント辞典』三省堂，東京．
浅井淳 (2014)「連濁生起の傾向と定着化」『国立国語研究所論集』7, 27-44.
福盛貴弘 (2011)「調音位置」「子音」『音声学基本事典』城生佰太郎・福盛貴弘・斎藤純男（編），90-93, 435-453, 勉誠出版，東京．
Irwin, Mark (2014) "Rendaku across Duplicate Moras," *NINJAL Research Papers 7*, 93-109.
国立国語研究所 (2006)「度数順語彙表（自立語）」『現代雑誌 200 万字言語調査語彙表 公開版（ver. 1.0)』https://www.ninjal.ac.jp/archives/goityosa/
Kubozono, Haruo (2005) "Rendaku: Its Domain and Linguistic Conditions," *Voicing in Japanese*, ed. by Jeroen van de Weijer, Kensuke Nanjo, and Tetsuo Nishihara, 5-24, De Gruyter Mouton, Berlin.
Lawrence, Wayne（ローレンス・ウエイン）(2011)「現代東京語の姓のアクセント」『日本語の研究』7(3), 1-16.
Martin, Samuel E. (1952) "Morphophonemics of Standard Colloquial Japanese" *Lan-*

guage 28(3), 48–57.

森岡健二・徳川宗賢・川端善明・中村　明・星野晃一(編)（2012）『集英社国語辞典（第3版）』集英社，東京.

NHK 放送文化研究所(編)（1998）『NHK 日本語アクセント辞典（新版）』日本放送協会，東京.

Ohta, Satoshi (2013) "On the Relationship between Rendaku and Accent: Evidence from the -kawa/-gawa Alternation in Japanese Surnames," *Current Issues in Japanese Phonology: Segmental Variation in Japanese*, ed. by Jeroen van de Weijer and Tetsuo Nishihara, 63–87, Kaitakusha, Tokyo.

佐藤大和（1989）「複合語におけるアクセント規則と連濁規則」『日本語の音声音韻（上）講座日本語と日本語教育 2』，杉藤美代子(編)，233–265，明治書院，東京.

杉藤美代子（1965）「柴田さんと今田さん —— 単語の聴覚的弁別についての一考察」『言語生活』165, 64–72，筑摩書房，東京.

上野善道（1997）「複合名詞から見た日本語方言のアクセント」『アクセント・イントネーション・リズムとポーズ』，国広哲弥・廣瀬　肇・河野守夫(編)，233，三省堂，東京.

山田忠雄・柴田　武・酒井憲二・倉持保男・山田明雄・上野善道・井島正博・笹原宏之（2012）『新明解国語辞典　第 7 版』三省堂，東京.

Zamma, Hideki (2005) "The Correlation between Accentuation and Rendaku in Japanese Surnames: A Morphological Account," *Voicing in Japanese*, ed. by Jeroen van de Weijer, Kensuke Nanjo and Tetsuo Nishihara, 157–176, de Gruyter Mouton, Berlin.

第 8 章

日本語母語児の連濁処理方略[*]

杉本　貴代

愛知大学短期大学部

1.　問題と目的

　本章では，日本語を母語とする子どもがどのように自らの言語環境を生かして連濁処理を発達変化させていくかについて，定型発達児と視覚障害をもつ子ども（全盲と弱視）を対象とする二つの研究により検討する．研究 1 では，複合語主要部のピッチアクセントと連濁処理方略との関連を検討した．研究 2 では，視覚障害をもつ子どもの連濁処理方略の発達過程を探るため，3 年間の縦断研究を行った．

　連濁は，形態音素的プロセスであり，複合語の第二要素（以下，E2 とする）の先頭の無声阻害子音（voiceless obstruents）が有声化する現象である（Vance 2015, Vance & Irwin 2016）．

(1)　連濁

　　　第一要素（E1）　＋　第二要素（E2）　→　複合語

　　　　やま　　　　＋　さくら　　　　→　やまざくら　（/s/ → /z/）

　連濁は原則として和語（やまと言葉）と呼ばれる語彙（語種, lexical strata）に起こる現象であるが（窪園 1999），単語の中に既に有声阻害音（b, d, z, g）を含む和語は連濁しない．これは，言語学的には「ライマンの法則」と呼ばれ

　*　本研究にご協力くださったすべてのお子様，保護者の皆様，そして学校・保育所の先生方に心より御礼申し上げます．

　本研究は，平成 26 年〜 28 年度科学研究費補助金（課題番号：2658008）を受けました．

る，単語（形態素）内に同じ音声特性（有声性）が並び立つことを認めない言語普遍的法則によるものである（Lyman 1894）．ライマンの法則は日本語では和語に限定的に適用される．この法則の適用を受けない外来語や漢語はもともとの音素配列の中に有声阻害子音を複数もつことができる．和語である「へび（蛇）」はライマンの法則に従うため，複合語の中で連濁して「にしきべび」となることは決してない．一方，日本語にはベビー（baby）という有声阻害音を二つ以上含む外来語がある．外来語と漢語はライマンの法則の適用を受けないためそのまま存在する．こうした特定の語種に適用される規則を子どもたちはどのように獲得するのだろうか．

　前述のとおり，連濁は単に音声的な要因によってではなく，特定の種類の単語（形態素）に適用される形態音素規則（morphophonemic rule）と定義されてきた．複合語の後部要素が主要部となる複合名詞において連濁は生起する．よりよい情報伝達には話者と聞き手の両者が複合する2語の意味的関係を理解して処理する作業が求められる．また連濁には複合語の主要部の始まりを知らせる「文法マーカー」としての役割もある（Kageyama 2010）．連濁は，音韻，語構造，統語（文法），意味の各種情報がすべて含まれる複合語に現れる現象であり，これまで主に成人の言語を対象に言語学，心理学，神経心理学の各領域で研究が行われてきた．成人対象の脳科学的手法を用いた研究からは，連濁は言語処理を伴う点が指摘されている．（尾形・林・今泉・平田・森 2000，Kobayashi, Sugioka & Ito 2014）．

　このような連濁を子どもたちはどのように獲得していくのだろうか．特異的言語障害児童の言語能力と連濁の関連を扱った知見が報告されている（Fukuda & Fukuda 1999）．しかしながら，連濁の獲得の過程そのものを扱った実証研究はほとんどなく，文字言語を使いこなす前の子どもがどのように連濁を獲得するかは知られていない．

幼児期固有の連濁処理とその発達

　幼児対象の心理言語学的研究から，（1）幼児は複合語の第二要素（E2）の語のプロソディにもとづく独自の連濁処理方略を構築し，規則として用いていること，（2）幼児期固有の連濁処理方略は，就学期を境にして質的に変化することが明らかになっている（Sugimoto 2016a）．前読み書き期の幼児は，連濁がすべての語に適用されるわけではないことに気づいている．しかし，語種や語

の由来に関する知識を持たない幼児は，成人の連濁に近似するプロセスにおいて，自らアクセス可能な「音声情報」を手がかりに連濁処理方略を構築し，規則として用いていると解釈される．日本語の語彙の音声的特徴として，連濁が適用される和語の多くは平板型ピッチアクセント語であり，外来語は頭高型アクセント語が多いことが指摘されている（窪園 2005, Kubozono 2006, Kubozono 2015）．このことから，幼児は，周囲から得られる限られた言語経験（input）からこの特徴を読み取り，複合語処理において平板型アクセント語を連濁すると考えられる．この音声に依存した連濁処理方略は，3 歳児で顕著であるが，年齢が上がるにつれて既知の頭高型アクセントの和語も徐々に連濁させるようになる（杉本 2015）．

　幼児期固有の連濁処理方略は，バイリンガル児でも観察されている（Sugimoto 2016b）．具体的には，日英語同時バイリンガル幼児は，モノリンガル児と同様の連濁処理方略を構築していくが，より規則に忠実かつ厳密であり，ある発達段階では例外的な語彙は一切連濁させないという特徴が指摘されている．また，この幼児期固有の連濁処理方略は就学期を境に消失し，成人の連濁に近づいていくことも報告されており，文字の習得がその質的変化を後押ししている可能性が考えられる．連濁は一部の例外を除いて和語に適用されるものである．和語は，平仮名書きするものであり，片仮名書きする外来語や音読みする漢語とは区別するものとして，文字言語の習得との関連を検討する必要がある．そこで，本研究では，視覚情報処理において定型発達児とは異なる発達の過程を示す（Pavani & Roder 2012）とされる視覚障害児の事例を中心に検討する．また，習得する文字体系と言語処理方略の質的変化の関連について検討するため，児童期以降の言語処理の発達過程についても追跡して検討する．

　　(2)　リサーチクエスチョン
　　　　1.　視覚障害をもつ子どもは定型発達児のような幼児期固有の連濁処理方略をもつか．
　　　　2.　視覚障害児の連濁処理方略は児童期以降にどのように質的に変化するか．

　上記のリサーチクエスチョンに対し，以下のような予測が成り立つ．まず一つめに，もし，視覚障害児（盲児と弱視）も幼児期固有の連濁処理方略をもつのであれば，平板型アクセント語を連濁させる（仮説 1）．また，幼児期固有

の連濁処理方略は視覚情報に影響されないことを意味する．もし，定型発達児と同様に盲児の連濁処理方略が質的に変化するのであれば，連濁処理方略の発達変化は視覚情報以外の要因によるものと考えられる（仮説2）．もし，仮説1のように子どもがアクセントを手がかりに連濁させているとすれば，特定のアクセント型の語の連濁を先に獲得することが予想される．もし，仮説2のようにアクセントにもとづく連濁方略を規則として使っているならば，新奇語においても既知語と同じ連濁生起傾向を示すと予想される．

2. 研究1 横断研究

方法

　複合名詞産出課題（Nicoladis 2003）の実験パラダイムを援用して実験を行った．実験計画は，アクセント（2）＊新奇・既知語（2）＊年齢（3）の3要因反復測定であった．

研究協力者

　東京方言地域に居住する視覚障害をもつ幼児8名（全盲4名，弱視4名；平均年齢64.9ヶ月，SD:10.02，月齢レンジ：49-78）と先天盲の成人1名（女性20歳）であった．また，その対照群として，定型発達の幼児合計97名（3歳28名，平均49.1ヶ月，SD: 2.82，月齢範囲：43-54；4歳児29名，平均61.7ヶ月，SD: 3.60，月齢範囲：55-66；5歳児40名，平均72.3ヶ月，SD: 3.25，月齢範囲：43-54），小学生1年生23名（平均年齢7歳3ヶ月，SD: 3.4），成人20名（平均年齢21歳4ヶ月，SD: 0.6）の研究協力を得た．

　実験は，個別面接法による複合名詞産出課題とした．複合名詞産出課題は，日本語以外でも幼児を対象とする実験で数多く用いられてきた．本研究では，英語母語児を対象にしたNicoladis（2003）の実験手法を援用し，日本語の複合名詞の刺激語を作成した．なお，実験に用いた刺激は事前調査に基づき，成人日本語母語話者であれば，95％以上連濁する和語を選んだ（データを付録で示す）．また，本研究は3歳から6歳までの幼児を対象とするため，『かどかわこども絵じてん』（村石，2008），『三省堂　こどもえじてん』，『日本語マッカーサー言語発達質問紙』（綿巻・小椋 2004）に掲載されている語を用いた．

刺激材料

　複合名詞の第一要素（修飾部），第二要素（主要部）の語の選定については，それぞれ単独では子どもに馴染みのある語とした．2 つの要素が複合した複合名詞としては子どもにとって新奇であるか，馴染みの少ないと思われる語とした（例：ひまわりたぬき，Sugimoto 2016b）．各アクセント条件の刺激語（各 8 語）には既知語と新奇語を半数ずつ（各 4 語）使用する．既知語の刺激語だけでは，子どもがアクセントのみに注目しているのか，それとも音素配列等の既有知識を利用しているのか分からないため，これらの要因の交絡の可能性を排除する．

　本研究では新奇語に古語を使用した．その理由は，次のとおりである．新奇語は，無作為に音節を組み合わせた日本語に存在しない無意味語を用いることはせず，教育的配慮から，具象物を指す日本語の古語を用いた．古語は日本語らしい音の並び（音素配列）をもつため，和語の新奇語として自然であり，また具象物が存在するため，幼児にとって無意味な学習に終わらないと考えたためである．古語の選定に際し，北原（2004）を参照した．

　複合語産課題では，第一要素（E1）を「ひまわり」で統一し，第二要素（E2）に使用した 16 語は，すべて 3 モーラ語とし，頭高型アクセント語 8 語，平板型アクセント語が各 8 セットとなるようにした．3 モーラ語で統制した理由は，幼児期の連濁は，E2 が平板型 3 モーラである語が早期に獲得される傾向があり（杉本 2015），発達差の影響を受けにくいと考えられるためである．また，頭高型アクセント 8 語と平板型アクセント語 8 語の内訳は，それぞれ既知語 4 語，新奇語 8 語になるよう配置した．新奇語については音素配列の影響を取り除くため，各年齢群をさらに 2 群に分けたうえで，新奇語のアクセント型（平板・頭高）をグループ間で入れ替えてバランス化を図った．

手続き

　連濁産出課題は，ウォームアップ試行（4），確認試行（4），テスト試行（16）の 3 段階で構成した．定型発達児と視覚障害児の視覚特性に鑑み，それぞれに分かりやすいと思われる刺激の呈示方法を選んだ．まず，定型発達幼児では，PC 画面で刺激語に相当する絵を呈示するとともに，実験者がその刺激語を読み上げた（Nicoladis 2003, Nicoladis 2007, Sugimoto 2016b）．

　視覚障害をもつ研究協力者には，実験者が刺激語を読み上げると同時に，子

ども自身が指の触覚で刺激語を表す絵を認識しやすいように，厚みのあるフェルト・ステッカーを用いて実験刺激を作成した（Figure 1）.

　また，刺激の呈示において，定型発達児では，1 試行につき 3 枚のスライド（第一要素 E1 + 第二要素 E2，複合語に相当する 3 枚の絵）を呈示したが，視覚障害の子どもにおいては，1 試行につき 2 枚の紙を利用して触覚刺激を作成した．具体的には，縦 11cm × 横 15cm の紙製のカードの表面に E1 と E2 を表す 2 種類の絵を貼り，もう 1 枚には複合語に相当する絵のステッカーを貼った．物理的に不自然でない限り，2 つの絵のステッカーを左から右への流れで統一して貼った刺激を呈示した（Appendix Figure 1）．これは，晴眼者と同様に，先天盲においても物事の変化や事象の変化の流れを左から右へと捉える傾向があるためである（Bottini, Crepaldi, Casasanto, Crollen, & Collignon 2015）.

評定方法

　複合名詞の主要部（第二要素）が連濁和語のときに正しく連濁した場合 1 点とした．主要部が不連濁和語，漢語，外来語は連濁させていない場合に 1 点として採点した．子どもの多様な回答が予想されるため，複合名詞を子ども自ら考え出した回答である場合，主要部の語頭子音が正しく回答できている場合に 1 点とした．回答が単独の単語（例：くるま）の場合や，複合名詞として回答しているが修飾部と主要部が逆転している場合（例　赤ちゃん＋コアラ⇒コアラあかちゃん）は，分析対象から除外し，可能である場合には個別の分析対象とした．連濁和語では連濁している場合に正答（1 点）となる．複合名詞で回答されたものについては，評定者は国際音声表記（IPA）に則って音声表記し，構音があいまいで判断がつかない場合はその旨を記述する形式を採用した．評定の信頼性を担保するため，実験の音声記録を発話中の濁音化については，筆者を含む日本語母語話者 2 名が別々に評定した（コーエンのカッパ係数は，$\kappa = .87$）.

結果

　本研究の研究協力者である先天盲および重度視覚障害児の人数が少数であるため，分析では母集団を想定した統計的検定は行わず，z 値により定型発達群と比較する．統制群の定型発達児と成人のデータの分析においては，IBM

SPSS（ver. 23）を使用して統計的検定を行った.

定型と非定型（視覚障害児）の連濁方略

定型発達の子どもと成人の記述統計量は Table 1 の通りである.

Table 1　*記述統計量（定型発達児と成人の連濁得点）*

	E2 = 頭高型アクセント語		E2 = 平板型アクセント語	
	既知語（SD）	新奇語（SD）	既知語（SD）	新奇語（SD）
3 歳児（N = 28）	.750（1.005）	.464（.637）	3.071（.940）	1.143（1.044）
4 歳児（N = 29）	.931（1.131）	.862（.953）	3.103（.900）	1.276（1.222）
5 歳児（N = 40）	2.125（1.223）	1.675（1.185）	3.775（.423）	2.050（1.218）
幼児全体（N = 97）	1.371（1.294）	1.082（1.106）	3.371（.821）	1.557（1.233）
小学 1 年生（N = 23）	3.435（.844）	2.870（1.058）	4（0）	2.870（1.435）
成人（N = 20）	3.850（.366）	2.50（1.100 ）	3.95（.224）	2.45（1.317）

（平均値は，各 4 点満点中の値である）

　まず，対照群である定型発達の幼児を対象とし，2（アクセント）＊2（新奇・既知語）＊3（年齢：3〜5歳）の3要因分散分析を行ったところ，2次の交互作用は有意にはならなかった $[F(2,94) = .848, p = .431, \eta^2 = .018]$. また，新奇・既知語条件と年齢の1次の交互作用も見られなかった $[F(2,94) = .274, p = .761, \eta^2 = .006]$. 一方，アクセントと新奇・既知語条件の1次の交互作用が有意になった $[F(1,94) = 87.175, p < .001, \eta^2 = .481]$ ため，アクセントの単純主効果の検定を行ったところ，既知語条件 $[F(1,94) = 271.376, p < .001, \eta^2 = .743]$，および新奇語条件 $[F(1,94) = 13.584, p < .001, \eta^2 = .126]$ の両方において有意となった. 多重比較（*Tukey* 法，5％水準）から，両条件において平板型アクセント語の連濁率が有意に高いという結果となった［既知語条件：平板型アクセント語＞頭高型アクセント語 $p < .001$（95％ *CI*：1.801, 2.295）］，［新奇語条件：平板型アクセント語＞頭高型アクセント語 $p < .001$（95％ *CI*：.226, .756）］. 以上より，定型発達の幼児3学年で平板型アクセント語をより多く連濁する傾向が確認された.

　幼児の3学年においては，アクセントが連濁を規定していることが示された. そこで，比較データとして小学1年生と成人の連濁におけるアクセントの影響を検討した. まず，小学生を対象に2（アクセント）＊2（新奇・既知

語）の 2 要因分散分析を実施した．交互作用は有意にならず [$F(1,22) = 2.246$, $p = .148$, $\eta^2 = .093$]，アクセントの主効果も有意にはならなかった [$F(1,22) = .146$, $p = .707$, $\eta^2 = .007$]．また，成人データについても同様の 2 要因分散分析を行ったが，交互作用は有意とならず [$F(1,19) = .517$, $p = .481$, $\eta^2 = .245$]，アクセントの主効果も見られなかった [$F(1,19) = .073$, $p = .789$, $\eta^2 = .004$]．これらの結果から小学 2 年生と成人の連濁はアクセントの影響を受けていないことが分かった．以上より，3 歳から 5 歳の幼児の連濁は，小学生と成人のそれとは質的に異なることが示唆された．

視覚障害児における幼児期固有の連濁処理方略

　次に盲児と弱視児の実験結果について述べる．視覚障害のみをもつ研究協力者が得にくく，サンプルサイズが小さいため，z 値をもとに定型発達群との比較を行なう（Table 2）．

Table 2　*記述統計量（視覚障害をもつ幼児および成人盲者の連濁得点）*

	頭高型アクセント語		平板型アクセント語	
	既知語（z 値）	新奇語（z）	既知語（z）	新奇語（z）
A 児（全盲・4 歳）	1（.061）	0（-0.905）	4（.997）	3（1.441）
B 児（全盲・5 歳）	4（1.533）	4（2.63）	4（.531）	4（1.601）
C 児（弱視・4 歳）	2（.945）	0（-.905）	4（.997）	4（-.905）
成人（先天盲）	4（.410）	4（1.364 ）	4（.223）	4（1.215）

（数値は各条件 4 点満点中の得点で，z 値は同年齢の定型発達児と成人の平均値，標準偏差にもとづく．）

　全盲と弱視の幼児合計 3 名の連濁処理傾向を分析するうえで，定型発達（晴眼児）の推定値を用いて算出した z 値に注目する．母集団からの乖離度（非代表性）を示す z 値の絶対値が 1.96 を超える場合にその標本は同じ母集団から得られたものと見なさない．幼児期の視覚障害児の連濁得点をみると，どの条件においても棄却域を超えておらず，むしろ平均値以上の得点であった子どももいることから（B 児），視覚障害児は定型発達児と同様の言語処理方略を用いて発達していると考えられる．

考察

研究1では，定型発達児と視覚障害児の連濁処理方略について，先に掲げた仮説1を検証した（（4）に再掲）．

(4) 仮説1：子どもは複合語主要部のアクセントを手がかりに連濁を獲得する．

まず仮説1について考察する．実験の結果から，定型発達幼児の連濁処理方略は小学生や成人の連濁と質的に異なることが示された．さらに，少数ではあるが，視覚障害の幼児においても，新奇語と既知語の各条件で平板型アクセント語の連濁が頭高型のものよりも連濁率が高くなる時期があることが示された．よって仮説1は支持された．ところで，本研究で新奇語条件を設定した目的は，子どもが複合名詞を産出における子どもの連濁に関する既有知識や音素配列の影響を取り除くことであった．子どもは知らない語でも連濁するのかを確認するためである．未知の語においても一定の連濁傾向を示すならば，幼児は規則として用いていることが分かる．

本研究の結果から，幼児は新奇語においても特定のアクセント型，すなわち平板型アクセント語を有意に多く連濁させており，幼児期の子どもは主要部のアクセント型に基づく連濁方略「平板型アクセント和語→連濁する」を規則として用いていると言える．

複合語の第二要素のピッチアクセントの型にもとづいて連濁処理する傾向が視覚障害をもつ子どもにも共通して見られたことから，幼児期固有の連濁方略の普遍性が確認された．

研究1の結果から，視覚障害の有無にかかわらず，幼児はプロソディにもとづいて独自に連濁語を定義し，連濁処理方略を構築していることが示唆された．それでは，視覚障害をもつ子どもは児童期以降にどのように発達変化するのだろうか．

そこで研究2では，視覚障害児の子どもを対象として，幼児期後半から児童期前期までの連濁処理方略の発達変化を3年間追跡した．

点字の文字特性（墨字との違い）

点字（ブライユ文字）は，18世紀にフランスのルイ・ブライユにより開発された．現在では，世界中の言語で使用されている．盲児の点字使用による言

語発達への影響が脳科学的研究から明らかにされている（Pavani ＆ Roder 2012）．すなわち，点字を処理する盲児は右手の指で点字の空間処理を行なうため，読み書きにおいて右手優位（左脳優位）となり，視覚的に文字を処理する晴眼者と脳機能の局在化も異なってくることが指摘されている．

　日本でも，点字は盲児の読み書きのツールとなっている．小学校１年生の一学期から，子どもたちは点字で書かれた本を読み，専用のタイプライターや点字専用の道具を使い点字で作文を書く．点字では，盛り上がった点の組み合わせで文字を表示し，点の組み合わせがかな文字一字に相当するが，ひらがな，カタカナに相当する文字種の区別はない．

　定型発達の子どもの場合，児童期には成人と同様の傾向を示すようになる．すなわち，複合語 E2 のピッチアクセント型に依存しない連濁をするようになる．このような質的な変化が就学を境に生じ，成人のような韻律情報に左右されない連濁方略をとるようになる発達である．しかしながら，どのような発達と学習が成人のような連濁に近づけているかについてはいまだよくわかっていない．連濁は一部の例外を除き和語に見られる現象であることから，文字言語習得の影響の可能性が考えられる．日本語のひらがなは和語に対応し，カタカナは外来語に対応して用いられていることから，文字の習得により，子どもの語彙のカテゴリー（語種）が形成され，連濁適用語（和語）に対する意識が成人と類似してくると考えられる．

　次に，学習する文字種が異なる子ども，すなわち晴眼児と盲児の連濁処理方略の発達過程を取りあげる．点字習得前の盲児は，既知語だけでなく，新奇語においても平板型アクセント語を連濁させ，頭高型アクセント語は連濁させない．一方，点字をすでに習得した全盲幼児（literate blind children）は，定型発達の晴眼児とは連濁方略がかなり異なることがわかった．定型発達の幼児は，連濁ができるようになっても和語以外への過剰一般化は見られなかった．しかし，複合名詞産出課題になれてもらうためのウォームアップ試行の中，点字習得前の盲児では，連濁させるべき和語をすべて連濁させることに加え，和語以外の語種である外来語，漢語も連濁させる語種を超えた過剰一般化が見られた (5)．

(5)　点字習得後の盲児における連濁の過剰一般化の例（（　）内は E2 の語
　　　種）

1.　himawari + hikouki → himawari**bi**kooki　　/h/ → /b/　（漢語）
2.　himawari + keeki → himawarigeeki　　　　　/k/ → /g/　（外来語）
3.　akat^{j}an + k^{j}oorjuu → akachang^{j}oorjuu　　/k/ → /g/　（漢語）
4.　akat^{j}an + haato → akachanbaato　　　　　/h/ → /b/　（外来語）

　さらに，先天盲の成人においても和語以外の語種への連濁の過剰一般化が見
られることから，音声言語から文字言語へと認知機能が拡張・発達する中で，
子どもが使いこなす文字種やそこから入力される刺激により，レキシコンの再
構成のあり方に差異が生まれていく可能性が考えられる．

　点字には，濁音と清音の区別はある．しかし，墨字のように平仮名が和語と
漢語に対応し，片仮名が外来語に使われるといった，語種と文字種の大まかな
対応は点字にはない．盲児の例から，文字習得が語彙の分類に関する子どもの
知識に何らかの影響をもたらしている可能性が考えられる．点字学習により脳
機能の局在化に特徴的な差異が見られるとの報告もある（Pavani & Roder
2012）．

3.　研究 2　縦断研究

　文字前の視覚障害をもつ幼児は，定型発達児と同様のプロソディにもとづく
連濁処理傾向を示すことが分かった．それでは，児童期以降の言語処理方略は
どのように発達するのだろうか．

方法

　研究 1 と同じ複合名詞産出課題にもとづく実験パラダイムを用いて縦断実
験を行った．研究対象は，東京方言地域に居住する全盲の幼児 4 名と弱視児 4
名合計 8 名（調査開始時平均年齢 5：9, SD: 10.02, 範囲 49m.～78m.）であっ
た．調査は，平成 26 年（T1），平成 27 年（T2），平成 28 年（T3）の 3 年間，
毎年 12 月から 3 月までの時期に実施された．保育や授業の妨げにならない休
み時間等を利用して実施された．手続きは，個別面接法による複合名詞産出課
題とし，3 要因反復測定計画（2）アクセント＊（2）新奇・既知語＊（3）時期

192

とした．また，T3 の実験の最後に，連濁する和語，連濁しない外来語および漢語を用いて複合語を作る課題も実施した．これは，盲児において連濁を外来語や漢語に過剰に応用する傾向が先天盲の成人と幼小移行期の盲児において見られたためである．二つの実験において研究 1 と同様に，盲児と弱視児に分かりやすいように作成された触覚刺激と音声による刺激語の呈示を行った．

結果

　一方，本来連濁させない外来語や漢語を用いた複合名詞産出課題も行なった．その結果，全盲の児童と成人に共通して連濁規則の拡張が見られた．連濁規則の拡張とは，キリンをギリンと連濁させるなど，本来，連濁しない漢語や外来語を連濁させていた．60 ヶ月齢時に点字未習得であった C 児は，既知語と新奇語の両方において，幼児期固有の連濁方略を用いて複合語を産出していた（平板型＞頭高型アクセント語）．点字習得後の 72 ヶ月齢時にはその傾向が消失していただけでなく，連濁を漢語と外来語に拡張していた．また，盲児 A も 72 ヶ月齢で和語の連濁が進んでいたが，さらに連濁を非連濁語にまで拡張しており，84 ヶ月齢時でも同様の連濁の過剰一般化の傾向を示していた（Table 3）．こうした連濁規則の拡張の永続性は，先天盲で点字既習の成人でも見られたことから（研究 1），連濁規則の拡張は一時的なものではなく，児童期以降の言語処理の特徴であると考えられる．

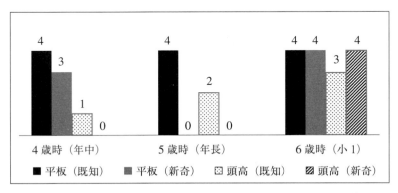

Figure 3　A 児の幼児期から児童期への連濁処理方略の発達変化（各条件は 4 点満点である）

一方，弱視児の連濁処理の発達過程を検討したところ，児童期以降に質的変化が見られたが，その方向性は，定型発達児（晴眼児）と同じものであった．すなわち，定型発達児と同様に連濁語のみ連濁させるようになるという発達の過程であった．

Table 3　*視覚障害児童の連濁処理得点*（各語種条件は 5 点満点，カッコ内は z 値）

	視覚特性	E2＝和語	E2＝漢語	E2＝外来語
A 児（7 歳 11 ヶ月）	全盲	5（1.111）	4（.952）	1（−.422）
B 児（8 歳 6 ヶ月）	全盲	4（−.223）	0（−.952）	1（−.422）
C 児（6 歳 9 ヶ月）	全盲	5（1.111）	2（0）	5（1.266）
D 児（満 7 歳）	全盲	4（−.223）	5（1.429）	5（1.266）
E 児（7 歳 11 ヶ月）	弱視	3（−1.556）	0（−.952）	0（−.844）
F 児（8 歳 2 ヶ月）	弱視	4（−.223）	1（−.476）	0（−.844）
群平均（6 名）		4.16（.75）	2（2.10）	2（2.37）

（漢語と外来語の連濁得点は規則の拡張（誤答数）を意味する）

不連濁語（漢語，外来語）の連濁処理

(6)　発達の過程

　　a.　盲児：平板型アクセント語のみ連濁 → すべて連濁する → 外来語，漢語への過剰一般化 → 小学 2 年生，成人の先天盲で観察

　　b.　弱視児：連濁和語の連濁：平板型アクセント語のみ連濁する → すべて連濁する（過剰一般化なし）不連濁語の連濁処理：規則の拡張はほとんどない．

　　c.　定型発達児：平板型アクセント語のみ連濁する → すべて連濁する．（過剰一般化はごく少数で，一時的）

総合考察

本稿では，連濁産出課題を通して晴眼の定型発達児と視覚障害児の言語処理方略の発達の過程を検討した．児童期の盲児と弱視児ではその発達の変化の方向が異なることが示された．かな文字と漢字で読み書きする弱視の子どもは定型発達児と同様の連濁処理の発達変化を示した．一方，点字を学んだ全盲児と

成人では連濁規則の拡張（過剰一般化）が見られたが，弱視児は規則の拡張をすることはなかった．このことから，習得する文字体系が日本語の語彙カテゴリー（＝和語，漢語などの語種）に対応するかどうかが児童期以降におこる連濁適用条件の再定義に影響を及ぼしている可能性が示唆された．

　以上，二つの研究から，幼児期固有の連濁処理方略は，視覚の障害の有無にかかわらず見られることが明らかになった．一方，視覚の障害をもつ子どもの中でも，視覚情報にアクセスできる弱視児と，視覚情報にはアクセスせずに言語を発達させる盲児とでは，児童期以降の連濁処理の方向性が異なることも分かった．また，先天盲の子どもの中でも個人差が見られた．具体的には，幼児期から英語を学び継続バイリンガルとなっていた盲児 C は，本来連濁しない漢語を過剰に連濁させていたが，外来語（英語）を誤って連濁させることがほとんどなかった．日本語と英語を幼児期に習得したことによる心的辞書の外来語への影響については今後検討する必要がある．

幼児期固有の連濁方略の発達的示唆

　本研究では幼児期の連濁方略の一側面を明らかにすることができた．ところで，この幼児期固有の連濁方略は日本語の語彙体系の構築において何を意味するのだろうか．連濁は特定の語種（和語）に限定されることを述べた．研究 1 の結果から，視覚障害をもつ子どもにおける幼児期固有の連濁処理方略が確認された．幼児は連濁が特定の種類の語彙に適用されるものであることを理解している．その種類について，幼児は語彙をアクセントで区別・分類し，その分類にもとづき「連濁」という規則を構築していると解釈できる．

結論

　本研究から幼児期固有の連濁方略は，視覚障害児にもみられる特徴であることが示された．幼児期以降は，定型発達児のように，質的な変化が起こり，ピッチアクセントに依存しない連濁処理を行うようになる．このとき，定型発達児は，連濁しない語種（漢語，外来語）に連濁規則を拡張することはほとんどない．しかし，盲児は連濁の条件である語種に関係なく，すべての語を連濁するようになる．この傾向は先天盲の成人にも見られることから，連濁処理方略の質的変化に語種の知識が関与しており，かな文字を学ぶ定型発達児と弱視児は，かな文字体系に沿って語種の定義が確立し，非和語に連濁規則を拡張す

ることなく，晴眼の成人のような連濁処理を行うようになると考えられる．一方，盲児の事例から示唆されることは，点字を学ぶことにより，語彙の区別が消失するか，別の区別が形成され，連濁規則の拡張が生じると考えられる．

　全盲，弱視，そして定型発達の子どもにおいて，幼児期の連濁処理方略に差異は見られなかった．しかし，点字習得後の先天盲の児童および成人において，連濁規則の拡張が見られた点から，盲児は弱視児とは質的に異なる言語学習環境にあり，自らの発達に必要な情報を取捨選択し，独自の言語処理方略（文法）を幼小移行期に形成している可能性が考えられる．

参照文献

Bottini, Roberto, Davide Crepaldi, Daniel Casasanto, Virgin Crollen, and Oliver Collignon（2015）"Space and Time in the Sighted and Blind," *Cognition* 141, 67-72.

Fukuda, Susan E. and Shinji Fukuda（1999）"The Operation of Rendaku in the Japanese Specifically Language Impaired: A Preliminary Investigation," *Folia Phoniatr Logop* 51, 36-54.

Kageyama, Taro（2009）"Isolate: Japanese," *The Oxford Handbook of Compounding*, ed. by Lieber and Štekauer, 512-528, Oxford University Press, Oxford.

北原保雄（編）（2004）『小学館全文全訳古語辞典』小学館，東京．

金田一春彦（監修）（2008）『新明解日本語アクセント辞典』三省堂，東京．

Kobayashi, Yuki, Yoko Sugioka, and Takane Ito（2014）"Rendaku（Japanese sequential voicing）as Rule Application: An ERP Study," *NeuroReport* 25, 1296-1301.

窪薗晴夫（1999）『日本語の音声』岩波書店，東京．

窪薗晴夫（2005）『アクセントの法則』岩波書店，東京．

Kubozono, Haruo（2006）"Where does Loanword Prosody Come from?　A Case Study of Japanese Loanword Accent," *Lingua* 116, 1140-1170.

Kubozono, Haruo（2015）"Introduction to Japanese Phonetics and Phonology," *Handbook of Japanese Phonetics and Phonology*, ed. by H. Kubozono, 1-40, Walter de Gruyter, Berlin.

小柳恭治（1978）『触覚の世界』光生館，東京．

Lyman, Theo（1894）*The Change From Surd to Sonorant in Japanese Compounds*, Oriental Club of Philadelphia, Philadelphia.

村石昭三（監修）（2008）『かどかわ こどもことばえじてん』角川学芸出版，東京．

Nicoladis, Elena（2003）"What Compound Nouns Mean to Preschool Children," *Brain & Language* 84, 38-49.

Nicoladis, Elena（2007）"Preschool Children's Acquisition of Compounds," *The Rep-*

196

resentation and Processing of Compound Words, ed. by Libben and Jarema, 96–124, Oxford University Press, Oxford.

Nunes, Terezinha and Giyoo Hatano (2004) "Morphology, Reading and Spelling: Looking across Language," *Handbook of Children's Literacy*, ed. by Terezinha Nunes and Peter Bryant, 651–672, Kluwer Academic Publishers, Dordrecht.

尾形エリカ・林良子・今泉敏・平田直樹・森浩一 (2000)「複合語の連濁・アクセント規則の認知機構」『音声』99 (678), 17–24, 電子情報通信学会.

Ota, Mitsuhiko (2010) "Learnability of Sino-Japanese Phonology. Linguistics of Sino-Japanese," *Linguistics of Sino-Japanese*, ed. by H. Oshima, A. Nakajima, and R. Blin, 39–56, Kurosio, Tokyo.

Ota, Mitsuhiko (2015) "L1 Phonology: Phonological Development," *Handbook of Japanese Phonetics and Phonology*, ed. by H. Kubozono, 681–717, Walter de Gruyter, Berlin.

Pavani, Frencesco and Brigitte Roder (2012) "Cross-modal Plasticity as a Consequence of Sensory Loss: Insights from Blindness and Deafness," *The New Handbook of Multisensory Processes*, Barry E. Stein, MIT Press, Cambridge, MA.

杉本貴代 (2015)「幼児期の連濁の獲得順序性と言語処理方略の発達的特徴 ―― 有標性の原理と語構造からの検討」『東京大学大学院教育学研究科紀要』第 54 巻, 261–270.

Sugimoto, Takayo (2016a) "Children's Use of Orthographic Cues in Language Processing," *Proceedings of the 38th Annual Conference of the Cognitive Science Society*, ed. by A. Papafragou, D. Grodner, D. Mirman, and J. C. Trueswell, 883–888, Cognitive Science Society, Austin, TX.

Sugimoto, Takayo (2016b) "Acquisition of Rendaku by Bilingual Children: A Case Study," *NINJAL Research Papers* 11, 83–91.

鳥居修晃・川上清文・高橋雅延・遠藤利彦(編) (2011)『心のかたちの探究 ―― 異型を通して普遍を知る ――』東京大学出版会, 東京.

Vance, Timothy J. (2015) "Rendaku," *Handbook of Japanese Phonetics and Phonology*, ed. by H. Kubozono, 397–441, Walter de Gruyter, Berlin.

Vance, Timothy J. and Mark Irwin (2016) *Rendaku or Sequential Voicing in Japanese Phonology*, Oxford University Press, Oxford.

Appendix

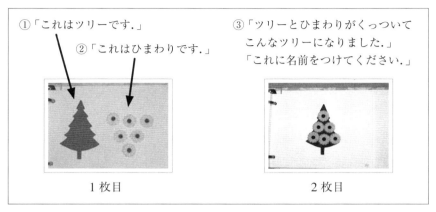

Figure 1　*視覚障害児（者）対象の触覚刺激の一例*（E2 → E1 →複合語の順で呈示した例である）

第9章

日本語学習者による連濁意識と獲得*

山形大学

1. 日本語学習者と連濁

　本章では，日本語学習者の漢字の読みにおける連濁の獲得を取り上げる．日本語を学習する日本語非母語話者にとって，漢字の読みを始めとした発音習得は困難な課題であり，加えて連濁は，いまだにその法則性が充分には見出されていないところもある．そこで，ここでは台湾・銘傳大学の日本語学習者を対象に，連濁意識調査を実施し，日本語教育における連濁獲得の可能性について考察する．

2. 連濁に関するアンケート

　調査対象は，台湾・銘傳大学の日本語学習者 234 名である．内訳は大学生225 名，大学院生 9 名で，日本語学習歴は 1 年以内 11 名，2 年以内 84 名，3 年以内 79 名，4 年以内 39 名，5 年以内 8 名，5 年超 12 名，無回答 1 名であった．
　まず漢字の発音について，以下に挙げる語が複合語になった時に，連濁を生じると思うかどうかを質問した．[1]

＊ 台湾・銘傳大学での調査では，林玉惠副教授および学生の皆さんに大変お世話になった．ここに記して感謝申し上げる次第です．
　[1] アンケートの全文（日本語版）は本章の末尾参照．なお，下記 web サイトでアンケートの全文（日本語版および中国語版），および調査結果のデータベースを公開している．
　　Nobuyuki NAKAZAWA Website
　　http://www7b.biglobe.ne.jp/~nob_nakazawa/

(1) 鍵（**かぎ**）　神（**かみ**）　組（**くみ**）　島（**しま**）　蕎麦（**そば**）　空（**そら**）
　　　旅（**たび**）　漬（**つけ**）　釣（**つり**）　花（**はな**）　針（**はり**）　札（**ふだ**）

　このうち「鍵」「蕎麦」「旅」「札」は，第2音節が濁音となっており，複合語の後部要素となっても連濁しない，いわゆる「ライマンの法則」に該当するものである.

　次に日本語学習について，学習の年数，「発音，文法，語彙，文字」の中で何が難しいか，漢字の発音を覚えるにあたって何らかの工夫をしているかどうか，を質問した．最後に，彼らの連濁に対する知識を調査した．まず連濁および「ライマンの法則」に関する説明文を提示し，その後に連濁について知っていたか，連濁の習得のために何らかの対策は考えられるか，「ライマンの法則」について知っていたか，「ライマンの法則」は連濁を覚える上で役に立つか，といったことを質問した．自由記述欄では，彼らの母国語（北京語）の使用も許した．調査期間は，2014年5月13〜16日であった.

3.　アンケート調査の結果[2]

3.1.　漢字の発音について
　調査結果は表1〜12に示す通りである.

(1)　漢字発音の調査結果
　　　表1　「鍵」を含む複合語

	鍵付き	鍵穴	合鍵	二重鍵
がぎ	8	25	165	178
かぎ	226	208	67	53
無回答	0	1	2	3

　　　表2　「神」を含む複合語

	神様	神世	死に神	女神
がみ	4	29	170	193
かみ	230	203	62	38
無回答	0	2	2	3

---

[2] 詳しい調査結果は Nakazawa ほか（2016）を参照のこと.

表3　「組」を含む複合語

	組合	組み替え	勝ち組	一組
ぐみ	57	47	201	178
くみ	177	187	33	56
無回答	0	0	0	0

表4　「島」を含む複合語

	島国	島唄	大島	宝島
じま	7	21	147	174
しま	224	210	84	57
無回答	3	3	3	3

表5　「蕎麦」を含む複合語

	蕎麦汁	蕎麦湯	笊蕎麦	盛り蕎麦
ぞば	4	5	144	120
そば	227	226	87	111
無回答	3	3	3	3

表6　「空」を含む複合語

	空色	空豆	青空	曇り空
ぞら	13	30	170	126
そら	218	201	61	105
無回答	3	3	3	3

表7　「旅」を含む複合語

	旅人	旅路	一人旅	船旅
だび	13	21	107	145
たび	218	210	124	86
無回答	3	3	3	3

表8　「漬」を含む複合語

	漬物	漬菜	浅漬け	味噌漬け
づけ	26	26	195	193
つけ	205	205	35	37
無回答	3	3	4	4

表9　「釣」を含む複合語

	釣糸	釣船	友釣り	魚釣り
づり	8	14	161	156
つり	223	217	70	75
無回答	3	3	3	3

表10　「花」を含む複合語

	花束	花嫁	一花	生花
ばな	4	6	178	212
はな	229	226	56	22
無回答	1	2	0	0

表11　「針」を含む複合語

	針金	針時計	釣り針	縫い針
ばり	12	12	169	183
はり	220	220	63	49
無回答	2	2	2	2

表12　「札」を含む複合語

	札付き	札納め	名札	花札
ぶだ	17	17	167	183
ふだ	215	215	65	49
無回答	2	2	2	2

　これを見ると，どの語も一様に「前部要素―清音のまま」「後部要素―濁音化」となる傾向があることがわかる．例えば表1「鍵」であれば，「鍵付き」「鍵穴」（前部要素）の場合は **かぎ** と答えた割合が高いのに対して，「合鍵」「二重鍵」（後部要素）の場合は **がぎ** と答えた割合が高い．この傾向がすべての語に見られるのである．これは「組」（「勝ち組」「一組」），「釣り」（「友釣り」「魚釣り」）といった，状況によって連濁の有無が分かれる語でも同様である．

　この結果は，日本語学習者に「複合語になると連濁を起こす」という認識があることを示唆している．ただしその認識が明確なものなのか，それとも感覚によるものなのかは，別途検証が必要である．

　またこの傾向は，「鍵」「蕎麦」「旅」「札」といった「ライマンの法則」に該当する語でも同様に見られることから，台湾の日本語学習者は，後部要素の濁音連続は気にならないことが推測される．このことは，多くの学習者の母語で

ある中国語（北京語）には清濁の区別がないことと関係しているのであろうか.[3]

　ちなみに，台湾人の約4分の3の人たちの母語と言われる台湾語（閩南語）には，清濁の区別がある. ただし，台湾の学校教育では中国語（北京語）が使われていることもあり，台湾の若者には台湾語が話せない人もいる. この中国語と台湾語の影響関係については，別途考察が必要である.[4]

3.2.　日本語の発音学習について

　「日本語の学習では何が難しいか」という問いについての調査結果を，図1に示す. これを見ると，台湾の日本語学習者の6割以上が，日本語の文法が難しいと感じていることがわかる. これは日本語と母語である中国語とで，文法的な性質が大きく異なっていることが背景にあると言えよう. 一方，日本語の発音は中国語に比べれば単純な構造と言える. そのこともあって，日本語学習においては発音よりも文法の方を重視してしまう傾向があると考えられる.

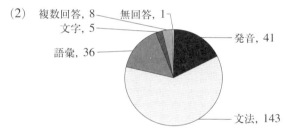

(2)　複数回答, 8　無回答, 1
文字, 5
語彙, 36
発音, 41
文法, 143

図1　日本語の学習では何が難しいか

　次に「日本語の漢字の発音を覚えるにあたって，何らかの工夫をしているか」という問いについての調査結果は，図2に示す通りである.

---

[3] 中国語母語話者による日本語の清濁の発音の問題点が，語中・語尾の清濁，とりわけ連濁の問題にあることが，吉田（1990）に報告されている. ここでは中国語母語話者の発音について，複合語の後項成分が「... 口」（「甘口」「薄口」など）「... 草」（「浮き草」「枯れ草」など）で構成されている場合，本来，非連濁のものも連濁することが述べられている.
[4] 台湾における日本語教育での台湾語音活用については，中澤ほか（2013）参照.

(3)

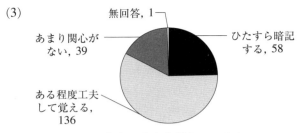

図2　漢字の発音を覚えるにあたって

　これを見ると，学習者の6割近くが「ある程度工夫して覚える」と答えていることがわかる．その後の自由記述欄では，工夫の内容として例えば次のようなものがあった．

(4)　声を出して，何度も繰り返して言う．
　　　CD を聞いて，発音を覚えます．
　　　ドラマを見る時，日本語の字幕も少し読みます．
　　　似ている中国語または台湾語の発音から連想する．
　　　日本の劇，映画を多く見たり，日本の歌を聴くなどして覚える．

　その一方で，学習者の約25％が「ひたすら暗記する」と答えている．また約17％が「あまり関心がない」と答えている．日本語学習全体から考えれば，漢字の発音学習はそれほど重要ではない，ということなのであろうか．

3.3.　連濁について

　「連濁について知っていたか」という問いについての調査結果を，図3に示す．

(5)

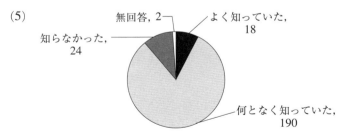

図3　連濁について知っていたか

　これを見ると，日本語学習者の8割以上が，何らかの形で連濁については知っていたことがわかる．このことが，3.1で示した調査結果にも影響を与えているのであろう．

　次に「どのようにして連濁を知ったか」という問いについての調査結果は，図4に示す通りである．これを見ると，約4分の3が「誰かに教えてもらった」か「本などで知った」ことがわかる．その後の自由記述欄では，連濁を知った経緯について例えば次のようなものがあった．

(6)

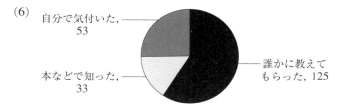

自分で気付いた，53

本などで知った，33

誰かに教えてもらった，125

図4　どのようにして連濁を知ったか

(7)　言語学の授業で教えてもらった．
　　　放課後，塾で日本語を勉強する時，日本人の先生から教えていただきました．
　　　さらに人名の読み方を調べている時に，偶然読み方がまったく同じではないことに気づき，教科書でその原因を探してみた．

　一方で，約4分の1が「自分で気付いた」と答えている．その後の自由記述欄では，連濁に気付いた経緯について例えば次のようなものがあった．

(8)　本などを読んでいるうち，その現象に気付いて，自分でググってみたら（検索してみたら）何となく分かった．
　　　語感．多く聴き，多く見た中で．
　　　字から自分で法則を見出した．

　最後に「連濁への対策」に関する問いについての調査結果は，図5に示す通りである．

(9)

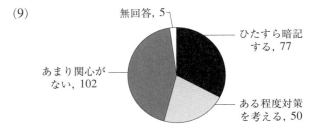

図 5 連濁への対策

　3分の1が「ひたすら暗記する」，そして4割以上が「あまり関心がない」と答えている．連濁を日本語教育で扱うことの難しさが，このようなところにも現れていると言えよう．

　その後の自由記述欄では，「連濁への対策」として例えば次のようなものがあった．

(10)　生活中でいろいろな日本語について番組を見ればいいかも．そして日本の友達と話すこと．
　　　授業で教師から説明を受けて，特に上記の連濁の解釈と同じような説明を受けて，例外は別に覚えればよい．

3.4. 「ライマンの法則」について

　「ライマンの法則を知っていたか」という問いについての調査結果は，図6に示す通りである．これを見ると，学習者の約4分の3が「ライマンの法則」を知らなかったことがわかる．このこともまた，3.1で示した調査結果に影響を与えていると考えられる．[5]

---

　[5] ここで「ライマンの法則」について「よく知っていた」「何となく知っていた」と答えた55名のうち，表1の「合鍵」を**かぎ**と答えていたのは16名（29%），**がぎ**と答えていたのは39名（71%）であった．一方，「ライマンの法則」を「知らなかった」と答えた174名のうち，「合鍵」を**かぎ**と答えていたのは48名（28%），**がぎ**と答えていたのは124名（71%）（無回答2名）であった．
　すなわち，「ライマンの法則」の知識の有無に関わらず，「合鍵」については正答率はともに約3割だったわけである．ここに限って言えば，法則の知識が実際の漢字の読みには生かされていないことがわかる．

(11)

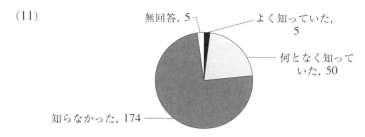

図6　ライマンの法則を知っていたか

　一方で，約4分の1が何らかの形で「ライマンの法則」については知っていた．「どのようにしてライマンの法則を知ったか」という問いについての調査結果は，図7に示す通りである．これを見ると，約4分の3が「誰かに教えてもらった」か「本などで知った」ことがわかる．その後の自由記述欄では，「ライマンの法則」を知った経緯について例えば次のようなものがあった．

(12)

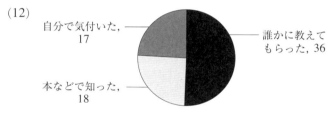

図7　どのようにしてライマンの法則を知ったか

(13)　　本を見て理解した．
　　　　先生が教えてくれた．しかしよくは覚えていない．

　一方で，約4分の1が「自分で気付いた」と答えている．その後の自由記述欄では，「ライマンの法則」に気付いた経緯について例えば次のようなものがあった．

(14)　　読んでみて，発音は流暢かどうか確認．
　　　　「ライマンの法則」に合う字をたくさん見た．

　最後に「ライマンの法則は役に立つか」という問いについての調査結果は，図8に示す通りである．

(15)

図 8　ライマンの法則は役に立つか

　これを見ると，約 3 分の 2 が「役に立つ」と答えていることがわかる．その後の自由記述欄では，「ライマンの法則」の役に立つ点について例えば次のようなものがあった．

(16)　日本語学習者にとって発音の勉強に役に立つと思います．
　　　単語の覚え方に少し助けることがあると思う．
　　　もし，発音上にある特定な方法があったら，学生は最初日本語を勉強するときに，やはり，ある程度に役に立つと思います．特に，日本語の発音は多変性を持っているので，暗記するのに，大変です．
　　　「ライマンの法則」を知った後は，例外を暗記しなければならないのを除けば，それ以外は法則に照らして覚えやすくなる．
　　　この法則を知らなければ，一つ一つみんな覚えなければならないので，とても辛い．
　　　絶対的な法則はないと言っても，もし何らかの法則を知っていれば，記憶の助けになる．人の記憶は暗記に頼るだけでは効率は良くないだろうし，何らかの法則があれば理解記憶の助けとして充分である．

4.　日本語学習者による連濁獲得の可能性

　台湾の日本語学習者には連濁の知識が身に付いており，それが実際の漢字の読みにも反映される．ところが，それが「過剰反応」とも言える現象を引き起こし，本来連濁ではない語についても連濁で読んでしまう傾向が見られることがわかった．つまり，台湾の日本語学習者の連濁意識は，やや過剰であるとも言える．
　一方，「ライマンの法則」は日本語学習者にはあまり知られておらず，また

日本語教育でもほとんど生かされていないことがわかった．この法則を活用すれば，台湾の日本語学習者の連濁意識にも変化をもたらし，連濁獲得の効果も上がるであろう．しかしそのためには，「ライマンの法則」を始めとした連濁に関する法則のさらなる整備，そしてそれを日本語教育に生かすための教育理論の整備が不可欠である．

参照文献

Nakazawa, Nobuyuki, Vance, Timothy J., Irwin, Mark and Lyddon, Paul A. (2016) "Rendaku awareness of Japanese learners in Taiwan: Students at Ming Chuan University," *Sequential Voicing in Japanese: Papers from the NINJAL Rendaku Project*, ed. by Timothy J. Vance and Mark Irwin, 57-77, John Benjamins, Amsterdam.

中澤信幸・岩城裕之・是澤範三 (2013)「日本語教育における『日台基本漢字』発音対照表の可能性について」『山形大学大学院社会文化システム研究科紀要』10, 13-20.

吉田則夫 (1990)「清音と濁音の区別 ── 日本人・中国人の場合 ──」『講座日本語と日本語教育 3　日本語の音声・音韻 (下)』, 198-218, 明治書院, 東京.

資料

連濁に関するアンケート

　私は日本の山形大学の教員で中澤信幸と申します．この度台湾人の日本語学習者を対象に，日本語教育における「連濁」について調査したいと考えています．この調査は純粋に研究を目的としたものであり，他の目的は一切ありません．皆さんの個人情報については，中澤が責任をもって保護します．ご協力くださいますよう，お願いいたします．

　それでは，次の各質問にお答えください．

0　学校名等

　学校名等についてご記入ください．

学校名	系・クラス	年
西暦　　　　　　　　　　　年生まれ	男　　・　　女	

1　漢字の発音について

　次の下線部の漢字の発音について，正しいと思うものに○を付けてください．

1.1　鍵
　鍵付き　　　　　1　かぎ（kagi）　　　　2　がぎ（gagi）
　鍵穴　　　　　　1　かぎ（kagi）　　　　2　がぎ（gagi）
　合鍵　　　　　　1　かぎ（kagi）　　　　2　がぎ（gagi）
　二重鍵　　　　　1　かぎ（kagi）　　　　2　がぎ（gagi）

1.2　神
　神様　　　　　　1　かみ（kami）　　　　2　がみ（gami）
　神世　　　　　　1　かみ（kami）　　　　2　がみ（gami）
　死に神　　　　　1　かみ（kami）　　　　2　がみ（gami）
　女神　　　　　　1　かみ（kami）　　　　2　がみ（gami）

1.3　組
　組合　　　　　　1　くみ（kumi）　　　　2　ぐみ（gumi）
　組み替え　　　　1　くみ（kumi）　　　　2　ぐみ（gumi）

| 勝ち<ruby>組<rt>か</rt></ruby> | 1 | くみ (kumi) | 2 | ぐみ (gumi) |
| 一組 | 1 | くみ (kumi) | 2 | ぐみ (gumi) |

1.4　島

島国	1	しま (shima)	2	じま (jima)
島唄	1	しま (shima)	2	じま (jima)
大島	1	しま (shima)	2	じま (jima)
宝島	1	しま (shima)	2	じま (jima)

1.5　蕎麦

蕎麦汁	1	そば (soba)	2	ぞば (zoba)
蕎麦湯	1	そば (soba)	2	ぞば (zoba)
笊蕎麦	1	そば (soba)	2	ぞば (zoba)
盛り蕎麦	1	そば (soba)	2	ぞば (zoba)

1.6　空

空色	1	そら (sora)	2	ぞら (zora)
空豆	1	そら (sora)	2	ぞら (zora)
青空	1	そら (sora)	2	ぞら (zora)
曇り空	1	そら (sora)	2	ぞら (zora)

1.7　旅

旅人	1	たび (tabi)	2	だび (dabi)
旅路	1	たび (tabi)	2	だび (dabi)
一人旅	1	たび (tabi)	2	だび (dabi)
船旅	1	たび (tabi)	2	だび (dabi)

1.8　漬

漬物	1	つけ (tsuke)	2	づけ (zuke)
漬菜	1	つけ (tsuke)	2	づけ (zuke)
浅漬け	1	つけ (tsuke)	2	づけ (zuke)
味噌漬け	1	つけ (tsuke)	2	づけ (zuke)

1.9　釣

釣糸	1	つり (tsuri)	2	づり (zuri)
釣船	1	つり (tsuri)	2	づり (zuri)
友釣り	1	つり (tsuri)	2	づり (zuri)
魚釣り	1	つり (tsuri)	2	づり (zuri)

1.10 花

花束	1 はな (hana)	2 ばな (bana)
花嫁	1 はな (hana)	2 ばな (bana)
一花	1 はな (hana)	2 ばな (bana)
生花	1 はな (hana)	2 ばな (bana)

1.11 針

針金	1 はり (hari)	2 ばり (bari)
針時計	1 はり (hari)	2 ばり (bari)
釣り針	1 はり (hari)	2 ばり (bari)
縫い針	1 はり (hari)	2 ばり (bari)

1.12 札

札付き	1 ふだ (fuda)	2 ぶだ (buda)
札納め	1 ふだ (fuda)	2 ぶだ (buda)
名札	1 ふだ (fuda)	2 ぶだ (buda)
花札	1 ふだ (fuda)	2 ぶだ (buda)

2 日本語の発音学習について

次の各質問にお答えください.

2.1 日本語を学習して何年になりますか.

| 年 |

2.2 日本語の学習では，何が難しいですか．難しい順に 1 〜 4 まで順番を付けて
ください.

| 発音 | | 文法 | | 語彙 | | 文字 | |

2.3 日本語の漢字の発音を覚えるにあたって，何らかの工夫をしていますか．当
てはまるものに○を付けてください.

1 ひたすら暗記する　　　　　　　2 ある程度工夫して覚える
3 あまり関心がない

2.4　2.3で2と答えた方は，どのような工夫をしているか説明してください.

（記入欄）

3　連濁について

次の文章を読んで，後の問に答えてください.

日本語では二つの語が結びついて複合語となる場合に，後部要素の第1音節が濁音化することがある．例えば

て（手）　＋　かみ（紙）　→　てがみ（手紙）
もの（物）　＋　つくり（作り）　→　ものづくり（物作り）

のような事象である．これを「連濁」という．ただし「連濁」は常に起こるものではない.

「連濁」がどのような時に起こるのかは，まだ十分には解明されていない．その中でライマン（Benjamin Smith Lyman）は，「複合語の後部要素に濁音が含まれる場合，連濁は起こらない」という，いわゆる「ライマンの法則」（Lyman's Law）を明らかにした．例えば

はる（春）＋　かぜ（風）　→　はるかぜ（春風）
おお（大）＋　とかげ（蜥蜴）→　おおとかげ（大蜥蜴）

のように，後部要素の第2音節以降に濁音がある場合，「連濁」は起こらない．ただし

なわ（縄）＋　はしご（梯子）→　なわばしご（縄梯子）

のような例外もある.

3.1　「連濁」について，知っていましたか．当てはまるものに○を付けてください.
　1　よく知っていた　　　　　　　2　何となく知っていた
　3　知らなかった

3.2　3.1で1または2と答えた方は，どのようにして「連濁」を知りましたか．当てはまるものに○を付けてください.
　1　誰かに教えてもらった　　　　2　本などで知った
　3　自分で気付いた

214

3.3 3.2 で 1 または 2 と答えた方は，具体的に「連濁」を知った経緯について説明してください．また 3 と答えた方は，具体的に「連濁」に気付いた経緯について説明してください．

3.4 「連濁」について，何らかの対策は考えられますか．当てはまるものに○を付けてください．
    1 ひたすら暗記する   2 ある程度対策を考える
    3 あまり関心がない

3.5 3.4 で 2 と答えた方は，どのような対策を考えているか説明してください．

3.6 「ライマンの法則」について，知っていましたか．当てはまるものに○を付けてください．
    1 よく知っていた   2 何となく知っていた
    3 知らなかった

3.7 3.6 で 1 または 2 と答えた方は，どのようにして「ライマンの法則」を知りましたか．当てはまるものに○を付けてください．
    1 誰かに教えてもらった   2 本などで知った
    3 自分で気付いた

3.8 3.7 で 1 または 2 と答えた方は，具体的に「ライマンの法則」を知った経緯について説明してください．また 3 と答えた方は，具体的に「ライマンの法則」に気付いた経緯について説明してください．

3.9　「ライマンの法則」は，日本語の「連濁」を覚える上で役に立ちますか．当て
　　はまるものに○を付けてください．
　　1　大いに役に立つ　　　　　　　　2　ある程度役に立つ
　　3　あまり役に立たない

3.10　3.9 で 1 または 2 と答えた方は，具体的に「ライマンの法則」のどんな点が
　　役に立つか説明してください．

　　このアンケート以外に，直接インタビューを受けてもいいという方は，以下
にお名前とご連絡先をお書きください．（電子メールのアドレスでも結構で
す．）また，何かこのアンケートに関するご意見があればお書きください．ア
ンケートへのご協力ありがとうございました．

お名前	連絡先
ご意見	

第 10 章

東北山形方言の連濁[*]

宮下　瑞生

モンタナ大学

1.　はじめに

　日本語には，多種多様の方言が現存することはよく知られている．その中には津軽方言など，他の方言話者との相互理解の可能性が低いものもある．だが，相互理解ができるかできないかにかかわらず，日本語の各方言は個々の言語ではなく，日本語のバリエーションと位置づけられるのが一般的である．これまでの方言研究においては，辞書学や記述が主であり，音声学または音韻論研究は極めて少ないほか，標準語のデータを基に調査されてきているものがほとんどである．とくに連濁など，テーマが特殊になると各日本語方言の研究はかなり稀である．そこで，本章では一般的な現代東京語の研究から離れ，東北地方の山形県河北町で話されている方言に焦点を絞り，その連濁について考察し調査した結果をまとめる．本稿では，河北方言の音声を上つき文字（super-

---

　[*] 本章における研究に携わったさまざまな方々に感謝の意を表したい．まず，河北町方言調査に参加していただいた町民の方々，そして調査準備と当初にサポートしていただいた方々，特に矢作春樹氏，斉藤敏宏氏，斉藤朝子氏，林昌睦氏，林陽子氏の協力があって始めてこの研究が成り立つことになった．なお，インタビューに同行した共同調査員，ティモシー・バンス，アーウィン・マーク，イアン・ウィルソン，竹村亜希子の各氏にも感謝したい．バンス氏には筆者の母語である河北方言の連濁研究につてのアイデア考察から，各研究段階における指導と共同論文執筆，そして本章執筆まで多大なアドバイスを得た．アーウィン氏には調査地での会議準備，本章の基となった前出版物の原稿段階と連濁研究全般の議論を通して協力を得た．ウィルソン氏にはインタビュー時の録音管理全般とデータの統計分析を委任した．竹村氏には調査期間の調査班の準備と事業管理をお任せした．さらに，本章に用いられた地図製作は，モンタナ大学のケヴィン・マクマニガル氏の協力による．最終的な仕上がりにおいての文責は言うまでもなくすべて筆者が負う．

script) の ^K を用いて表示する.

2. 山形県河北町方言

　東北地方南西部に位置する山形県（図 1 左）には，他県同様，方言が多数存在する．矢作 (2003) の調査に基づく例をあげると，山形には「いろり」を表す言葉が 14 種類存在するという．この一例をとってみても，一つの方言に限定して考察したほうが無難であると言える．尚，山形方言の中で記述が最も多いのは山形北西部の鶴岡方言であるが（国立国語研究所 1953, 1974, 1994, 2006, 2007; 江川 1994; Matsumori & Onishi 2012,「鶴岡市における言語調査」研究グループ 2014），ここでは敢えて山形県内陸中心部に位置する河北町（図 1 右）で話されている方言を採り上げる．その理由は，第一に，河北方言の記述がすでに存在し（矢作 1970, 1996, 1999, 2003），第二に，著者が河北町出身で方言話者とのネットワークがあり，調査にあたって有利であったからである．

　河北方言には他の様々な方言同様，標準語とは異なる現象が多数みられ，標準語には訳せない特別な単語が存在する．例えば，^K/yabatsui/「やばつい」は，河北方言では水しぶきがかかった時に感じる不快感を表すが，この単語は標準語にはない．標準語話者は同じような場面では「冷たい」を用いるであろう．しかし，「やばつい」は，かかった水しぶきの温度にかかわらず使用できる点で「冷たい」とは大きく異なる．さらに，水しぶきを他人に故意にかけられた時や，雨などの自然現象によって水がかかった時にもこの表現を使うことができる．ちなみに隣接する宮城県仙台では，同じ「やばつい」という言葉が使われるが，意味が微妙に異なる．仙台方言の「やばつい」で表される不快感は濡れた時や湿った時のもので，特に水しぶきからくるものでなくてもよい．

　他に文法的に独特なものもあり，例として丁寧を表す接尾辞 ^K/Qsu/「っす」が挙げられる．これは疑問文であっても必ず文末に現れる．

　　(1)　今日も雨だがっす？

　他の東北方言同様，河北方言では標準語とは異なる助詞や接尾語が使われる．格助詞の /o/「を」に対して ^K/ba/「ば」，/ni/「に」のかわりに ^K/sa/「さ」を使い，進行形には接尾辞の ^K/Qta/「った」が用いられる．^K/kuQta/「くった」

は「食べている」の意，^{K}/hasuQta/「はすった」は「走っている」の意，そして^K/šiQta/「〜しった」または^K/suQta/「〜すった」は「〜している」の意である．

図1．　山形県と河北町の位置

2.1.　河北方言の音韻と語形態

2.1.1.　子音について

　表1は河北方言に起こるもっとも伝統的と思われる子音を示す．これによると現在の東京方言に近いように見えるが（Vance 1987, 2008; Irwin 2011; Tranter & Kizu 2012），異音観察してみると東京方言と随分と異なることがわかる．特に河北方言の破裂音と破擦音の異音は特徴的である．無声破裂音と無声破擦音のうち，^{K}/t k c č/ の表層形は母音間で [d g dz dz] と変化する．ただし無声破裂音の ^{K}/p/ と無声摩擦音の ^{K}/f s š h/ は母音間であっても有声化しない．同時に同じ環境で ^{K}/b d g z/ はすべて鼻濁音 [^{m}b ^{n}d ^{n}g~ŋ ^{n}dz ^{n}dz] になる．この破裂音と破擦音の異音特徴は東北方言に共通である．

	両唇音	歯茎音	硬口蓋音	軟口蓋音	声門音	促音
破裂音	p	t [t ~ d]		k [k ~ kᶜ ~ g]		Q
	b [b ~ ᵐb]	d [d ~ ⁿd]		g [g ~ ⁿg ~ ŋ]		
破擦音		c [ts ~ dz]	$č$ [tɕ ~ dʑ]			
			j [dʑ ~ ⁿdʑ]			
摩擦音	f	s	$š$		h	
		z [(d)z ~ ⁿdz]				
鼻音	m	n				N
はじき音		r				
半母音			y	w		

表 1 河北方言の音素

例 (2) は河北町音素が語頭にくる単語と語中にくるものの例をまとめたものである．古くからの発音を保つ話者は ᴷ/g/ を [ⁿg] と発音するが，そうでない者は単に鼻濁音の [ŋ] と発音する．さらに，ᴷ/k/ は ᴷ/i/ の前にわずかに摩擦音が加わる．例えば，ᴷkinna「昨日」は [kᶜin::a] である．これらは連濁とは無関係のため，本文の音声記述では [ŋg] と [k] に統一することにする．

(2) 語頭   語中

t ᴷtake   [tagẹ]「竹」   ᴷhata   [hada]「旗」
k ᴷkaki   [kagɨ]「柿」   ᴷgake   [gagẹ]「崖」
c ᴷcuki   [tsɯgi]¹「月」   ᴷmacu   [madzɯ]「町」
č ᴷčoko   [tɕogo]「ちょこ」 ᴷoča   [odza]「お茶」
p ᴷpan   [paɴ:]「パン」   ᴷkopii [kopɨ:]「コピー」
s ᴷsake   [sagẹ]「酒」   ᴷkasa   [kasa]「傘」
š ᴷšake   [ɕagẹ]「鮭」   ᴷbašo   [baɕo]「場所」
b ᴷban   [baɴ:]「晩」   ᴷbaba   [baᵐba]「婆」
d ᴷdake   [dagẹ]「だけ」   ᴷmado   [maⁿdo]「窓」
g ᴷgaki   [gagɨ]「餓鬼」   ᴷkagi   [kaⁿgɨ]「鍵」
j ᴷjonda [dzoɴ:da]「上手」 ᴷmajo   [maⁿdzo]「魔女」
z ᴷzaru   [dzarɯ]「ざる」   ᴷkazu   [kaⁿdzɯ]「数」

¹ ここでは IPA にはない [ɯ] を使用する．[ɯ] よりも中舌よりで，[ɨ] よりも後舌である．

　ちなみに，河北方言に見られる特徴的と思われる点を記しておく．（3）の例
は音声学的に興味深い．Vance, Miyashia & Irwin（2014）によると，河北方
言では，音節の頭子音の両唇鼻音 [m] を長子音として発音する話者がいるよ
うである．（4）は，形態学的または音韻論的に興味深い例である．標準語の和
語では有声阻害音は促音化しないが，同方言には，有声であるにもかかわらず
促音となってあらわれる阻害音が多々みられる．

(3)	^к*himo*	[ɕim:o]	「紐」
	^к*yama.gata~šama.gata*	[jam:aᵑgada ~ ɕam:aᵑgada]	「山形」
(4)	^к*kiǫdee*	[kɨd:ɛ:]	「切りたい」
	^к*saǫda*	[sad:a]	「〜された」

2.2.　母音

　東北方言全般において顕著に現れるものに中舌高母音（中舌狭母音）がある．
河北方言の高母音は標準語の高母音に比べ中舌音に近い（[ɨ]；[ɯ]）．河北方
言の母音の音素と音声表記は（5）に，例は（6）に示した．

(5)		*i* [ɨ]		*u* [ɯ]
		e [ẹ]		*o* [o]
			a [a]	
(6)	*e*	[ẹ]	^к*eki*	[ẹgɨ]	「駅」
	a	[a]	^к*aka*	[aga]	「赤」
	o	[o]	^к*ore*	[orẹ]	「俺」
	i	[ɨ]	^к*ika*	[ɨga]	「イカ」
	u	[ɯ]	^к*uǫšo*	[ɯɕ:o]	「後ろ」

　井上（1994b）によると，山形県北西部の鶴岡方言の母音は 6 つに分けられ，
なかでも [ɛ:] は歴史的に見て [ai] と [oi] と [ae] の融合型であるという．例
（4）にあるように，河北方言にもこの [ɛ:] は見られる．また ^к*e* は標準語の /e/
より舌の位置が高いことが多いが /i/ ほど高くはない．よって，たいへん似て
はいるが，^к*eki* [ẹgɨ]「駅」と ^к*iki* [ɨgɨ]「息」は対比する．
　東北方言の ^к*u* は ^к*s c z* などの歯茎音に続く場合，標準語の /i/ が /š č j/ な
どの歯茎硬口蓋音に続く場合と対比する．例として，^к*dasu*「ダシ（夏野菜を

刻んでしょうゆと和えた郷土料理)」(矢作 1999)や ^{K}*suke~suge*「敷け！」
(村木 1970)があげられる.² その他下記 (7) にいくつか例をあげる.

(7)

šinbun	[ɕim:bɯN:]	^{K}*sunbun*	[sɯɯm:bɯN:]	「新聞」
suši	[sɯɕi]	^{K}*susu*	[sɯɯsɯ]	「すし」
či	[tɕi]	^{K}*cu*	[tsɯ]	「血」
hatači	[hatatɕi]	^{K}*hatacu*	[hadadzɯ]	「二十歳」
jiji	[dʑidʑi]	^{K}*zuzu*	[dzɯdzɯ]	「爺」
haji	[hadʑi]	^{K}*hazu*	[haⁿdzɯ]	「恥」

ちなみに，東北方言，少なくとも山形県鶴岡方言の長母音は標準語の長母音
よりも短い (Matsumori & Onishi 2012). 鼻音化した阻害音の前の母音も鼻
音化するが，話者による鼻音化の度合いはかなり異なるようである. これにつ
いては後にも触れる.

3. 連濁と前鼻音化

先にも触れたとおり，河北方言における ^{K}*t k c č* の音素は母音間で有声化す
るが， ^{K}*b d g j z* の音素は同じ環境で前鼻音化する. 例えば，母音間で ^{K}*mato*
「的」は [mado]，そして ^{K}*mado*「窓」は [maⁿdo] と発音される. このように，
「的」と「窓」の最小対語は標準語と河北方言どちらにおいても基底表示は同じ
mato~mado であるわけだが，表層表示では違い，標準語では無声か有声かで
あるのに対し ([mato ~ mado])，河北方言では前鼻音の有無の違いになる
([mado ~ maⁿdo]). ちなみに，この前鼻音化現象は古代日本語の名残であり
(朝山 1943; 浜田 1952; Martin 1987: 20-26)，一般的に，連濁の起源は前鼻
音化を経ているとされている (Unger 1975: 8-9; Vance 1982: 335-338;
Vance 2015). さらに，東北方言の前鼻音化は連濁と関連して考えることがで
き，河北方言の ^{K}*/h t k c č s š/* は連濁環境で [ᵐb ⁿd ⁿg ⁿdz ⁿdʑ ⁿz ⁿdʑ] と表層
する. これに対し，例 (8) に挙げたように，標準語の */h t k c č s š/* の連濁型
は [b d g~ŋ dz~z dʑ z dʑ] である. 加えて，興味深いことに，河北方言の形

---

² 矢作 (1999) はカタカナでダス（ダシ）と書いている. この括弧の中は東京方言の発音を
表している. 矢作も村木 (1970) も中舌音化された高母音の特性については言及していない.

態素内母音間の ^{K}/s š/ には有声化も前鼻音化も起こらないが，連濁の起こる複合語では前鼻音化が起こる.

(8)　　　　　　　　東京方言　　　　　　河北方言

hi + bači	[çibatɕi]	[ɕiᵐbadzɯ]	「火鉢」（ひ＋はち）
su + dare	[sɯdaɾe]	[sɯⁿdaɾe̜]	「簾」（す＋たれ）
hama + guri	[hamagɯɾi]	[hamaᵑgɯɾi]	「蛤」（はま＋くり）
mika + zuki	[mikazɯki]	[mi̜gaⁿdzɯgi̜]	「三日月」（三日＋つき）
meši + jawan	[meɕidzaɯaɴ:]	[me̜ɕiⁿdzaɯaɴ:]	「飯茶碗」（めし＋ちゃわん）
ama + zake	[amazake]	[amaⁿzage̜]	「甘酒」（あま＋さけ）
kuči + jamisen	[kɯtɕidzamiseɴ:]	[kɯdzɯⁿdzamiṣe̜ɴ:]	「口三味線」（くち＋しゃみせん）

　河北方言連濁の前研究（Vance, Miyashia & Irwin 2014）では，河北方言話者である筆者の内省をもとに，複合語の系統を 3 タイプに分けて分析した. (9a) は語彙論的に不透明な場合で，連濁の際に前鼻音化が起こるタイプである. (9b) は語彙論的に透明な複合語の場合で，前鼻音化は起こらないタイプである. このタイプは表層的には標準語とほとんど同じである. (9c) は自由変異の例で，前鼻音化する場合，しない場合両方ありうる複合語のタイプである. 標準語でもこのような例は見られ，例として waru + guči ~ waru + kuči「悪口」が挙げられる. しかし，日本国土の方言の標準語化とバイリンガリズムの影響も少なからず関係しているだろうとも述べられており，本章でもこの点について後に考察する.

(9)　a.　有声化と前鼻音化の例

　　　　^{K}hama + guri [hamaᵑgɯɾi]「蛤」
　　　　cf. ^{K}hama「浜」＋ ^{K}kuri「栗」

　　b.　有声化のみの例

　　　　^{K}te + kami [te̜gami̜]「手紙」
　　　　cf. ^{K}te「手」＋ ^{K}kami「紙」

　　c.　どちらも起こる例

$^{K}to + dana$ [to^{n}dana] ~ $^{K}to + tana$ [todana]「戸棚」

cf. ^{K}to「戸」+ $^{K}tana$「棚」

　各方言調査の論文では，しばしば話者の世代間の違いについて触れることがある．井上（1991）も述べているように，若い世代の話者は昔ながらの表現を使う割合が少なくなりつつあり，この傾向は全国に広がっている．年齢が高いほど「なまり」の度合いも高いことが予測されることからか，方言の調査や研究は，年配話者を対象に行うことが多い（例：仙波 2006 参照）．実際，河北町でもほとんど標準語しか使わない若い世代が増えている．[3] それらも踏まえると，Vance, Miyashia & Irwin (2014) のデータは，40 代話者のものであったため，伝統的な河北方言の音韻構造を反映させたものとは考えにくい．よって，本調査をするにあたり，年配話者である 60 歳以上の河北方言話者を対象とした．下記に示すが，調査の結果，Vance, Miyashia & Irwin (2014) が述べたような「語彙論的不透明さ」は連濁には関係のないことが分かった．また，前鼻音化の有無に作用するのは方言と標準語の併用する時代背景が強く関係しているようである．

4. 河北方言連濁調査

4.1. 調査方法

　河北町方言の連濁についての調査は 2012 年 5 月に谷地[4]（やち）で行われた．協力者は 63 歳から 94 歳までの男性 13 名，女性 11 名の計 24 名であった．[5] 河北町出身の筆者が河北方言で一人ずつインタビューを行った．コンピューターの画面に画像を映し，それぞれ見たものを言葉にしてもらった．画像は写真が 36 枚と漢字で書かれた文字が 7 つで，参加者にはその単語を「（主語）＿＿＿＿＿てゆた（標準語：（主語）が「＿＿＿＿＿」と言った．）」という穴あき文の＿＿＿＿＿の中にいれて発音してもらった．主語に当たる単語は，それぞれ言いやすいと思

---

[3] 等調査でも，孫が河北方言を話さないため，孫とは共通語で会話をすると語った話者が数名いた．

[4] 河北町は谷地，北谷地，西里，溝延の地域が戦後に合併した町であり，方言もそれぞれ単語レベルでの違いが見られる．調査は谷地在住の河北町民に絞られた．

[5] 他に一名 60 歳以下の女性も参加したがこの話者のデータは統計からはずした．

うものを使ってもらい，実際使われたものには ^k*zuɴca*「ずんつぁ（じいちゃん）」，^k*baɴča*「ばんちゃ（ばあちゃん）」，^k*oɴkaa*「おっかあ」，^k*kaačaɴ*「かあちゃん」そして ^k*toočaɴ*「とうちゃん」などが主であった．参加者のうち最初の数人がやり方を把握するのに時間がかかったため，7 人目からは調査とは無関係の単語「コアラ」を用いて練習してもらった．

　　録音に使われた穴あき文（carrier sentences）は標準語では主格の「が」が入るが，河北方言では「が」が使われないため，主格ではなく呼格として発音したものも数名いた．この場合，「主語！（誰かが）＿＿＿＿と言ったよ！」という意味に変わってしまうが，連濁の有無に影響を及ぼすことはないと思われるため，統計対象のデータに含んだ．

　　連濁が起こるものと（例：*hoši + gaki*），連濁の起こる前の発音を取るために複合していないもの（例：*kaki*）もリストの中に含んだ．さらに，標準語では対比がないが，河北方言では対比の起こる単語である *kage*「影」と *kage*「陰」も加えた．標準語では同音異義語であるのに対し河北方言では ^k*kage* [kaŋge]「影」と ^k*kaɴge* [kaŋ:ge]「陰」というように発音も異なる．インタビューで用いられた単語のリストは（10）に記した．これらの単語は，語源が標準語でも河北方言でも同じであるため，ここでは標準語をもとに表記した．同語源のない単語項目 06 は例外である．＊印が付いている最後の 7 項目（40–46）は，写真表現では回答が困難なので，漢字で提示した単語である．

(10)	01	*kaki*	柿
	02	*hoši + gaki*	干し柿
	03	*kagi*	鍵
	04	*ai + kagi*	合鍵
	05	*ma + na + ko*	眼
	06	^k*ko + no + ke*	このけ
	07	*ma + buta*	瞼
	08	*kama + boko*	蒲鉾
	09	*hako*	箱
	10	*tama + te + bako*	玉手箱
	11	*haši*	箸
	12	*haši + bako*	箸箱

13	*te + bukuro*	手袋
14	*fukuro*	袋
15	*kami + bukuro*	紙袋
16	*hi + bači*	火鉢
17	*hama + guri*	蛤
18	*mado*	窓
19	*mato*	的
20	*kami*	紙
21	*te + gami*	手紙
22	*iro + gami*	色紙
23	*ori + gami*	折り紙
24	*ori + zuru*	折鶴
25	*hana*	花
26	*beni + bana*	紅花
27	*nabe*	鍋
28	*futa*	蓋
29	*nabe + buta*	鍋蓋
30	*o-fuda*	お札
31	*himo*	紐
32	*šime + kazari*	注連飾り
33	*o-cuki + sama*	お月様
34	*cuki*	月
35	*miọka + zuki*	三日月
36	*kage*	影
37	*kage*	陰
38	*to + dana*	戸棚
39	*su + dare*	簾
40	*yama + gata*	*山形
41	*ha + guro + saN*	*羽黒山
42	*yu + dono + saN*	*湯殿山
43	*yama + gata + dai + gaku*	*山形大学
44	*dai + gaku + sei*	*大学生

| 45 | *gaku + nen* | *学年 |
| 46 | *cuki + zuki* | *月々 |

4.2.　前鼻音化の連濁
4.2.1.　前鼻音化のデータ

　インタビューで録音した 46 項目のうち，連濁環境の複合語は 20 項目であった．その 20 項目の項目番号，連濁の起こる複合語，第二形態素の語頭の音素と前鼻音化があった参加話者の割合を表 2 に示した．これらの複合語は標準語でもみな連濁が起こるが，第二形態素の語頭音素は ᴷ/t, c, k, h/ または /f/ で始まるものであり，標準語で ᴷ/č š s/ の音素で始まるものは含まれていない．なお，参加した話者のうち，ターゲットの単語にたどり着かなかった者もいたが，これについては後に言及する．

項目#	複合語	第二形態素 語頭音素	前鼻音化率 n	前鼻音化率 %
23	*ori + gami*	k	23 / 24	96
21	*te + gami*	k	23 / 24	96
22	*iro + gami*	k	22 / 24	92
40	*yama + gata*	k	21 / 24	88
17	*hama + guri*	k	21 / 24	88
02	*hoši + gaki*	k	21 / 24	88
39	*su + dare*	t	14 / 24	58
38	*to + dana*	t	10 / 24	42
16	*hi + bači*	h	10 / 24	42
07	*ma + buta*	f	9 / 23	39
24	*ori + zuru*	c	5 / 23	22
13	*te + bukuro*	f	4 / 24	17
46	*cuki + zuki*	c	4 / 24	17
35	*mi + ka + zuki*	c	4 / 24	17
08	*kama + boko*	h	4 / 24	17
12	*haši + bako*	h	2 / 23	9
15	*kami + bukuro*	f	2 / 24	8
10	*tama + te + bako*	h	2 / 24	8
29	*nabe + buta*	f	1 / 22	5
26	*beni + bana*	h	1 / 24	4
ALL			202 / 475	43

表 2: 河北方言連濁における前鼻音化の割合

　表2によると，前鼻音化現象は全体の43％にしかみられず，多数派ではないことが分かる．音素によっても生起率が異なり，^{K}k の前鼻音化が91％にのぼったのに対し，^{K}t の前鼻音化は50％でしかなかった．他の3音素の前鼻音化の割合は低く，^{K}c は18％，^{K}f と ^{K}h は双方とも16％であった．

　参加者別では最も前鼻音化が見られた話者は24人中4人の60％（12/20項目）で，これには最年長の94歳，農業経営の女性も含まれる．前鼻音化が最も少なかったのは30％（6/20項目）で71歳元メリヤス工場勤務の女性であった．

　次に，インタビューで得られたデータについてさらに詳しく分析する．まず，表2では後部要素の頭子音が軟口蓋音のときに前鼻音化率が高い（≧88％）ことが見て取れるが，特に，*te+gami*「手紙」に関しては96％（23/24）の話者に [ᵑg] の前鼻音化が見られ，筆者（40代）の内省（9b 参照：^{K}*te+kami* [te̜gami]）とは対照的である．「手紙」は語彙論的に比較的透明性が高く，透明性が河北方言の連濁前鼻音化に影響していることも疑われる．しかし，透明性が高い *te+gami*「手紙」と，不透明な項目 *hama+guri*「蛤」の前鼻音化の割合（88％：21/24）は，ほぼ同じであった．さらに，歯茎音で始まる語の例である *su+dare*「簾」は比較的不透明であるが，半数以上の参加者（58％）が前鼻音化を見せている．そのため，透明性と前鼻音化は無関係であると思われる．

　2.1.1 でも述べたが，河北方言では軟口蓋音の前鼻音化にはバリエーションがある（[ᵑg]~[ŋ]）．このバリエーションの存在が，表2の前鼻音化の割合が大きいことに関係しているのかも知れない．前鼻音化された阻害音すなわち [ᵐb ⁿd ⁿdz ᵑg] は，東北方言を特徴付けるものであり，東京方言には見られない．しかし，[ŋ] に関してはその限りではない．この，かなり以前に失われてしまった前鼻音化の唯一の名残である [ŋ]（橋本 1966）は，伝統的な標準語では母音間に幅広くみられるため，比較的社会的地位が高い．最近は [ŋ] ではなく [g] と発音される傾向にあるが（Hibiya 1999），これらの単語に見られる [ŋ] は現在でも規範的に「正しい」と認識されている．さらに，保守的な標準語での *k* の連濁の対は常に [ŋ] である（亀井 1956: 12; McCawley 1968: 86-87）．このような事実を考慮すると，河北方言話者が連濁環境で [ᵑg] ではなく [ŋ] と発音することがあるのは，標準語の影響があるからだと思われる．

　項目 05 と 06 では最終音節の軟口蓋音の前鼻音は起こらない．これらの項目は慣用語であり，参加者すべてが [managɯ] と [konogḛ] と発音したため，おそらく基底形は ^{K}*manaku*「まなこ（目）」と ^{K}*konoke*「このけ（まゆげ）」で

あろうと推察できる．これらの語源は二つの名詞が属格詞でつながれた形であり，語尾の拍はおそらくそれぞれ *ko*「子」と *ke*「毛」と同起源である．河北方言の無声破裂音は語頭では無声のままであるため，(11a) のように「毛」は [kẹ] と現在においても無声音である．しかし，(11b) のように複合語の後部要素として連濁が起こると，前鼻音化を伴う．参加者すべてが ^K*manaku* と ^K*konoke* を一貫して [g] を用いて発音したという事実から，項目 05 と 06 の単語は，フレーズでも複合語でもない，一つの形態素として現在は捉えられていると思われる．

(11)　a.　^K*ude no ke*　　　　　b.　^K*ude + ge*

　　　　　[ɰⁿdẹnokẹ]　　　　　　　　　[ɰⁿdẹⁿgẹ]

　　　　　'腕の毛'　　　　　　　　　　　'腕毛'

　表 2 の項目のほぼ全てに，少なくとも 2 人の参加者による前鼻音化が見られた．例外は *nabe + buta*（項目 29）と *beni + bana*（項目 26）の 2 項目のみである．よって，伝統的な河北方言では，連濁は前鼻音化を伴う有声音化として現れる，あるいは，かつてはそうであった，と結論づけられる．前鼻音化の割合の違いは単語によって異なり，幾つかの要因が相互に関係していると思われる．その要因の一つとして，先に紹介した音素 ^K*g* の異音のバリエーションの存在が挙げられる．音素 ^K*g* の前鼻音化した異音は鼻音 [ŋ] と前鼻音化した破裂音 [ⁿg] の二つのバリエーションがある．しかし，唇音と歯茎音にはこれと似たような異音のバリエーションは存在しない．^K*b* の異音は前鼻音化した破裂音 [ᵐb] のみで，鼻音 [m] はバリエーションとしては存在しない．同様に ^K*d* の異音も前鼻音化した破裂音 [ⁿd] のみで，鼻音 [n] は ^K*d* の異音のバリエーションとして存在しない．これは，[m] と [ᵐb] は音素対立し，また [n] と [ⁿd] も音素対立するが，[ⁿg] と [ŋ] との間に音素対立はないということで説明がつく．すなわち，[m] と [ᵐb] はそれぞれ /m/ と /b/ の音素が実現したもの，[n] と [ⁿd] はそれぞれ /n/ と /d/ の音素が実現したものであるが，[ⁿg] と [ŋ] は両方共同じ /g/ の音素が実現したものであるということである．他にも前鼻音化の割合の違いの要因が考えられるが，これは後に述べる．ちなみに，調査参加者の中には，語中の前鼻音化が予期される形態素，例えば (10) に挙げられた ^K*kagi*（項目 03）や ^K*mado*（項目 18）などであっても前鼻音化を発音に伴わない話者もいた．したがって，複合語の発音に統一性が見られないのも現在の河

230

北方言においては稀ではないと言える.

4.2.2. 前鼻音化表層形の多様性

　研究調査参加者の発音に，前鼻音化の有無についてかなりの多様性が見られたことは先にも述べた．録音したデータの中には，典型的な，前鼻音化した有声阻害音に聞こえるものもあれば，前母音には鼻音化が起こってはいるが，後に続く子音には鼻音化が起こっていないように聞こえるものもあった．図2は3人の [K]su + dare （項目 39）の発音のスペクトログラムである．左は 94 歳女性で，典型的な前鼻音化（[sũⁿdarę]）が観察される．中央は 65 歳女性で，前母音の鼻音化のみ観察される．右は 70 歳男性で，前鼻音化というよりも，撥音が挿入されたような状態になっているのが観察される（[sũndarę]）.

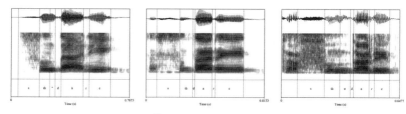

図2：三人による [K]su + dare の音声のスペクトログラム

　図2の左と中央の図から，[sũⁿdare] と [sũdarę] の違いは鼻音化母音 [ũ] と [d] の前の [n] の長さによることが分かる．左のスペクトログラムでは [ũ] が比較的長く [n] は短い．対して中央の図では [ũ] が比較的短く [n] が長い．右では [ũ] も [n] も両方長いため，この話者の例は，全く別の音素 (N) が存在していると分析できる．（[K]suNdare）[sũⁿdarę~sũdarę~sũndarę] 間では意味の相違はない．しかし，基底形が異なる [sũndarę] には，将来新しく別の意味が伴われる可能性を秘めている．実例として，河北方言の [K]kaNge [kãŋːgę]「陰」が，語源が同じ [K]kage [kãŋgę~kãgę~kaŋę]「影」と異なる基底形を持つようになったために意味が分離した事実が挙げられる.

4.2.3. その他の前鼻音化の割合への影響
4.2.3.1. 社会言語学的要素

　表2で示されたデータを，性別・世代別・職業別に分析したものを表3に

示した．T–テストの結果，性別による大きな違いは見られなかった（F ＝
42%，M ＝ 43%；t ＝ 0.103，p ＝ 0.919）．一般的に東北方言では，標準語に
比べて，語彙の選択に男女間の差が極めて少ない．例えば，一人称単数の *ore*
「俺」は，標準語では 男性話者の一部に限って使われるものであるが，河北方
言の ᵏ*ore* は性別・年齢にかかわらず使用される．しかし，最近では女性が
wataši や *ataši* を選択するケースが増えてきていることも確かである．

　表 3 のデータを世代別に見てみると，前鼻音化率は年齢が上がるにつれ増
していることがわかる．80 歳以上の話者の 50% に前鼻音化が見られ，これは，
データの上では最高率である．前鼻音化率と年齢とは，統計学的にも相関関
係があると証明された（N ＝ 24，ピアソンの積率相関係数 Pearson product-
moment correlation coefficient r ＝ 0.423，p ＝ 0.040）．よって，前鼻音化は
世代とともに減ってきている．一般的に，方言学研究ではデータを年配の話者
から採取することが多い．これは，この結果からもわかるように，年配であれ
ば「伝統的」な方言を話す確率が高いからであろう．特に日本では，第二次世
界大戦後，標準語による国語教育が推進され，それが戦後生まれの話者の発音
に影響しているのかもしれない．

	n	前鼻音化率
性別		
女性	11	42%
男性	13	43%
世代別		
60~69	9	39%
70~79	10	42%
80＋	5	50%
職業別		
現業・技術系	5	47%
総合系	17	40%

表 3：性別，年齢，職業分類による前鼻音化の割合

職業を総合系のデスクワーカーと現業・技術系の職種に二分したところ，統計
学的にも顕著な違いはみられなかった（t ＝ 1.151，p ＝ 0.132）．[6] しかし，現

---

　[6] 退職者の場合，現役時代の職種を基準とした．参加者のうち，話者一名の職業調査への回
答がなかったことと，もう一名の職業が宮司で，現業・技術系か総合系か決めかねたため，こ

業・技術系の職業に従事する話者の方が総合系デスクワーカーのグループより前鼻音を伴うことが7％ほど多く，鼻音化する傾向が強いことがわかる．

4.2.3.2. 語彙の「お国言葉」度

表2にあるように，複合語の *haši + bako*（項目12）と *tama + te + bako*（項目10）に前鼻音化を伴った発音をした参加者は二人だけであった．前鼻音化を伴うには，「どれだけその単語を頻繁に使うか」又は「使われているのを聞いたことがあるか」が関係していると考えられる．^{K}*hasu + bako*「箸箱」に関しては，箸箱の写真を見せられた際，調査参加者のほとんどが ^{K}*hasu + ire*「箸入れ」と答えた．つまり，河北方言では「箸箱」という単語は使われないのであり，河北方言としての連濁形である前鼻音化を伴った [haɕiᵐbago] という発音を耳にする機会も少ないのである．また，*tama + te + bako* は昔話の「浦島太郎」に登場するものであるが，東北の民話ではないため，参加者の日常生活でよく使われる単語ではない．さらに，日常生活には遠い存在の代物ということも重なり，これも参加者の経験上，方言としての連濁形を耳にする機会が少なかったものと考えられる．つまり，この単語は借用語であり，神話性，抽象性，非日常性もあいまって，河北方言話者にとっては，外来語のように位置付けられるのかも知れない．外来語では，ほとんどの場合連濁は起こらない．よって，*tama + te + bako* も連濁の無い言葉と捉えられたため，河北方言の特徴である連濁時の前鼻音化が適用されなかった可能性がある．前鼻音化を行った二名の参加者は，いずれも最終単語「箱」の語頭に前鼻音化を見せ，[tamadeᵐbago] と発音したが，このことから，この二人は「玉手箱」をお国言葉化して扱っていることが伺われる．

nabe + buta（項目29）と *beni + bana*（項目26）の発音に前鼻音化が見られたのは，わずか一名だけであった．これも，同じ「お国言葉性」を使って説明をすることができるだろう．まず，「鍋蓋」の場合，ほとんどの参加者が *nabe + buta* という単語を即座に思いつくことができなかった．代わりに参加者が思いついたのは *nabe no futa*「鍋の蓋」であった．複合語形を思いつくことができたのは，調査員がヒントを（多くは複数）出してからであった．例を挙げてみる．参加者が鍋蓋の写真を見て「鍋の蓋」と言った後，調査員が河北方言

の二名はデータからはずした．

で「他の言い方でお願いします（訳）」または「『の』を抜いて言ってみて下さ
い（訳）」などと指示して初めて，ほとんどの参加者が [nabe̥bɯ̥ta] と前鼻音化
抜きでいうことができた．また，[nabe̥ɸɯ̥ta] と無声化母音を用いたものを
言った直後に標準語と同じ連濁形の [nabebɯta] や「鍋」の第二子音を前鼻音
化させた [naᵐbe̥bɯta] に言い直したケースが多々あった．このやり取りから，
この単語そのものが普段使われていないものであることがわかる．ちなみに，
調査参加者のうち 27％（6/22）が前鼻音化した [ᵐb] を「鍋蓋」の第二子音
（「鍋（なべ）」の「べ」の子音）に用いた（[naᵐbe̥bɯta]）．しかし，前鼻音化が
第二子音に見られた場合でも，4.2.2 の図 2 の中央のスペクトログラムの示す
ようなかすかなものしか観察できない．

　一つの例外を除いて前鼻音化のみられなかった「鍋蓋」に関係する興味深い
研究がある．それは上野（2015）の岩手方言の記述である．これによると，前
鼻音化を伴う阻害音は連続して起こらないという制約があるという．例えば，
ᴵʷᵃᵗᵉ/hana + bi/ [hanãᵐbi̥]「花火」は第二形態素「火」の語頭が前鼻音化するが，
ᴵʷᵃᵗᵉ/kaba + bi/ [kãᵐbabi̥]「樺火」の場合，直前の音節の子音に前鼻音化が起
こっているため，「火」の前鼻音化は起こらない．もし，この制約が同じ東北
地方に位置する河北方言にも存在するのであれば，また，もし「鍋蓋」が完全
にお国言葉化されたとしたら，その発音は，「鍋」の第二子音は前鼻音化させ
るが「蓋」の第一子音は前鼻音化させない [nãᵐbe̥bɯdɑ] であろうと推測でき
る．実際，そのように発音した話者は 8 人にのぼった．

　一方，「紅花」beni + bana（項目 26）の前鼻母音化率が低かったことについ
ては次のように考えられる．紅花の原産地は日本ではなく，エジプトである．
しかし，紅花は山形県の重要な特産物で，河北町は紅花の町として知られてお
り，河北町民なら紅花を知らない者はいないと言っても過言ではない．その一
方で，かつて江戸時代（1600–1868），紅花は，山形県を内陸から北西に走る
最上川を伝い，庄内を通って日本海に出，さらにそこから京都に運ばれ，染色
問屋に売られていた．そのため，取引に関わった多くの仲介者は東北方言話者
ではなかったと推測される．実際，多くの京言葉が山形に入ってきていること
が分かっている（矢作 1996）．このことから，「紅花」は，河北方言話者にとっ
て馴染みがあるものの，京都からの借用語であるために，[beni̥ᵐbana] ではな
く [beni̥bana] の発音が定着したと説明できる（Vance et al. 2013）．

　複合語がお国言葉化しない場合の理由として考えられるものは，二通りある．

一つは，話者に馴染みのない表現であること（例：鍋蓋，箸箱），そしてもう一つは，馴染みはあるが，起源をたどれば借用語であること（例：玉手箱，紅花）である．参加者は，これらの単語を発音することを強いられると，共通語で発音しようとする傾向がある．したがって，前鼻音化がこれらの単語には起こりにくいという事実は驚くに値しない．

　前鼻音化が河北方言古来の単語であるものに多く見られることは分かったが，なぜ *ma + buta*（項目 07）と *te + bukuro*（項目 13）は，それぞれ 39％と 17％という低率にとどまっているのであろうか．これらの語は，馴染みが無いわけでもなく，また，借用語でもない．これには，後部要素の連濁形が両唇音で始まっていることに関係がありそうである．かつて [p] と発音されていた音素は，1,000 年以上の間に変化を遂げ，現在では母音間で [p] が起こる単語は，標準語においても，河北方言においても，オノマトペを除くやまと言葉には存在しない（Frellesvig 2010: 201–210）．したがって，通常，河北方言の [d] や [g] に相当する標準語の子音は，母音間に起こる *t* や *k* であるが，2.1.1 の（2）に示されるように，河北方言の [b] に相当するはずの標準語の *p* は，そもそもやまと言葉には存在しない．

　要するに，連濁形の [ᵐb] を [b] と発音するようになっても，音素が減るわけではないので，河北方言に同音異義語が急激に増えることはないのである．連濁形の [ᵐb] の非連濁形は，摩擦音の [ɸ ɕ h] であり，摩擦音は母音間で有声化しない．摩擦音の [ɸ ɕ h] が有声化するのは，連濁した時のみである．つまり，有声化の原因が母音間無声子音の有声化ではなく，連濁によるものであることが明確であるために，「手袋」を [tɛᵐbɯɡɯɾo] ではなく [tɛbɯɡɯɾo] と発音してもそれほど影響がない．一方，4.2.1 で先にも述べたように，「手紙」の場合は，[tɛⁿɡamɨ] の [ⁿg] を [g] に変え [tɛɡamɨ] にすると，[g] の有声化は連濁によるものではなく，母音間有声化によるものであることになる．この場合，[tɛɡamɨ] は ᴷ*te + kami* であると解釈できる．

　本章では，河北方言の語頭の [t, ts, k] と語中母音間の [d, dz, g] は，同じ音素の異音であるという仮定に基づいて議論を進めてきた．しかし，この仮定には疑問の余地もあるということを述べておく必要があるだろう．一般的に，言語学においては，標準語の音韻論的構造を軸として各地方の方言の音韻分析を行うという強い傾向が見られるが，それでは方言は標準語の変形であるという考えが先行し，方言それぞれの構造を分析することが難しくなる．このた

め，このアプローチについてはじっくり考察する必要がある．さらに，標準語
教育が年長の河北方言話者にも影響を及ぼしている事実から，「方言は標準語
の変形である」という見方も多く存在していることは確かであると思われる．

4.2.3.3.　方言コンタクトと方言統一化

　現在，東京近郊以外を出身とする日本人のほとんどが共通語と方言の二つを
話す．バイリンガルの話す二つの言語が，共に影響しあっているということは
よく知られている（例：Fowler et al. 2008）．このような相互関係は方言間で
も起こるはずで，特に片方がいわゆる国の定める標準語である場合では，相互
影響がさらに顕著に起こるものと考えられる．「音素構造の共存（co-existent
phonemic systems）」（Fries ＆ Pike 1949）や「共存音韻構造（co-phonolo-
gies）」（Kager 1999: 405–407）は，バイリンガルや複数方言話者の音韻に関
する知識を解明する鍵を提案している．さらに，モノリンガルの言語でさえ，
実際は複数の音韻構造からなり，そこに共存する音韻構造は調和することもあ
り，また摩擦を起こすこともあるという説もある（Fries ＆ Pike 1949: 29）．
　当然，バイリンガル話者の持つ音韻構造がはっきりと二つにわかれているわ
けではなく，標準語と非標準語（方言古来の構造）を両端とした連続体上を話
者がコントロールしているのである．この状況はクレオールに見られる連続体
（DeCamp 1971）と類似している．さらに，Day（1972: 10）は，言語学研究に
おける最も重要な問題はデータの本質である，と訴えている．言い換えれば，
言語学者にとって，研究のもとになるデータが，本当に研究対象の言語のシス
テムを反映しているかどうかを完全に見極めることは不可能であるということ
である．
　教育を受けて育った方言話者のデータは，特に見極めが難しい．録音時に連
続体の標準語側に傾倒し，標準語に近づけようと発音する可能性が高いから
だ．さらに，河北方言調査では男性参加者の多くが元教員であり，学生の規範
として数十年標準語を使ってきた．そのため，元教員のほとんどが，調査員が
「なまる」ことを要求しても「方言だけで話すことは非常に難しい」と訴えてい
た．

236

5. まとめ

東北地方，山形県河北町で話される方言の連濁は，前鼻音化を伴うことがあるが，一定してはいない．前鼻音化の割合は子音によって異なり，軟口蓋音に起こる割合が最も高く，両唇音に起こる割合は極めて低い．参加者には個人差があり，同じ単語でも個人によりバリエーションにかなりの幅が見受けられた．性別と職業別による差は見られなかったが，年齢と前鼻音化の割合は比例する結果になった．

話者は標準語と非標準語を両端とした連続体上のあらゆる形の「方言」を日ごろ操っているため，方言古来の表現や発音を今日の調査で採取することはかなり困難になってきている．著しい標準語教育の結果，標準語に影響を受けていない方言を使用する者は現在の日本にいない，と言われている（Lee 2010; Heinrich 2012）．河北方言調査の参加者は，すべて学校教育をある程度のレベルまでうけており，教育言語である標準語にかなりの影響を及ぼされているに違いない．おそらく，国の計る国民標準化の河北町民へ影響の度合いは，学歴と比例するのではなかろうか．特に最終学歴が大学の場合，教授陣はたいてい全国あらゆるところから来ていることが多く，多様な方言の話者たちであるため，標準語に近い共通語を使用し，標準語にかなり近いバリエーションと接する機会が多かったはずである．また，職種が教職員や宮司などの話者は普段から標準語に近いバリエーションを使うことを社会的に求められる．さらに統計学的差はなかったが，現業・技術系職業に従事する話者より，総合系デスクワーカーのグループに標準語に近い発音が7％多く観察された．

河北方言の使用に関する複雑な社会的そして歴史的状況を考慮すると，河北町では，19世紀と20世紀に，方言と標準語の大規模な混同が起こったに違いない．河北方言は音韻構造の混合により語彙的，形態的，音韻的にもかなりの変化を遂げた．よって，連続体の非標準語側の一端も，すでに古来のものとは異なった形をしている可能性がある．河北方言，または日本各地の方言についてさらに学ぶには，幅広い調査を含め，より深求しなければならない．話者の年齢が高齢化していることから，迅速な研究や調査が望まれる．しかし，これからさらに標準語化が浸透していく中，方言古来の構造研究の進歩を望むことは，残念ながらもはや手遅れであろう．

参照文献

朝山信彌（1943）「国語の頭音節における濁音について」『国語と国文学』20(5), 422-432.

Day, Richard (1972) *Patterns of Variation in Copula and Tense in the Hawaiian Post-creole Continuum*, University of Hawaii dissertation, Honolulu

DeCamp, David (1971) "Toward a Generative Analysis of a Post-creole Speech Community," *The Pidginization and Creolization of Languages*, ed. by Dell Hymes, 349-370, Cambridge University Press, Cambridge.

江川清（1973）「最近二十年間の言語生活の変容——鶴岡市における共通語化について」『日本列島方言叢書 2　東北方言考 3：秋田県・山形県』井上史雄・小林隆・大西拓一郎・篠崎晃一（編）, 275-282, ゆまに書房, 東京.

Fowler, Carol, Valery Sramko, David J. Ostry, Sarah Rowland, and Pierre Hallé (2008) "Cross Language Phonetic Influences on the Speech of French-English Bilinguals," *Journal of Phonetics* 36, 649-663.

Frellesvig, Bjarke (2010) *A History of the Japanese Language*, Cambridge University Press, Cambridge.

Fries, Charles, and Kenneth Pike (1949) "Coexistent Phonemic Systems," *Language* 25, 29-50.

浜田敦（1952）「撥音と濁音との相関性の問題——古代語に於ける濁子音の音価」『国語国文』21(3), 198-212.

橋本進吉（1966）『國語音韻史』岩波書店, 東京.

Heinrich, Patrick (2012) *The Making of Monolingual Japan: Language Ideology and Japanese Modernity*, Multilingual Matters, Bristol.

Hibiya, Junko (1999) "Variationist Sociolinguistics" *The Handbook of Japanese Linguistics*, ed. by Natsuko Tsujimura, 101-120, Blackwell, Oxford.

井上史雄（1994a）「東北方言の子音体系」『日本列島方言叢書 2　東北方言考 1：東北一般・青森県』, 井上史雄・小林隆・大西拓一郎・篠崎晃一（編）, 80-98, ゆまに書房, 東京.

井上史雄（1994b）「鶴岡方言の音韻」『鶴岡方言の記述的研究　第 3 次鶴岡調査　報告 1』, 国立国語研究所（編）, 37-79, 秀英出版, 東京.

井上史雄・小林隆・大西拓一郎・篠崎晃一（編）（1994）『日本列島方言叢書 2　東北方言考 1：東北一般・青森県』, ゆまに書房, 東京.

井上博文（1991）「方言類義語の世代差についての一考察：熊本県方言に於ける〈数量の多〉を表す数量関係の副詞語彙を中心に」『国文学攷』130, 1-9.

Irwin, Mark (2011) *Loanwords in Japanese*, John Benjamins Amsterdam.

Irwin, Mark, and Heiko Narrog (2012) "Late Middle Japanese," *The Languages of*

    Japanese and Korea, ed. by Nicholas Tranter, 246–267, Routledge, London.

Kager, René (1999) *Optimality Theory*, Cambridge University Press, Cambridge.

亀井孝 (1956)「が行のかな」『国語と国文学』39(9), 1–14.

国立国語研究所 (1953)「地域社会の言語生活：鶴岡における実態調査」『国立国語研究所論集』, 秀英出版, 東京.

国立国語研究所 (1974)「地域社会の言語生活：鶴岡における 20 年前との比較」『国立国語研究所論集』, 秀英出版, 東京.

国立国語研究所 (1994)「鶴岡方言の記述的研究　第 3 次鶴岡調査報告 1」『国立国語研究所論集』, 秀英出版, 東京.

国立国語研究所 (2007)「地域社会の言語生活：鶴岡における 20 年間隔 3 回の継続調査」, 国立国語研究所, 東京.

Lee, Yeounsuk (2010) *The Ideology of* Kokugo*: Nationalizing Language in Modern Japan*, University of Hawai'i Press, Honolulu.

Martin, Samuel (1987) *The Japanese Language through Time*, Yale University Press, New Haven.

Matsumori, Akiko, and Takuichiro Onish (2012) "Japanese Dialects: Focusing on Tsuruoka and Ei," *The Languages of Japan and Korea*, ed. by Nicolas Tranter, 313–348, Routledge, London.

McCawley, James (1968) *The Phonological Component of a Grammar of Japanese*, Mouton, The Hague.

Muraki, Masatake (1970) "A Sound Change in a Tohoku Dialect," *Papers in Linguistics* 3, 341–347.

Ohala, John (1983) "The Origin of Sound Patterns in Vocal Tract Constraints," *The Production of Speech*, ed. by P. MacNeilage, 189–216, Springer, New York.

大西拓一郎 (1994)「鶴岡市大山方言の用言の活用」『鶴岡方言の記述的研究――第 3 次鶴岡調査　報告 1――』, 国立国語研究所(編), 141–235, 秀英出版, 東京.

仙波光明 (2006)「藍住町の方言」『阿波学会紀要』52, 157–166.

Solé, Maria-Josep (2007) "Compatibility of Features and Phonetic Content: The Case of Nasalization," *Proceedings 16th International Congress of Phonetic Sciences (ICPhS)*, 261–266.

鈴木豊 (2004)「連濁」の呼称が確立するまで――連濁研究前史――」『国文学研究』142, 124–134, 早稲田大学国文学会.

「鶴岡市における言語調査」研究グループ(編) (2014)「第 4 回鶴岡市における言語調査ランダムサンプリング調査の概要　資料編：第 1 分冊「音声・音韻」編」, 統計数理研究所・国立国語研究所, 東京.

Tranter, Nicolas and Kizu, Mika (2012) "Modern Japanese," *The Languages of Japan and Korea*, ed. by Nicolas Tranter, 268–312, Routledge, Abingdon.

Unger, J. Marshall (1975) *Studies in Early Japanese Morphophonemics*, Doctoral dissertation, Yale University.

上野善道（2015）「鼻濁音 2 題」NINJAL コロキウム，東京.

Vance, Timothy J. (1982) "On the Origin of Voicing Alteration in Japanese Consonants," *Journal of the American Oriental Society* 102, 333-341.

Vance, Timothy J. (1987) *An Introduction to Japanese Phonology*, State University of New York Press, Albany.

Vance, Timothy J. (2008) *The Sounds of Japanese*, Cambridge University Press, Cambridge.

Vance, Timothy J. (2015) "Rendaku," *The Handbook of Japanese Phonetics and Phonology*, ed. by Haruo Kubozono, 397-441, Mouton de Gruyter, Berlin.

Vance, Timothy J., Mizuki Miyashita and Mark Irwin (2014) "Rendaku in Japanese Dialects that Retain Prenasalization," *Japanese / Korean linguistics 21*, ed. by Seungho Nam, Heejeong Ko, and Jongho Jun, 33-42, CSLI, Stanford.

Vance, Timothy J.（ティモシー・J・バンス）・宮下瑞生・Mark Irwin（マーク・アーウィン）・Richard Jordan（リチャード・W・ジョルダン）(2013)「紅花と河北町方言」『アジアの人びとの自然観をたどる』，木部暢子・小松和彦・佐藤洋一郎（編），勉誠出版，東京.

矢作春樹（1970）「山形県方言概説」『山形県方言辞典』，後藤利雄・齋藤義七郎・渡辺友次郎（編），668-751，山形県方言研究会，山形.

矢作春樹（1996）「北前船が運んだ京ことば」『山形方言』28, 11-17.

矢作春樹（1996）「新・方言歳時記 1」『山形方言』31, 10-13.

矢作春樹（2003）「最上川に生きる言語文化」『最上川文化研究』1, 215-234.

索　引

1. 日本語は五十音順に並べてある．英語（などで始まるもの）は
アルファベット順で，最後に一括してある．
2. 数字はページ数を示す．

241

執筆者紹介

(50 音順)

浅井 淳（あさい・あつし）　大同大学・准教授

【主要業績】(2016)「阻害音に対する有声性判断の可変的適用 —— 硬口蓋歯茎摩擦音の連濁 ——」石川有香（編者代表）『言語研究と量的アプローチ』12-18, 金星堂出版.

(2015)「愛知県におけるハチクマ幼鳥の学習様行動について」『日本鳥学会 2015 年度大会講演要旨集』174.

(2011)『展開と近似』(情報理論) 一粒書房.

太田 聡（おおた・さとし）　山口大学・教授

【主要業績】(2013) "On the Relationship between Rendaku and Accent: Evidence from the *-kawa/-gawa* Alternation in Japanese Surnames," van de Weijer, J. and Nishihara, T. (eds.) *Current Issues in Japanese Phonology: Segmental Variation in Japanese*, 63-87, Kaitakusha.

(2003)「混成語制約再考」『音韻研究』6, 59-68.

窪薗晴夫・太田聡 (1998)『音韻構造とアクセント』研究社.

金子恵美子（かねこ・えみこ）　会津大学・教授

【主要業績】(2016)「ノンコミュニカティブな英語口頭練習再考」石川有香・石川慎一郎・清水裕子・田畑智司・長加奈子・前田忠彦(編)『言語研究と量的アプローチ』19-31, 金星堂出版.

Kaneko, E., Heo, Y., Iverson, G. and Wilson, I. (2015) "Quasi-neutralization in the Acquisition of English Coronal Fricatives by Native Speakers of Japanese," *Journal of Second Language Pronunciation* 1(1), 65-85.

川原繁人（かわはら・しげと）　慶應義塾大学・准教授

【主要業績】(2017)『「あ」は「い」より大きい!? —— 音象徴で学ぶ音声学入門』ひつじ書房.

(2016) "Japanese Has Syllables: A Reply to Labrune (2012)," *Phonology* 33(1), 169-194.

(2015)『音とことばのふしぎな世界』(岩波サイエンスライブラリー 244) 岩波書店.

三間英樹（ざんま・ひでき）　神戸市外国語大学・元教授

【主要業績】(2014)「「空耳アワー」にみる音の類似と弁別素性（英語学基礎科目における教授方法の研究)」『神戸市外国語大学外国学研究』87, 19-34.

(2013) *Patterns and Categories in English Suffixation and Stress Placement: A Theoretical and Quantitative Study*, Kaitakusha.

(2005) "The Correlation between Accentuation and Rendaku in Japanese Surnames: A Morphological Account," van de Weijer, J., Nanjo, K. and Nishihara, T. (eds.), *Voicing in Japanese*, 157-176, Mouton de Gruyter.

杉本貴代（すぎもと・たかよ）　愛知大学短期大学部・准教授

【主要業績】(2016) "Children's Use of Orthographic Cues in Language Processing," Papafragou, A., Grodner, D., Mirman, D. and Trueswell, J. C. (eds.), *Proceedings of the 38th Annual Conference of the Cognitive Science Society*, 883-888, Cognitive Science Society.

(2016) "Acquisition of Rendaku by Bilingual Children: A Case Study," *NINJAL Research Papers* 11, 83-91.

(2015)「幼児期の連濁の獲得順序性と言語処理方略の発達的特徴——有標性の原理と語構造からの検討」『東京大学大学院教育学研究科紀要』54, 261-270.

鈴木 豊（すずき・ゆたか）　文京学院大学・教授

【主要業績】(2015)「ヲ格非連濁規則を破る力——後部成素が3拍の複合語を中心に——」『文京学院大学外国語学部紀要』14, 49-64.

(2004)「「連濁」の呼称が確立するまで——連濁研究前史——」『国文学研究』142, 11-21.

(2003)『日本書紀人皇巻諸本声点付語彙索引』アクセント史資料研究会.

竹村亜紀子（たけむら・あきこ）　フランス国立東洋言語文化学院・講師

【主要業績】(2017)「英語および仏語由来の借用語における促音分布」田中真一・ピンテール＝ガーボル・小川晋史・儀利古幹雄・竹安大(編)『音韻研究の新展開——窪薗晴夫教授還暦記念論文集』325-341, 開拓社.

Kawagoe, I. and Takemura, A. (2013) "Geminate Judgments of English-like Words by Japanese Native Speakers: Difference in the Borrowed Forms of 'stuff' and 'tough'," *Journal of East Asian Linguistics* 21(4), 307-337.

(2012) "Parental Influence on Dialect Acquisition: The Case of the Tone System of Kagoshima Japanese," *NINJAL Research Papers* 3, 103-116.

玉岡賀津雄（たまおか・かつお）　名古屋大学・教授

【主要業績】(2017)「音象徴語と動詞の共起パターンに関する新聞コーパスの共起頻

度と母語話者の産出との類似性の検討」『計量国語学』31(1), 20–35.

Tamaoka, K., Hayakawa, K. and Vance, T. J. (2016) "Triple Operations of Rendaku Processing: Native Chinese and Korean Speakers Learning Japanese," *Journal of Japanese Linguistics* 32, 31–55.

(2014) "The Japanese Writing System and Lexical Understanding," *Japanese Language and Literature* 48, 431–471.

中澤信幸（なかざわ・のぶゆき）　山形大学・准教授

【主要業績】(2016)「台湾人日本語学習者と台湾語音——母語意識・居住地域等との相関から——」『天理臺灣學報』（天理台湾学会）25, 121–139.

(2015)「日本語教育における台湾語音活用と「日台基本漢字」」『台灣文學研究』（台湾・国立成功大学台湾文学系）8, 11–41.

(2013)『中近世日本における韻書受容の研究』おうふう.

ティモシー・J・バンス（Timothy J. Vance）　国立国語研究所・元教授

【主要業績】(2016) "Introduction," Vance, Timothy J. and Irwin, M. (eds.) *Sequential Voicing in Japanese: Papers from the NINJAL Rendaku Project*, 1–12, John Benjamins.

(2008) *The Sounds of Japanese*, Cambridge University Press.

(1987) *An Introduction to Japanese Phonology*, SUNY Press.

宮下瑞生（みやした・みずき）　モンタナ大学・教授

【主要業績】Miyashita, M., Irwin, M., Wilson, I. and Vance, T. J. (2016) "Rendaku in Tōhoku Japanese: The Kahoku-chō Survey," Vance, Timothy J. and Irwin, M. (eds.) *Sequential Voicing in Japanese: Papers from the NINJAL Rendaku Project*, 173–193, John Benjamins.

Vance, T. J., Miyashita, M. and Irwin, M. (2014) "Rendaku in Japanese Dialects that Retain Prenasalization," Nam, S., Jun, J. and Ko, H. (eds.) *Japanese/Korean Linguistics 21*, 33–42, CSLI Publications.

Masuda, K. and Miyashita, M. (2009) "Acquisition of English /ɹ/ and /l/: A Longitudinal Study of Japanese Learners of English," *Sophia Linguistica* 57, 225–282.

渡邊靖史（わたなべ・せいじ）　国際教養大学・非常勤講師

【主要業績】(2015) "How to Teach the Japanese Pitch Pattern Visually," *Akita International University Global Review* 7, 47–58.

(2011) "Teaching Japanese Pitch Patterns Using a New System," *Akita International University Global Review* 3, 104–118.

連濁の研究
―国立国語研究所プロジェクト論文選集―

編 者	ティモシー・J・バンス　　金子恵美子　　渡邊靖史
発行者	武村哲司
印刷所	日之出印刷株式会社

2017 年 11 月 25 日　第 1 版第 1 刷発行©

発行所　　株式会社　開 拓 社

〒113-0023 東京都文京区向丘 1-5-2
電話　（03）5842-8900（代表）
振替　00160-8-39587
http://www.kaitakusha.co.jp

ISBN978-4-7589-2252-4　C3081